自媒体时代
主流意识形态语言权研究

董杨子 著

吉林出版集团股份有限公司

图书在版编目（CIP）数据

自媒体时代主流意识形态语言权研究 / 董杨子著. -- 长春：吉林出版集团股份有限公司, 2020.10
ISBN 978-7-5581-9253-1

Ⅰ.①自… Ⅱ.①董… Ⅲ.①传播媒介—舆论—研究—中国 Ⅳ.①G219.2

中国版本图书馆CIP数据核字(2020)第191025号

自媒体时代主流意识形态语言权研究

作　　者 / 董杨子
责任编辑 / 蔡宏浩
封面设计 / 万典文化
开　　本 / 787mm×1092mm　1/16
字　　数 / 200 千字
印　　张 / 11.5
印　　数 / 1—1000
版　　次 / 2021 年 10 月第 1 版
印　　次 / 2022 年 9 月第 2 次印刷
出　　版 / 吉林出版集团股份有限公司
发　　行 / 吉林音像出版社有限责任公司
地　　址 / 长春市福祉大路5788号
电　　话 / 010 - 81130031
印　　刷 / 北京七彩京通数码快印有限公司

ISBN 978-7-5581-9253-1　　　　　　　定价 / 68.00 元

前 言

无论对于处在何种阶段的中国特色社会主义事业而言,意识形态工作都是一项极端重要的工作。秋木之长者,必固其根本。通俗来说,意识形态问题关乎一个国家发展的方向、道路等根本性问题,因此,能否做好意识形态工作,事关党的前途命运,事关国家的长治久安,事关民族的凝聚力和向心力。坚持马克思主义在我国意识形态领域的指导地位,增强社会主义意识形态的凝聚力与引领力,使其深入人心、赢得群众,始终构成了我党的重大战略部署。

然而,随着全球化浪潮的持续席卷,随着中国改革开放事业的不断深入,随着现代化事业逐步迈向高速发展的新轨道。意识形态工作赖以寄居的社会环境也发生了不可逆转的根本性变化,诸如"媒介社会"的到来。所谓"媒介社会"也可以称为"媒介化的社会",它是指一个几乎全部社会生活、社会事件和社会关系都可以在媒介上展露的社会,它意味着媒介影响力前所未有的全方位渗透到社会的观念与文化中。事实上,媒介向来与意识形态息息相关。尽管大众传播并不是意识形态运作的唯一场所,但毫无疑问的是,现代社会中的意识形态工作必须把媒体的性质与影响放在核心位置。

在现代中国,自媒体便代表了当代大众传播的最新载体,它继承了传统媒体所具有的意识形态功能,并建构了全新的话语与意义空间。总的来说,自媒体的意义并不局限在技术领域,更重要的是,它从深层次上影响着社会成员的文化经验,改变了意义的生成、传递、衍化、阐释及理解方式,由此致使意识形态运作的"外源"和"内生"环境都发生了深刻变迁,这种变迁构成了新时期意识形态工作的新界限与新条件。自媒体的发展已然成为一种无法回避的客观性,因此,深入剖析自媒体的技术特质和文化特质,是回应各种挑战、加强主流意识形态话语权的基本前提,这也构成了本书的主旨与任务。

由于编者水平有限,书中难免存在不当和错误之处,敬请广大读者朋友批评指正。

目　录

第一章　核心概念及范畴的界定与梳理 …………………………… 1
　　第一节　关于"意识形态"的狭义释义 ………………………… 1
　　第二节　"自媒体"的出场及意义：工具化的视角 …………… 6
　　第二章　自媒体时代下的信息生产与传播生态 ……………… 10
　　第一节　信息生成及传播的个体化与碎片化 ………………… 10
　　第二节　信息传播的去结构化与再中心化 …………………… 13
　　第三节　信息传播的娱乐化与情绪化 ………………………… 16

第二章　自媒体语境下意识形态工作的多重挑战 ……………… 18
　　第一节　多元观念的聚合：统一性话语面临挑战 …………… 18
　　第二节　虚无主义：自媒体平台上话语乱象的集中表达 …… 20
　　第三节　"测不准"的大众与"意见领袖"：话语权的竞争 … 23
　　第四节　交互性信息政治实践及其双向价值 ………………… 26
　　第五节　自媒体时代下的意识形态安全问题 ………………… 31

第三章　媒体在自媒体时代的功能与优势 ……………………… 38
　　第一节　传统媒体应对群体性事件存在的问题 ……………… 33
　　第二节　新媒体应对群体性事件存在的问题 ………………… 34
　　第三节　自媒体时代的舆论监督 ……………………………… 35
　　第四节　传统媒体在自媒体时代舆论引导的功能 …………… 37

第四章　自媒体话语权基本理论 ………………………………… 39
　　第一节　话语权界定及其理论发展 …………………………… 39
　　第二节　自媒体与媒介话语权的关系 ………………………… 46

第五章 自媒体话语权运行规律 ... 53
第一节 第二节第二节自媒体话语系统的竞争协同性 ... 53
第二节 自媒体话语主体的行为自主性 ... 55
第三节 自媒体话语系统的宏观有序性 ... 58

第六章 自媒体话语权的困境 ... 65
第一节 传统话语权失落 ... 65
第二节 传统话语主体地位更迭 ... 73
第三节 传统话语空间泛化 ... 81

第七章 自媒体视域下话语权建构策略 ... 89
第一节 推动话语平台良性发展 ... 89
第二节 引导话语主体自我教育 ... 127
第三节 促进话语时空有序演化 ... 135

第八章 自媒体伦理的内涵与特征 ... 154
第一节 自媒体伦理 ... 154
第二节 自媒体伦理的特征 ... 157

第九章 自媒体伦理的建构策略 ... 160
第一节 政府、自媒体、用户兰者之间的关系 ... 160
第三节 行业的作用 ... 164
第三节 自媒体用户的作用 ... 172

参考文献 ... 178

第一章　核心概念及范畴的界定与梳理

第一节　关于"意识形态"的狭义释义

"意识形态"算得上社会科学中最复杂的概念之一，正如有学者所指出的那样，"意识形态的概念在19世纪和20世纪初被新兴的社会科学以不同的方式所采用，时而拉向这方，时而推向那方……当我们今天使用意识形态的概念时，这个概念仍然具有它多重用法的历史特点"。意识形态概念的复杂性表现在性质、内涵、外延等诸多方面。从其性质来看，"意识形态"这一概念在其诞生之初具有单纯而美好的初衷，然而在后来的演变过程中，它或是成为人们诟病、否定的对象，或是被人们以中性化的语言加以描述，又或是被人们赋予肯定、积极的意义。从其内涵来看，用稍微夸张的话来说，几乎有多少相关领域的学者就有多少种对意识形态内涵的理解。伊格尔顿曾经对流行的意识形态概念进行了统计，发现至少存在16种定义。从其外延来看，在马克思那里，法律、政治、宗教、艺术、哲学等构成了意识形态的外延，而在其他学者那里，意识形态又可以包含别的内容。对于如此复杂、多元却略显混乱的意识形态概念，我们无意进行面面俱到的历时性梳理和归纳概括，而是基于研究的需要将其分为"狭义"与"广义"两大类。概括而言，我们认为，狭义的意识形态概念理论大致包括了三个组成部分：马克思、恩格斯的意识形态理论，列宁的意识形态理论，以及卢卡奇等早期西方马克思主义者的意识形态理论。"广义"的意识形态理论则还包括在此之后尤其是20世纪后半叶以来，西方马克思主义者和一些西方左翼学者围绕发达工业社会的意识形态问题所形成的研究成果，他们的研究延展了意识形态的领域、扩充了意识形态的类型、丰富了意识形态的载体。究其性质而言，狭义的意识形态概念基本上是属于认识论、知识论层面的，而广义的意识形态概念则超越了知识论的局限，将语言、媒体、大众文化、日常生活、无意识等均纳入意识形态的范畴中，从一定程度上来说，广义的意识形态概念意味着研究范式的转变。

在本书的上篇中，我们首先对狭义的意识形态概念进行分析，不难发现，人们对这一概念的使用经历了从"中立"到"负面"，再到"中立"，直至"肯定"的演变过程。事实上，对于中国学术界来说，"意识形态"是个舶来词。谈及"意识形态"一词的起源,目前大家普遍认为它最早由法国大革命时期哲学家德斯图·德·特拉西使用。特拉西试图以这一概念为基础建立起一门科学理论用来解释观念的真正起源和本质,因此意识形态最初的含义就是"观念学",即"作为一切科学基础"的观念学。可见,最初的意识形态是一个中性概念,然而,之后在许多的西方学术著作中"意识形态"逐渐与它的初始意义相剥离,其内涵变得更为丰富和多样,而这一概念首次获得负面意义与拿破仑有密不可分的关系。由于特拉西及其同事都主张共和主义,因此拿破仑在采取他们部分观点的同时又极力谴责观念学是虚幻的、晦涩的、是有悖于历史现实与规律的形而上学。当拿破仑的地位摇摇欲坠时,他对观念学的攻击便越发激烈。至此,为一般科学提供基础的、原本意义上的观念学已经不复存在,"ideology"一词的含义发展成为"抽象的、幻想的、观念的、受人鄙视的意识形态"。在此之后的若干年间,尽管意识形态一词逐渐恢复了正面的或中立的意义,但是它再也无法回到其初始意义—表征启蒙运动的实证精神。

在意识形态概念极其复杂的变迁过程中,马克思、恩格斯及后续马克思主义者的阐释与应用均起到了关键性的历史作用。尤其是马克思堪称是意识形态概念史上最重要的人物,可以说"直到马克思那里,意识形态的本质才得到了科学的说明",这一点也得到了大多数西方学者的肯定。马克思的著作在意识形态概念史上占据着中心地位,其中最重要的一部论著当属《德意志意识形态》。在这本书中,马克思、恩格斯主要在"论战"的意义上来使用"意识形态"一词,他们批判了作为"意识形态的"、青年黑格尔派哲学家的思想观念。在马克思看来,青年黑格尔派的错误在于,他们认为观念是自主的、有效的,以观念反对观念,从而忽略了社会历史生活的真正基础。不难发现,马克思、恩格斯对德意志意识形态的批判与拿破仑对脱离实际的政治观念的蔑视,有着一定相似之处,他们都认为意识形态过于偏爱幻想和观念。然而,不同之处在于,马克思、恩格斯发展这一概念的方式以及对它的用法都大大超过了拿破仑的目的与考虑。在他们这里,意识形态获得了新的"所指",成为批判的手段以及新的理论体系中的重要组成部分。

首先,马克思、恩格斯对意识形态的批判性使用集中体现在对"虚假意识形态"的揭露上。在马克思、恩格斯那里,意识形态的否定性和虚假性包含三层含义:一般观念意义上的虚假性、统治阶级意识形态的虚假性以及资产阶级意识形态的虚假性。第一,他们批判了一般观念意义上的虚假意识形态。对此,恩格斯有一段经典表述:"意识形态是由所谓的思想家通过意识、但是通过虚假的意识完成的过程。推动他的真正动力始终是他所不知道的,否则这就不是意识形态的过程了。"在马克思、恩格斯看来,以往的意识形态是颠倒而虚妄的观念体系,是思辨唯心主义哲学的产物。他们指出,"如果在全部意识形态中,人们和他们的关系就像在照相机中一样是倒立成像的,那么这种现象也是从人们生活的历史过程中产生的,正如物体在视网膜上的倒影是直接从人们生活的生理过程中产生的一样"。也即是说，意识形态倒置了思维与存在的关系，它坚持"从天国到人间"以及"观念统治世界"，把自己作为一切存在物的基础，正是这种意识形态成为现实关系最严重的遮蔽物。通过对作为观念体系的意识形态虚假性的批判，马克思确立了社会经济关系之于意识形态的先在性地位，这是马克思主义意识形态理论的基本前提。从这个意义上说，马克思、恩格斯意识形态理论的诞生与历史唯物主义世界观的形成过程是同步的。

第二，他们批判了统治阶级意识形态的虚幻性。马克思、恩格斯认为，一定历史时期的意识形态通常体现为统治阶级的思想，而"每一个企图取代旧统治阶级的新阶级，为了达到自己的目的不得不把自己的利益说成是社会全体成员的共同利益，就是说，这在观念上的表达就是：赋予自己的思想以普遍性的形式，把它们描绘成唯一合乎理性的、有普遍意义的思想"。为了使自己的意识形态获得普遍性形式，统治阶级往往从不同的思想中抽象出"一般思想"和"一般概念"，随着观念形式的完全抽象化，人们的现实生活与交往关系的真相就被自觉或不自觉地意识形态所掩蔽了。

第三，他们批判了资产阶级意识形态的虚假性。马克思指出，在资本主义社会中，从广泛的商品生产和交换中升华出来的物的关系获得了普遍性形态，构成了工业革命以后资产阶级的意识形态，遮蔽了人与人之间、资本与劳动之间、使用价值与交换价值之间的真实关系。在《资本论》中，马克思明确地将资本主义社会的意识形态概括为商品拜物教、货币拜物教、资本拜物教，并对其进行了批判。马克思认为，资本主义社会的意识形态建立在不合理且日趋分裂的社会关系之上，代表了资产阶级狭隘的利益和幻想，因此最终难逃被消灭的厄运。

尽管马克思、恩格斯最初是把意识形态概念用于对青年黑格尔派的批判，但这并不意味着他们没有发展出关于意识形态的一般性理论。事实上，"马克思并不指责意识形态家为空想家，而是批评意识形态本身对现实关系的神秘化和颠倒"。马克思、恩格斯在批判否定意义上的意识形态概念的同时，又为赋予意识形态"中性"意义留下了逻辑空间，正如在他们后来对社会结构的刻画中所展现出的那样，意识形态的概念发挥了更为"一般"的作用。

作为一般意义上的意识形态，马克思、恩格斯赋予它如下基本特征。首先，意识形态毫无疑问是观念的范畴，属于社会的精神现象，它的存在取决于经济与阶级关系。其次，对意识形态的考察应该以社会的物质生产和现实的经济、政治关系为背景。再次，意识形态是一个总体性概念，它包括多种具体的意识形态，诸如政治法律思想、道德、艺术、宗教、伦理、哲学等；最后，意识形态具有阶级性，它表达的是统治阶级的利益且以幻想的形式代表阶级关系。换言之，意识形态总是和"统治"相联系的——构成意识形态的观念总是以某种方式与阶级统治关系相勾连，或表达、或歪曲、或支撑。但无论如何，在马克思那里，意识形态都不是"社会生活的一个积极的、进步的、或必然的因素",马克思认为,"意识形态是一种疾患的征象,不是一个健康社会的正常特点"。然而,在后来的马克思主义者包括中国的马克思主义者那里,意识形态却逐渐失去了消极、贬义的内涵,获得了中性甚至是肯定的意义,这一过程的演变与列宁、卢卡奇等人的后续发展密不可分。

列宁在运用和发展马克思、恩格斯的意识形态理论方面做出了重大贡献,对此我们必须给予客观的评价。一方面,列宁延续了马克思、恩格斯对否定性意义上的意识形态的批判。需要指出的是,列宁并没有聚焦于观念学意义上的意识形态中存在的主客观关系颠倒问题,而是着力揭露了资产阶级的意识形态观念是如何在实践中实现神秘化进而完成欺骗功能的。例如,列宁指出:"资产阶级民主由它的本性所决定的一个特点就是抽象地或从形式上提出平等问题,包括民族平等问题。资产阶级民主在个人平等的名义下,宣布有产者和无产者、剥削者和被剥削者的形式上或法律上的平等,用这种弥天大谎来欺骗被压迫阶级。"另一方面,列宁发展并完善了对于意识形态概念的中性化理解与阐释。在他看来,每一个阶级都有通过意识形态来表现其诉求和立场的需要。因此,当一个阶级取代另一个阶级获得统治地位时,必然要重新确立符合自身利益的意识形态,那么所谓的社会变革必然包含两个层次,"一种是生产的经济条件方面所发生的物质的"变革,"一种是人们借以意识到这个冲突并力求把它解决的那些法律的、政治的、宗教的、艺术的或哲学的,简言之,意识形态的形式"。与此同时,列宁将意识形态与国家政权的力量紧密结合在一起,将两者视作共生共存的关系,认为只要存在国家间利益的对立就势必存在意识形态之间的斗争,因此无产阶级国家同样具有意识形态。

除此之外,列宁最重要的贡献在于,他明确地在肯定的意义上运用意识形态的概念,并提出了加强意识形态教育的重要性。马克思、恩格斯认为,消灭资本主义意识形态的历史使命只有无产阶级才可以承担,列宁在此基础上提出,无产阶级必须首先在思想上解除对资产阶级的依附,即必须用革命的意识形态来与资产阶级意识形态相对抗。正如他所说:"没有革命的理论,就不会有革命的运动。"因此,列宁非常重视马克思主义的思想领导权问题,他认为,一个阶级如果不了解思想领导权的重要性就算不上是个自为的阶级,而只是行会。列宁的这一思想在后来的西方马克思主义者葛兰西那里被发展为"文化领导权"思想。事实上,通过对"思想领导权"的引入,列宁赋予了意识形态正面意义,并将马克思主义思想体系视作无产阶级的意识形态。然而,马克思主义的意识形态并不能自发地存在于无产阶级的头脑中,而是需要借助有效的手段和途径,加强意识形态建设与教育。列宁指出,"无产阶级先锋队——共产党,领导非党的工人群众,启发、训练、教育、培养这些群众,先是工人,然后是农民","无产阶级,过它的先锋队共产党和所有无产阶级组织,应当作为最积极最主要的力量参与整个国民教育事业","工人本来也不可能有社会民主主义的意识。这种意识只能从外面灌输进去",等等。这些表述便是我们所熟悉的"灌输理论",在现代中国有不少人对这一理论提出了质疑，其原因大多根源于意识形态教育形式的僵化和形式化。但究其本质而言，灌输理论本身是具有科学性的，它强调马克思主义作为意识形态所具有的真理性和革命性的统一，它尖锐地认识到任何观念和权力都并非以直觉形式存在的，它使人们日益重视社会主义意识形态教育的重要性。

列宁之后的马克思主义者对意识形态概念的解读出现了明显的分化。例如，面对欧洲无产阶级革命的低潮时期，早期西方马克思主义的代表性人物卢卡奇、葛兰西等人开始强调意识形态的独立性及其反作用，并发展出了"阶级意识"的概念。他们坚信无产阶级意识形态的科学性，由此强化了意识形态的肯定性内涵。卢卡奇通过确立总体性原则赋予无产阶级意识形态以科学性。卢卡奇指出，资产阶级的阶级属性决定了其意识形态的狭隘性、片面性，决定了它势必无法准确地把握事物的本质，而无产阶级的意识形态超出了对局部的肯定、实现了对总体上的批判，从而能够历史地把握社会发展的本质规律，这种具有"总体性"特征的意识形态是无产阶级革命取得胜利的前提。对葛兰西而言，更重要的是解决如何使无产阶级具备阶级意识的问题，为此他提出了"文化霸权（文化领导权）"的理论，通俗来说，文化霸权就是指思想、观念的教化与驯服。尽管文化霸权的外延要远远大于意识形态领导权，但它对于无产阶级政党如何加强意识形态建设问题依旧提出了许多具有重要价值的策略。

例如，葛兰西提出，真正有效的意识形态建设策略应该避免强力控制，还应获得被统治者对统治的认同与顺从，这一观点事实上是对苏联模式下意识形态工作的批评与纠正。因为随着制度的日趋僵化，苏联对意识形态的理解和应用也趋于僵化，意识形态沦为少数集团维护自己的工具，他们用各种强制、极端、恐怖的手段将意识形态上升为最高的"主义"，切断了科学与意识形态的联系。这样做的后果是为资产阶级意识形态的反扑提供了机会，并导致了很长时期以来人们对社会主义意识形态的"污名化"理解。葛兰西还分析了无产阶级应该如何培养自己的文化团体、知识分子并以此教化民众等问题，他强调，要"肯定知识分子和普通人接触的必要性，这不是简单的为了限制科学活动并在群众的低水平上保持统一，而是为了建造一个能在政治上使广大群众而不是知识分子小集团获得进步成为可能的智识—道德集团"。除此之外，葛兰西还在实现科学性与意识形态、文化与意识形态、个体意识与集体意识和解的基础上，强调意识形态对个体的形塑作用以及人本化教育模式的重要性等。然而，需要注意的是，葛兰西在西方马克思主义史上有着特殊的地位，被称作开启了文化研究中的"葛兰西转向"。葛兰西既继承了马克思主义关于意识形态内涵的传统理解，又为意识形态概念走向泛化和物质化开启了契机，对后来的阿尔都塞等人的意识形态理论产生了重大影响。

综上所述，列宁、卢卡奇等人对发展意识形态概念的贡献可以概括为两部分。一方面，他们通过对马克思意识形态概念的有效一般化，消除了意识形态的消极内涵，发展出中性意义上意识形态。在这个意义上，意识形态主要是指特定社会中的阶级、集团基于自身利益对现存社会关系的自觉反映而形成的观念体系，它一般由政治、法律、哲学、道德、宗教、艺术等构成，体现了一定阶级或集团的基本价值取向和行为准则并为其服务。中性的意识形态概念可以存在于每个阶级的政治纲领中，它可以是革命的、改良的抑或复古的，它或许渴望改变社会秩序抑或维护现有秩序，这样一种意识形态概念原则上向任何的阶级、政党或集团开放。

另一方面，列宁、卢卡奇等人发展出"无产阶级意识形态"的概念，并将马克思主义上升为意识形态。他们这样做的根本动机是要解决20世纪初西方工人运动和无产阶级革命所面临的迫切任务和问题，具有历史合理性与历史必然性。尤其在卢卡奇看来，无产阶级是否能够超越资产阶级意识形态的控制、是否被社会主义的意识形态所武装、是否具有阶级意识，是关系其能否完成历史使命的决定性因素。而历史唯物主义就是无产阶级的意识形态，它可以使无产阶级对它的阶级处境、利益、目标与任务产生正确且全面的自觉认识。

随着社会主义制度在中国的确立，马克思主义、社会主义在我国意识形态领域的主导地位也得到确立。党的几代领导集体都高度重视意识形态工作在国家发展中的作用，在不断坚持和巩固马克思主义在意识形态领域中的指导地位的同时加强理论创新，用马克思主义中国化的最新成果阐释现实问题，用中国特色社会主义理论体系指导现实社会，用社会主义核心价值体系凝聚共识。由此可见，当我们在中国语境中谈论"意识形态工作"时，它所指涉的"意识形态"大多是狭义层面的，即知识论层面的。

由此一来，由狭义的意识形态概念所支撑的传统的"意识形态工作"的内涵可以概括为以下几个方面：第一，意识形态工作是区别于经济建设的、政治及观念领域的工作；第二，意识形态工作的目标是要确立主流意识形态的话语权，强化大众对现有政权的认同、维护统治；第三，意识形态工作的主要内容包括：正面宣传主流意识形态，与各种相对立的、非主流意识形态争夺话语空间，妥善处理舆情、引导社会情绪、增进社会共识。

第二节 "自媒体"的出场及意义：工具化的视角

汉语中的"自媒体"翻译自英语"We Media"，它并非严格学术意义上的传播学概念，该名词的来源可追溯至2001年硅谷的一名IT专栏作家丹·吉摩尔（DanGillmor）的一篇博客。丹·吉摩尔在自己的博客中提出了JoumaUsm 3.0的概念用来指称"博客"这样的工具，其主要特性为"网络点对点传播""分享"与"链接"。而在此之前的Journalism 1.0主要指报纸、杂志、广播、电视等传统媒体，Journalism 2.0主要指随着第一代互联网的兴起而产生的电脑这一传播媒体。在Journalism 2.0时代传播模式并没有发生本质性变化，依然维持着少数媒体向多数受众传播的单向模式。而博客的出现则彻底改变了受众在传播中的地位，使其"反客为主"，不仅是被动地接受，而且可以主动传播。

美国传播学家丹尼斯·麦奎尔曾指出，"真正的'传播革命'所要求的，不只是讯息传播方式的改变，或者受众注意力在不同媒介之间分布上的变迁，其最直接的驱动力，一如以往，是技术"。自媒体的产生同样得益于数字技术和计算机网络技术的发展，而产生之后的自媒体则"为人类打开了通向感知和新型活动领域的大门"，标志着人类传播史上的革命性进步。著名媒介理论家麦克卢汉曾将有史以来的人类传播发展过程划分为三个阶段：口语传播时代、书面传播时代和大众电力传播时代。尽管在他所生活的年代网络媒介远未普及，但麦克卢汉依旧充满热情地想象了"地球村"的到来。20世纪后半期，电子化的全球通信网络的形成带来了通信技术发展中的一次质的飞跃，互联网随着网络与计算机的联姻而诞生。与报纸、广播、电视等媒介相比，互联网的优点在于数字化、多媒体、实时性和交互性。互联网作为大众媒介被广泛应用，将人类的传播史再次推向了一个崭新的阶段，也带给人们关于信息传播的更多期望与设想。早在1995年，尼古拉斯·尼葛洛庞帝便在《数字化生存》一书中预言了"The Daily Me（我的日报）"，他指出"在线新闻"将使受众有可能主动选择自己感兴趣的内容。几乎同年，美国学者马克·波斯特在《第二媒介时代》一书中高度赞扬了互联网在媒介史上的重大意义。他将大众将以互联网为代表的新媒介出现之前的大众媒介时代称为"第一媒介时代"，这是播放型传播模式盛行的时期，它最大的局限是"图形只能通过电波或同轴电缆从少数发送中心传输给大批接收者"，依旧是自上而下、由一对多的单向传播。随着信息高速公路的建设和卫星技术与电视、电脑和电话的结合，人类必将进入"第二媒介时代"。在"第二媒介时代"中，传统的传播中心趋于消失，几乎每个人都可以参与传播过程，由此"散点的双向交流"得以形成，一种集制作者、销售者、消费者于一体的系统得以产生，该系统将对人际交往与传播关系进行全新的构型。

不难发现，尼葛洛庞帝、波斯特等媒介理论家都对互联网的媒介性质有着共同的界定与期待——交互、双向、实时的信息传播。但是，在传统互联网时代也即 Web 1.0 时代只是部分程度地实现了他们的夙愿，因为依旧存在无法逾越的技术和载体障碍，各大门户网站依旧控制着信息的来源与发展，信息生产与传播的单一化机制未得到根本性改变，信息的生产者和消费者之间依旧存在难以跨越的鸿沟。然而，自媒体的产生则标志着崭新的 Web 2.0 时代的到来，它是基于 Web 平台、由用户主导而生成的内容互联网产品模式，从根本上区别传统由网站雇员主导生成的内容的传统互联网时代。如果说在 Web 1.0 时代，网络是信息单向性的提供者，而在自媒体时代，网络则是平台，用户负责提供信息。

从这个意义上来说，"论坛""博客""维基"等都属于较早的自媒体，它们缩小了信息生产者和消费者的鸿沟，甚至使人们获得双重身份，使对话和知识分享成为可能。移动智能终端的出现则使得作为"新媒介"的自媒体更加名副其实。因为在此之前，信息只能借助个人电脑通过固线网络传输，这种传播模式仍然受到物质条件和空间的诸多限制，自媒体的使用者仍然是有限的。然而，随着智能手机的广泛普及和移动网络技术的日益成熟，自媒体的形式获得了更新。随着苹果发布第一代 iPhone 以及安卓操作系统的问世，很多网络平台都纷纷将其业务从个人电脑端拓展至手机端，例如，腾讯公司开发的"微信"、新浪公司开发的"微博"等，国外的"Facebook""Twitter""WhatsApp"等。自媒体的"移动化"功能日益突出，其使用人数也呈现出几何级增长态势，在日常生活中只要拥有一部智能手机，几乎任何人都可以发送并接收信息。

综上所述，媒介形式伴随着技术的进步一直处在不停的变化和更替中。从人类传播的历史长河来看，"新媒介"是一个相对的、极富流动性的概念，自媒体以其特有的功能与性质跃升为现时代的新媒介。麦克卢汉曾经的同事、加拿大学者罗伯特·洛根出版了《理解新媒介——延伸麦克卢汉》一书，他在书中更新了麦克卢汉的三大传播时代的理论，认为人类的传播经过了五个时代：非言语的模拟式传播时代、口语传播时代、书面传播时代、大众电力传播时代、互动式数字媒介或"新媒介"时代。罗伯特·洛根指出，相较于电力传播时代的媒介而言，互联网具有双向传播、使信息更容易获取和传播、有利于继续学习、组合与整合、社群的创建这五大特征；而新媒介除了这五个特征之外，还具有便携性、媒介融合、互操作性、内容的聚合、多样选择性与长尾现象、生产者与消费者鸿沟的弥合、社会的集体行为与赛博空间的合作、再混合文化、从产品到服务等九大特征。这十四条特征构成了一个自催化的因果关系网络，再度强化了自媒体作为新媒介的地位与意义。

事实上也是如此。无论是在西方还是在中国，自媒体一经问世就蓬勃发展，对传统媒体形成了从技术到平台、再到影响力全方位的巨大冲击。皮尤研究中心（Pew Research Center）发布的《美国新媒体研究报告》括了改变美国新闻和信息环境的三大数字革命，第一次革命来自互联网，第二次革命来自移动互联，第三次革命来自社交网络，而自媒体便是移动互联和社交网络两次革命叠加的综合产物。该报告同时指出，越来越多的用户将通过移动设备获取新闻资讯而非传统的个人电脑与互联网，社交媒体已成为许多美国人获取新闻的主要渠道。同样的，对当代中国而言，以自媒体为代表的新媒体无论在形态还是在传播方式和社会影响方面，都极大超越了传统媒体，而且逐渐成长为社会渗透度和融合度都极高的社会化主流媒体。

具体来说，迄今为止自媒体在中国的发展大致经过了以下几个阶段：第一，社区和博客的兴起代表了最初的自媒体形式，如"天涯社区""新浪博客""腾讯博客""网易博客""豆瓣""猫扑"等，其参与者以个体为主；第二，伴随着国外"Facebook""Twitter"的兴盛，"新浪微博""腾讯微博"等快速积累用户，基于社交网络的自媒体形式兴起，除了个体之外群体也作为参与者活跃在这些平台上。第三，以强关系社交网络及新闻门户为载体的自媒体，例如，"腾讯微信""搜狐""网易"等门户网站纷纷推出公众号，群体参与者的数量增加；四、以社交网络为核心、多元载体的自媒体，其内容除了传统的文字和图片外开始大量加入音频与视频，专业人员开始参与其中，例如"爱奇艺""搜狐""B 站""播客"等综合视频网站入驻自媒体平台，电台类、直播类短视频开始兴起。从用户的动机出发，目前中国的自媒体所承担的功能大致可以分为五类：第一，社交功能，如"微信""QQ"等；第二，内容分享，如"微博""百度文库""新浪爱问""土豆""优酷"等；第三，创建知识社区与集体智慧，如"知乎""维基百科""百度百科"等，第四，基于共同兴趣的交流，如"贴吧""豆瓣"等；第五，公共舆论与观点表达，如"天涯""微博"等。需要指出的是，这五类功能性平台在现实中并非泾渭分明的，会出现重叠的部分。总而言之，随着自媒体平台的不断丰富和多元化，自媒体的实际影响力与日俱增。近年来，自媒体一步步地深度嵌入我国的经济、政治、文化、民生诸领域，成为影响社会发展的重要因素之一。而正如导论中所指出的那样，自媒体的意义绝不仅限于工具层面，在下篇中我们将会继续对其本体论意义加以探讨。

综上所述，从意识形态的狭义概念出发，站在技术和工具的视角下，我们认为自媒体语境下意识形态工作应聚焦以下基本问题：第一，研究自媒体是如何改变信息生产、交流机制以及传播生态的；第二，研究如何在崭新的传播生态下通过"载体"以及"语态"的更新，有效地开展主流意识形态的正面宣传工作，并发挥其在精神领域的引领作用；第三，研究如何在崭新的传播生态下，准确把握公民政治参与以及舆情发生的新范式，并发展出与之相适应的治理模式，进而确保作为上层建筑的意识形态有效发挥其政治功能。

第二章 自媒体时代下的信息生产与传播生态

近年来，随着互联网和移动终端技术的普及，自媒体发展势头强劲，它以不同于传统媒介的鲜明特征催生了新型的信息生成和交流机制，对传播生态产生了颠覆性影响。从根本上来说，自媒体以传播个体主义为导向，以信息生产和传播的个体化为基础，构筑了以碎片化、去结构化、"再中心化"、娱乐化、情绪化等为特征的传播生态圈。对于旨在进行思想引导和观念传播的意识形态工作而言，这种新型的信息生产与传播生态意味着前所未有的境遇和崭新的外源性条件。对于意识形态工作而言，自媒体时代是一个机遇与挑战并存的时代。

第一节 信息生成及传播的个体化与碎片化

在"第一媒介时代"即传统媒介时代中，信息的生产与传播模式呈现出明显的集权化特征，受到资本要求与技术条件的双重限制，报纸、杂志甚至包括第一代互联网在内，其准入门槛相对较高，均由专门机构和受过特殊训练的特殊群体组织和管理。大众媒介作为信息的"守门人"构成了公共空间的垄断者，也就是说，对于"哪些是公共事件""谁是公众人物"等问题它们几乎拥有全部的决定权，这些"守门人"负责对信息进行选取与解释，并试图通过强化宣传在大众头脑中形成支配性的共识。哈贝马斯曾对这一过程做出过精彩描述，"人们所看到的经常讨论的事物……不过是媒介的宣传操纵和评论员辛辣连续的时事评论所带来的短暂结果，而消费者则浸淫在媒介中"。简言之，信息和思想经总是由特定的、少数人或机构进行组合、加工，他们最终把人工化的、简单化的"成熟"观念输送给大众，"少数"充当了总是可以做出明智判断的"社会精英"的角色，而大多数的普通人只能扮演"消费者"的角色，被迫地接受烙印着少数人特定观念与意图的所谓"拟真世界"。即使在早期的网络互联网条件下，这种情况也未得到根本性改善，"Wiki这种网站可以让任何人编辑任何网页，也算是早期的博客，但是这些东西除了少数一群人在用之外，并没有获得多少响应，部分原因是这类软件的操作都需要专门知识"。总之，受到技术和资金的双层壁垒限制，一般大众无力也无从改变信息的生产模式，只能作为被支配的、被灌输的、被动"受众"而存在，信息的生

第二章 自媒体时代下的信息生产与传播生态

产者和消费者完全分离，两者之间存在难以逾越的鸿沟。

如果说在自媒体产生之前的大众媒介具有严重稀缺性的话，那么自媒体的产生则促使了媒介主体的"去中心化"以及信息主体的"离散化"。近年来，随着智能手机、平板电脑等移动终端的广泛普及，以及无线互联网络和"云技术"的优化升级，种类繁多的自媒体应用开始蜂拥而现。从技术的层面来讲，这些自媒体应用的最大特点是，进入门槛低、操作简单方便、覆盖面广，普通的社会成员均可触及。如此一来，传统媒体所设置的资本与技术的双重障碍得以突破，自媒体赋予了每个使用者以独立发布信息和创作文本的权利，大众原本被动的接收者角色随之逆转，信息生产者的范围被大大延伸。传统媒介语境下的信息生产秩序诸如"记者中心制""编辑中心制"等受到挑战，取而代之的是"做我们自己的新闻"。文化、娱乐、商业、汽车、科技、工程等各个领域的普通人都可以成为"新闻发言人"，甚至能够代替无法及时赶到现场的专业记者，在第一时间内做好信息的整理与发布工作。随着自媒体的日益普及，"UGC"开始跃升为主流的信息生产与传播模式，与"OGC"并驾齐驱甚至有超越的趋势。

OGC 是 Occupationally-generated Content（职业生产内容）的缩写，这是第一媒介时代常见的信息生产模式，信息生产的主体多数具有学识、资质方面的专业身份。UGC 则是 User-generated Content 的缩写，翻译成中文为"由用户生成内容"，最早由"世界经济合作与发展组织（OECD）"提出，它至少具有三个方面的基本特征：互联网上可以公开的内容、内容具有一定的创新性、内容由非专业人员或权威人士创作。而自媒体便为每一位非专业人员提供了丰富、便捷的渠道，使其成为"潜在"的记者、电影人、艺术家、作家、节目制作人。在当下社会，普通个体可以借助自媒体平台轻而易举地制作图像、文本、音频、视频等内容，且随着技术的不断进步，所创作的内容形式也日趋立体。例如，在微博平台上，初期的用户只能够上传简短的文本或单一的图片，后来发展为短小的音频以及微视频，而随着视频拍摄工具的多样化，微视频的形态也更加多样化，视频时间已由"秒拍"延长多至 5 分钟，又如，随着"播客"的流行，普通个体只需要拥有一部智能手机、一台链接互联网的电脑以及操作便捷的编辑软件，就可以拥有自己的"广播站"和"电视台"，发布自己的音频、视频节目，正如"土豆网"的宣传标语那样——"每个人都是生活的导演"。

"用户生成内容"的重要意义在于，它倡导大众化和平民化，它改变了传统的信息生产模式，重新界定了信息生产的主体，颠覆了信息生产中的精英主义传统。当下社会进入了一个"人人都有麦克风""人人都是记者""人人都是传播者"的新媒介时代，这个时代人声鼎沸，开放而热烈，喧嚣且充满激情。在 UGC 模式中，信息生产与传播的主体往往出于兴趣、爱好、某种责任心或自我实现的愿望来贡献新闻、形成内容。可以说，直到基于自媒体的 UGC 模式的形成，麦克卢汉关于"使用者即媒介内容"的预言才终成现实。在自媒体时代，社会经济关系中固有的"阶级"或"阶层"身份之间的鸿沟被隐匿，每一个用户都可以生成个性化的内容并展示给其他用户，信息的积累和传播逾越了等级壁垒，以前所未有的速度加速了话语权的分化。正如微信公众号的宣传语一般，"再小的个体，也有自己的品牌"。

正是因为这样，丹·吉摩尔又称自媒体为"草根媒体"，他在《草根媒体》的序言中指出，"通讯网络本身就是人人发声的媒体，不再只属于少数有财力花好几百万美元购买印刷媒体版面、发射卫星，或获得政府许可占据公众电波频道的人……因为科技给了我们沟通工具，可以让任何人以极少花费就成为记者"。随着生产者和消费者之间的界限的模糊，随着记者、新闻制造者、传统阅听大众三者的身份不再壁垒分明，新闻的形式开始从"演说"走向"讨论与对话"。当然，需要指出的是，信息生产和传播主体的个体化并非意味着，所有的大众都会成为"平民记者"，一个人在自媒体平台上的话语权力还有受制于其受教育程度、参与网络对谈的能力，同时也受到时间是否充裕、技术装备是否先进等要素的制约。但是，无论如何，信息与新闻被垄断在少数专业媒体手中的时代已经一去不复返了，自媒体在传统的、封闭的传播圈中打开了裂缝，大众的生产权利与欲望被前所未有的激发出来。

"用户生成内容"的另一个重要意义在于，它在"拟态化"的环境中达成了"实态化"的信息传播。"拟态环境"的概念由20世纪美国负有盛名的新闻学者、社会哲学家沃尔特·李普曼提出，它是指大众传媒对社会中的信息、事件进行筛选，在重新组织、加工、结构化之后提供给人们，人们只能从媒介营造的拟态环境中去了解世界，失去了与客观世界接触的机会。拟态环境预设了传播者与受众之间的二元对立，而这种二元关系随着自媒体的出现逐渐消弭。在自媒体语境下，每个个体依旧会从自己的角度出发、以不同的方式去呈现某一个内容，而当这些片段的、海量的内容聚集起来时就成为了大数据。大数据便可能在很大程度上接近甚至还原真相本身、在虚拟世界中实现对现实生活全景的建构。由此可见，当信息生成的权力从某一个或几个专业的媒体下放至普通大众受众的时候，关于某个事件的报道在广度和深度上可能更具优越性，甚至事件的每个细微的环节及变动都会被置身现场的个体所捕捉，从而推动了传播生态的"实态化"转向。

同时，自媒体的个体化与私人化特质必然导致信息内容与传播的碎片化。首先，信息内容的碎片化。智能手机成为自媒体最主要的终端，基于其物理特性，手机上所传播的内容篇幅都较短，诸如微博、微信等对于可编辑的文字数量均有要求。因此，与报纸、杂志等传统纸质媒体不同，寥寥数字、只言片语、几张图片、一个短小的视频、几个表情符号等构成了自媒体文本最常见的形式，它不考究文体、章法，不斟酌行文的整体布局与逻辑性，只是将意思阐释清楚即可。也正是表达的碎片化在新时代不断催生出一批又一批的网络新成语，诸如"喜大普奔""累觉不爱""人艰不拆""不明觉厉""细思极恐""十动然拒"等，这些由个体创造的自组织语言摆脱了传统的、复杂的语言规则，具有高度凝练化和简洁化的特点，一经产生便在社交媒体中快速传播进而被泛运用于自媒体叙事中。与此同时，由于公众可以选择自己感兴趣的任何话题进行交流，因此自媒体文本所涉及的议题具有空前广泛性，经济、社会、文化、教育的方方面面以及琐碎的日常生活细节等均包含在内，这便是信息主题的碎片化。

事实上，信息传播的碎片化与人们对自媒体的使用方式以及基于自媒体的社交方式是高度契合的，在现实中，人们对自媒体的使用恰恰呈现出频率频繁、但每次停留时间较短的特点。在一定程度上，碎片化可以被看做当代传播技术发展的必然表现和动力机制，碎片化也已日渐成为对当代中国社会传播语境最为准确与形象化的描述。经由自媒体的强化，"碎片化"阅读日益成为大众最常见的获取信息的方式。需要指出的是，这里的"碎片化"是一种中性化的表达，是对自媒体赋权公众之必然结果的现象性描述，它冲击了旧有的传播秩序，蕴含着巨大的新生力量，但同时也会产生很多的新问题。

第二节 信息传播的去结构化与再中心化

由于传统的信息生产模式被颠覆，信息传播结构也自然也处在深刻的动荡之中。大致而言，自媒体的产生致使信息传播呈现"去结构化"与"再中心化"的双重特点。

信息传播的去结构化是指，在自媒体平台上，传播者之间的界限被彻底打破，形成了一个枝节蔓延、错综复杂的传播网络，这个网络再也无法以明确的结构图示被呈现出来。丹·吉摩尔指出："在过去的150年以来，基本上我们有两种不同的沟通方式：一对多（书籍、报纸、无线电台、电视）以及一对一（信件、电报和电话）。互联网首次给了我们多对多和少对少的通信方式。"作为互联网的进阶性产物，自媒体的出现彻底改变了传统媒介语境下的单向、结构化传播模式，开创了一种"所有人面向所有人"的网状传播模式。例如，电子邮件曾大大拓展了传播的广度，但它仍然是针对特定群体的、它所讨论的主题通常也都很窄，但是自媒体平台做到了真正的"来者不拒"，例如，在微博平台上任何人都可以随意订阅他人的内容。也即是说，自媒体平台上的所有信息都随时随地对所有人开放，信息不需要借助新闻中间人，而是借由个体间的"互播"直接到达受众。在这种"去结构化"的网状传播中，处于任意"节点"上的个体都是没有主次之分的，他们所持有的信息也没有中心和边缘之分，每个个体都以自我为中心向四周网状地发散信息。

如果我们将传统媒介的传播模式称为"广播"（broadcast）的话，那么自媒体的传播模式则可以称为"网播"（intercast）。前者是中心化、结构化的传播模式，信息发布人以自己为中心将信息向大众散发，而后者是一种去中心化、去结构化的传播模式，没有哪个人处在链条的中心位置，所有的信息均由一群人与另一群人共同分享。这去结构化的传播模式在人类传播史上是开创性的，它所具有的开放性是包括第一代互联网在内的传播媒介所不具备的。究其原因在于，自媒体充分调动了"强关系"和"弱关系"的双重传播效应。美国社会学家格兰诺维特提出，个人际关系网络可以分为两种。强关系是一种由很强的情感因素维系着的密切的人际关系，其交往主体大多是家庭成员、朋友、同学、同事，他们从事着相近的工作、经历着相似的事情、过着趋同的生活，强关系维系的是一种具有很强同质性的社交网络；相反，弱关系则是一种具有较强异质性的社交网络，它维系的人际关系并不紧密也没不需要太多的感情，是个体交往范围扩大化的产物，因此人们在弱关系圈中获得信息也往往是多元的。

社会学意义上的强弱关系在自媒体语时代获得了延伸，典型的强关系平台有"微信""人人网"等，典型的弱关系平台有"微博""豆瓣"等。在强关系和弱关系的双重作用下，自媒体实现了信息传播的倍数效应和聚涌效应，一个低耗、高效、即时的信息流通平台得以形成。可以说，自媒体的信息传播速度完全超越了任何传统的媒体组织。例如，在当下中国社会中，一旦有新闻热点在微博、微信等平台上发布，就可能在瞬间引起广大网友的转播和热议，达到"引爆全网"的传播效果，一个话题酵成"公共话题"进而上升为"公共舆论"所需时间非常短暂。需要指出的是，尽管在社会学意义上，强关系要比弱关系稳固，但是对于自媒体而言，弱关系的传播效果要远远大于强关系。因为强关系往往需要较多的社交时间加以维护，且关系网较小、成员在认知上具有高度的相似性，容易产生信息通路上的重叠浪费，造成信息系统的封闭化；相反，几乎无须任何社交成本的弱关系往往会发挥更大的传播作用，同时会促进不同观点的融合与信息的创新，例如，在"微博"等弱关系平台上，人们往往更关注的是信息的质量，这在一定程度上加强了传播的有效性。

信息传播的去结构化同时意味着对信息过滤权的让渡，借用美国学者埃里克·S.雷德蒙在《大教堂与集市》一书中的比喻，我们可以将传统媒体语境下的信息传播方式称为"大教堂式"传播，将自媒体语境下的信息传播方式称为"集市式"传播。在"大教堂式"的信息传播中，传播结构是垂直且有序的，大众媒介如同过滤器一般对形形色色的社会事件和思想进行筛查与选择，而在"集市式"的信息传播中，传播结构是分散的、衍生性的，非结构化的，媒介原本充当的信息"把关人"的角色被迅速淡化。对于原本充当"受众"角色的大众而言，他们同样掌握了实质性的选择权和控制权，作为阅听人的他们在选择接收哪些信息时表现出来个性化、主观化和动态化倾向。换言之，媒体用户非常依赖"朋友"而并非专门的机构作为他们的"编辑"，来告诉他们哪些信息是重要的，强关系或弱关系链条上的"某个人"成为信息的"门卫"。

其次，自媒体 的另一特点在于信息的交互性与再生产。与自上而下的传统信息流动模式不同，自媒体平台上是信息流动是双向的、交互的。例如，"个人博客可以指向其他人的张贴文章；也许是表示同意该篇文章，但通常是不同意，不然就是指出原文章没有触及的角度。然后，原作者张贴回应，接着另一个博客人也加入战局"。丹·吉摩

第二章 自媒体时代下的信息生产与传播生态

尔称其为"来回浇灌"的对话模式，这种对话不仅使提升了信息的数量与复杂度，而且使得信息处于不断的再生产的过程中，这便是自媒体所拥有的、传统媒体无可比拟的信息分享与聚合能力。

也即是说，面对随处可获取的多元化信息，每个个体都可以将其资源化，通过二度加工和"再混合"生成"超文本"，这个过程充分体现了自媒体传播的"受众本位"。在信息传播过程中，人们在海量信息中做出有甄别性的选择，不仅通过复制、转发、点赞等来追踪自己感兴趣的话题，而且通过分享、链接、评论等方式对信息内容进行随意的解构和拼贴。解构的过程同时也是重构的过程，个体从中截取自己需要的信息并重组，基于自身的立场、经验或情感衍生出新内容，为初始文本嵌入新元素，话语的"二度拼贴和诠释"轮番上演。通过意见的分享与群聚，产生了看似零散的信息大杂烩或观点拼凑物，它们使得原本的话题文本具有了更强的扩张力和影响力。因此，在现实中，某个"信息源"一经发布就会在传播中激发一场由很多人共同参与并深层互动的公共对话。

大众则在这种具有极强交互性特征的信息传播模式的基础上，完成了"再中心化"的过程，通俗来说便是"圈子"的形成。在去结构化的传播空间中，"圈子"并非封闭、固定、单一的，而是开放、多样、动态的。同时，自媒体平台上的"圈子"并非以权力为导向，也不由地缘因素决定，而是以内容为导向，是个体基于共同的兴趣、认知或共同的需求组成的虚拟化社区。例如，"知乎""B站"等都是深受年轻一代喜爱的、在当代中国较具影响力的自媒体社区。"知乎"是一个真实的网络问答社区，用户之间基于共同的兴趣分享着彼此的专业知识、经验与见解，在此基础上实现对于发散思维的整合。随着时间的推进，知乎汇集了越来越多的高活跃度的、高质量人群，为互联网提供源源不断的高质量内容，成为自媒体时代集体智慧创生的典型代表。"B站"是国内最大的年轻人潮流文化娱乐社区，它所聚集的多为ACG（动画、漫画、游戏）一族，其最大特点是向所有人开放的、悬浮于视频上的即使评论功能，爱好者称其为"弹幕"。"B站"成员通过对视频文本的二度加工创作出各种弹幕，弹幕的即时性超越了时空限制，在迥异的个体间营造奇妙的共时性关系。除此之外，"新浪微博"也是"圈子"的主要平台，股市投资、明星娱乐、旅游摄影、情感婚姻等话题很容易使微博用户聚合起来以社群化方式进行信息互动，通过发帖、浏览、评论、转发等行为，同属一个"圈子"的人们形成了知情而关心的共同体，变得"在场"。

由此可见，"圈子"的形成是自媒体时代的大众在"分化"基础上的"聚合"，不同内容导向的"圈子"满足了不同个体的多样化需求。一方面，"圈子"的存在使得信息内容变得更丰富、传播指向更精准。

另一方面，不同的"圈子"之间又形成了嵌套关系，个体可以极其方便、快捷地在异质的圈子之间跳转，这种复杂的勾连关系再一次确保了自媒体平台上信息传播的广度与速度。

第三节　信息传播的娱乐化与情绪化

美国学者赖特和施拉姆曾提出了大众传播的"四功能"说：第一，大众传播具有环境监视功能，即在特定社会中收集、传达信息；第二，大众传播具有解释与规定功能，它并不是单纯"告知"大众，传达信息的同时伴随着对事件的解释，并提示大众应该采取何种反应行为；第三，大众传播具有社会化功能（或称教育功能），在传播知识、价值布道以及行为规范引导方面具有重要的作用；第四，大众传播具有提供娱乐功能，它所承载的内容并非总是务实的，相当一部分内容旨在提供消遣与休闲。毫无疑问，无论任何时代的大众媒介都同时具有这四种功能，且不同的媒介对这些功能又有所侧重。

例如，报纸是以刊载新闻、时事评论为主的印刷出版物，它产生于前电力社会，是书面传播时代的媒介。目前人们普遍接受法国新闻学者贝尔纳·瓦耶纳关于报纸职能的概括：即以报道职能为主，随之而来的是传播、辩论的职能，除此之外附加娱乐的职能。对报纸而言，最重要的职责是发挥监测环境的社会功能以及充当"守望者"的角色。与其职能相匹配，报纸传播具有以下两个特点。其一，以叙事的真实性为第一要义，强调如何通过事件的展现来还原真相；其二，以文字传播为主、辅以图片传播，内容以逻辑性与深度见长。换言之，报纸是深度分析与观点的源头。

与报纸不同，电视则是一种完全融入人们日常生活的媒介，20世纪中期，它一经普及就迅速占据了人们大部分的业余时间。当然，作为大众媒介，信息传播、舆论导向、资讯服务依旧构成了电视最基本的功能。相对报纸而言，电视是一个"活生生"的媒介，它的播送是实时的、自然的。然而，与报纸的最大不同之处是，娱乐成为电视的主要职能。1978年英国独立广播电视局在其编写的一本手册上写道，经过日常生活的紧张和焦虑，人们期待着坐在电视机旁放松、开心和被逗得开怀大笑的时刻。这段话的描述符合现实中大多数人对于电视　期望，电视与日常生活和人们对于消遣的普遍心理需求密不可分。也正是因为这样，电视被视作"大众文化"的重要组成部分，不同于精英文化，大众文化的主要特征就在于通俗性和娱乐性。与报纸相比，电视在发挥娱乐性功能上具有天然优势，电视传播不是文字传播，而是一种视觉化传播，强调感官的体验，它通过声图合一的方式，以最直接和最感性的方式给人们带来愉悦。

作为信息时代的产物，自媒体拥有当下最先进的传播技术，它集文字传播、图片传播、音像传播为一体，将资讯传输、信息储存、舆论引导、娱乐消遣等功能均包含在内。即便如此，对于大众而言，娱乐消遣仍然是其使用自媒体时最重要的诉求。从另一个角度来说，也从未有一种媒介如自媒体这般将娱乐的力量放大至极致。首先，自媒体语境下传播的娱乐化表现为话题的娱乐化。以微博为例，"新浪微博数据中心"

发布的2019年用户发展报告显示：从兴趣标签来看，"娱乐明星""搞笑幽默"是微博用户的主流爱好；在微博热门话题榜单中，社会类、明星类话题数量分别达到26.6%和25.0%，位居前两位，而紧随其后的则是电视剧、电视节目、电影类，如果将后三者所占比例和明星所占比例相加则是42.9%，可见娱乐类话题远远超过了社会类话题的占比。

其次，自媒体语境下传播的娱乐化表现为娱乐明星拥有显著的话语影响力。同样以微博为例，数据调查显示，连续几年来新浪微博粉丝人数排行榜前十位均被娱乐明星所占据，个别明星的粉丝人数已近亿，甚至有明星的微博留言数量和转发数量创造世界吉尼斯纪录。导致这一现象发生的一个重要原因是，微博等自媒体的使用者多为崇尚娱乐的年轻人。根据"新浪微博数据中心"发布的2019年用户发展报告显示，30岁以下年轻用户占比超过80%，其中22岁以下用户占比43.3%。事实上，明星的影响力还并不局限于娱乐领域，拥有巨大社会影响力的明星往往在公共话题上的话语权也是同样强大的，由此就出现了"明星公知化"和"公知明星化"的现象。一些明星不断在公共话题上发声，而一些公知则转型成为明星，明星与公知之间的界限似乎越发容易跨越。

除了娱乐化之外，自媒体与报纸、电视等传统媒体在交流生态上重大区别还体现为它对"情绪性"表达与传播的依赖。从本质上而言，

自媒体兼具"私人性"与"公共性"，作为私人媒体它往往成为普通个体抒发情感、宣泄自我的出口，"吐槽"也往往成为他们在议论公共事件时的主要行为方式。在这种毫不设界的自由互动中，不可避免会导致各种情绪的蔓延，"一个热点新闻事件再加上一种情绪化的意见，就能成为点燃一片舆论的导火索"。在微博上"骂嘴仗"已经成为自媒体环境下的常见现象，很多微博热点事件都体现着较强的情绪指向，每一次事件都伴随着网友大量的非理性的声音，常常是一言不合网友立刻群起而攻之，口无遮拦地情绪化话语铺天盖地，而理性的声音和观点则往往被淹没在乱哄哄的"口水"之中。此时，舆情不再是事实，而是各方过度情绪化表达的产物，这便是人们所谓的"后真相"时代的典型特征。

需要指出的是，自媒体在当代中国仍属新兴事物，目前仍处在蓬勃发展阶段，我们的分析未能触及其现实形态的全部，只能从总体上和本质上勾勒其主要特征。正如媒介环境学者梅罗维茨所指出的那样，不同的媒介构筑了人们不同的交往模式和信息传播模式，从而塑造出不同的社会场景，例如印刷媒介有利于形成社会场景之间的隔离，从而导致知识的垄断和权威的确立。毫无疑问，自媒体作为新媒体的典型代表则倾向于打破隔离、模糊角色、消解权威，实现社会场景的融合，这无疑为当代的意识形态工作提出了全新的挑战。

第三章 自媒体语境下意识形态工作的多重挑战

在技术变迁的维度下，自媒体通过更新观念传播赖以实现的物质手段，改变了整个的传播生态，促使了信息生成主体的个体化与平民化、信息传播的去结构化与再中心化、信息传播的娱乐化与情绪化等等。这些变化致使意识形态运作的外源性环境发生了不可逆的重大变迁。借助自媒体这一全新的载体，各式各样的社会思潮轮番登场，通过"圈子"和"粉丝"效应竞相争夺话语权，它们无孔不入、喧嚣而热烈，使得自媒体语境下的舆情呈现"泛政治化"态势，从而使得意识形态工作面临来自观念多元化、受众流动化、社会矛盾放大化等诸多新挑战。

第一节 多元观念的聚合：统一性话语面临挑战

如上所述，在自媒体语境下，信息的生成和传播主体由少数机构"下放"至普通个体，自媒体立足于微观，自下而上地解构了"权威"，消解了"元叙事"，用极其多样化的信息圈与话语形态来反对任何形式的霸权及垄断，加速了话语权力的分化，形成了一个不设界的"意见广场"。这种变化所产生的社会效应是多重的、复杂的。正如美国学者詹金斯所说的那样，"当人们把媒体掌握在自己手里时，结果可能极具创造性；当然对所有涉及的人来说也可能是坏消息"。

一方面，主流意识形态的权威性面临挑战。正如我们所看到的那样，意识形态工作旨在通过确立主流意识形态的权威性来维持思想观念上的统一性，即"通过在象征层面上构建一种统一的形式，把人们都包罗在集体认同性之内而不问其差异和分歧，从而建立和支撑统治关系"。然而，由于文化生产权力的下放和分散，大众再也无法忍受来自主流媒体循规蹈矩的单向布道，创造的渴望在被解禁后溃堤而出且愈演愈烈，大众要求以平等的姿态进入到信息生产的实践环节，他们拒绝精英们对思想观念的先验控制，呼吁话语权的回归。在自媒体平台上，每个个体都可以成为某种思想观点的发言人，简单纯粹地表达自己的兴趣和意愿。由此一来，意识形态的进入门槛逐步降低，不同政治意见间的交锋日趋激烈，迥异的观点被自由地贩卖和兜售，人们逐渐摒弃了追求统一思想观念的价值规范，主流意识形态的权威性面临着巨大挑战。

另一方面，主流意识形态的普遍性面临挑战。在传统社会中，政府将信息生产与传播权牢牢地控制在自己的手中，从而在"私人话语"与"公共话语"之间划下了一条几乎不可逾越的鸿沟。然而，在自媒体语境下，这条鸿沟日渐弥合，私人话语得以轻松、顺利地进入公共领域中，长期以来信息权威的一元化现象被瓦解，这一过程体现了人们对现代主义二元分裂文化模式的反抗。这样一来，在自媒体空间中，个体逃脱了来自传统传播结构的控制，他们彼此之间分享了地位与权力，并通过信息资源的汇聚、共享等共同创造出真正意义上的"大众"文化。

由此可见，这种新型信息生成与传播方式与途径包含着强烈的反传统意蕴，与传统媒介语境下的信息生态具有异质性、非同构性，它是一种颠覆性的开放传播方式，强调自由、中性的思想形式。新的媒体环境引发人们对思想和内容更加自由地流动的期望，个人只凭自己喜好憎恶来表达对某个观点的赞同或反对。在大规模媒介信息的轮番"轰炸"下，迥异的思想并行不悖，它们或自成一派或集结成军，具有相同主张和诉求的个体形成一个个"共识圈"。社会由此被划分成无数个大小不一的价值共同体，各种非主流的、小众的知识行为和生活方式都前所未有地被认可并接受。当"差异"作为价值标准被大众所广泛肯定时，主流意识形态的普遍性原则有可能趋于失效。伴随着一切无序的、杂乱的元素得到认可，恒定的规则和逻辑遭受质疑，强调普遍性的思想观念和价值规范则面临瓦解的风险。

综上所述，自媒体以"去权威化"和"去统一性"的精神特质为各种话语的生成与传播提供了得天独厚的便利条件，海量信息每时每刻奔来眼底，各种各样的"主义"都获得了先前未有的"自由"发声机会，者如功利主义、自由主义、保守主义、激进主义、民主社会主义等竞相出场，演变成汹涌澎湃的社会思潮。这些话语代理人的出发点各不相同，其政治立场也比较复杂。固然，我们不会对"多元"进行简单的价值判断，更不会武断地认定多元就是坏的，同时我们承认其中一些话语所承载的世界观和价值观在客观上促进了个体间的思想交流与公共讨论的形成。但同时我们必须认识到，多元的确为"坏"的话语的滋生和隐匿提供了温床。意识形态工作并不反对论争、辩驳、交锋，但是一切应该以"尊重事实"为底线。然而，在现实中，在自媒体这个无比喧嚣的舆论场上，不少话语的代理人冲破了底线，将"是与非""真与假"的问题偷换成"左与右"的问题，用错误的意识和价值观欺骗、迷惑大众，对此意识形态工作者需保持高度的警惕。

第二节　虚无主义：自媒体平台上话语乱象的集中表达

自媒体的相对自由化、隐匿化和平民化，形形色色观点几乎都可在自媒体空间中找到发表的机会，其中自然也不乏一些带有极强政治偏见、甚至别有用心的话语，虚无主义便是此类话语的典型代表。近年来，虚无主义已成为自媒体平台上传播范围最广、形态最为丰富、隐匿性最强、接受度最高的话语形态之一，悄然影响着大众的认识，从而对主流价值观和意识形态产生不容忽视的冲击。

众所周知，现当代的"虚无主义"思潮来自西方，它的哲学形态表现为19世纪末期以来兴起的意志哲学及存在主义。例如，在尼采哲学中，虚无主义被用来批判自柏拉图以来的传统的西方形而上学及其所主张的"真理的历史"，"尼采通过这种思想努力，以一种特有的方式揭示了几十年以后欧洲文明精神发生精神畸变的病理根源"。也即是说，虚无主义在被尼采赋予一种肯定性的生存意义的同时，又是指向批判意识的。然而，在当下中国，一些人无视虚无主义作为哲学话语在特定时期的所指与意义，假借虚无主义之名，对当下社会的主流意识形态、核心价值观以及社会制度提出全面的质疑和否定。虚无主义在当下中国的表达形式极为多样化，有学者将其划分为以下四种类型：人类虚无主义、集体虚无主义、历史虚无主义、民族虚无主义。本书在借鉴这一划分的基础上，对前三种虚无主义话语在自媒体语境下的表达及传播进行分析。

1. 自媒体空间中的人类虚无主义话语

人类虚无主义否定人类作为整体的最高价值，表达了对人类存在的目的、意义及前途的消极化理解，其本质上是对科学技术的拒斥以及对现代文明价值的否定，现时代人类虚无主义的主要症候表现为封建迷信以及邪教、恐怖主义等极端形态。新中国成立以来，经过长时期的科普教育与宣传活动，以占卜、算命、驱魔等"术数"骗取他人钱财的封建迷信活动已大量萎缩，但是对于不少个体而言，产生迷信思想与行为的观念基础依然存在。近年来随着自媒体的普及，封建迷信借由信息技术的包装再次获得了沉渣泛起的机会。

例如，原本隐身于暗处的"算命大仙"们开始搭上"直播平台"这一快车，在网络直播间中公开授课，宣称"查事""看病"并以此谋利。又如，在微信"朋友圈"中经常会出现类似的文字："本月是观音菩萨出家月，福禄寿财各路神仙都来保佑您"，"请您传给十二个朋友和亲人，四天后一定有好运"，等等。除了这些显而易见的迷信话语之外，还有一些打着科学的幌子或冒用科学语言及概念的颇具迷惑力的话语，诸如"测测你出轨的概率有多大""测测未来你将开什么样的车"等。在这些花样百出看似有趣的小游戏中，当人们输入了自己的姓名、职业等个人信息时，隐私便有可能在无形之中被窃走，而这些小游戏之所以风靡的根本原因来自人们无意识深处的非理性预期。随着科学技术的发展和物质生活的丰富，它又开始以各种新的形态出现并有泛滥的危险。迷信思想的扩展必然制约科学意识的普及，尤其会对处于成长期的青少年产生严重的负面影响。同理，一些极端宗教组织和恐怖主义组织也利用各种新型社交工具和媒体平台拓展宣传路径、加强渗透，同样应该引起意识形态工作者的高度重视。

2. 自媒体空间中的集体虚无主义话语

集体虚无主义是对集体主义的否定，它"对于共同体、公民社会及公共生活缺乏基本理解与认同，缺乏公益意识、公民观念与奉献精神"，从理论上表现为无政府主义、民粹主义、个人主义、利己主义等形态。在自媒体空间制造传播谣言、营造不和谐的社会氛围，削弱社会信任与政府信任的基础等行为，均可被视作集体虚无主义的主要症候。中国社会科学院新闻与传播研究所与社会科学文献出版社每年都会发布《新媒体蓝皮书·中国新媒体发展报告》，"谣言"一直是蓝皮书课题调查组关注的重点，而微博作为社会声音的集散地一直以来都是谣言的主要传播空间。

《蓝皮书》曾将谣言分成"硬谣言"与"软谣言"两大类，与灾难、治安、食品、财经、政策法规、政治外交、官员腐败有关的谣言破称为硬谣言，此类谣言会直接影响社会的和谐与稳定；与娱乐体育相关，主要作为老百姓茶余饭后谈资的谣言被称为软谣言，除此之外，还有科技、健康类谣言，其影响程度介乎二者之间；数据显示，有接近六成的是硬谣言（58.6%）。还有学者将谣言细分为六个类别：危言耸听类、解构传统类、伪科学类、伪求助类、无中生有类、虚假新闻类。谣言的传播往往会对当事主体的名誉造成不可逆的损伤，而当这一主体是政府或公职人员时，就会加深公众对政府的负面评价，"中国在联合国全球国民素质道德水平调查及排名的评比中排在160名之后"，"中国是世界上税负最高的国家"，"垄断企业供电局抄表工年薪30万"等便属于此类谣言；有一些谣言的传播侵蚀了社会的公序良俗、败坏了道德风气；还有一些以环境、公共卫生、暴恐等为主题的谣言极易引起公众对自身安全的恐慌，催生公众的生存焦虑感，弱化社会的信任感与和谐度。总之，不同于口头谣言，自媒体语境下的谣言和假新闻传播速度快、传播范围广，且常常由于多方平台转载而导致存留时间较长，因此与口头谣言相比其社会危害更大，成为严重影响社会稳定的因素。

由于信息生产的平民化和信息传播的去中心化，自媒体平台上的信息来源极为复杂，内容也极为碎片化，由此缺少必要的求证环节，这就为谣言的滋生提供了土壤。某些个体发表的具有较高话题度的虚假信息往往会在短期内获得其他成员的关注并迅速传播，从而上升为虚假新闻。除此之外，还有一些个人或组织为了攀附大众、获得关注度，对信息不仅不加以核实反而有意"放大"甚至以讹传讹。虚假信息的泛滥，不仅严重影响了新闻的社会公信力，而且对和谐社会关系的维护造成了极为不利的影响。总而言之，谣言滋生的原因是多方面的，驱使人们传播谣言的动力也是多方面的，但有一点需要注意的是，大多时候自媒体平台上的谣言是对现实社会中公众的普遍性焦虑和不安全感心理情绪的反映。不可否认的是，在中国社会的转型期，随着食品安全、环境污染、社会治安、官员腐败等很多不良社会现象的频频曝光，公众自然会产生不安、不信任甚至是恐惧等复杂的情绪，他们需要寻找一些"合理"的解释来消除这种不确定性、重建内心的"控制感"，这便为谣言的滋生与传播提供了客观的需要空间。尽管很多人是在"无意识"地传播谣言，但无论如何，这种行为本身却是现代公民意识缺乏和共同体观念缺位的表现。

3. 自媒体空间中的历史虚无主义话语

历史虚无主义是虚无主义中最常见、最重要的形态，也是当下中国最具事实的影响力的一种虚无主义话语。历史虚无主义者"不承认历史及文化传统的继承性与连续性……否定历史发展的内在逻辑，轻率地对待各种历史与文化遗产"。从其哲学性质上来看，历史虚无主义实质上是一种历史唯心主义，它否定社会存在，也否定历史意识，否定历史进步的基本逻辑及判断历史进步的基本评价标准；从其政治性质上来看，历史虚无主义是一种错误的意识形态，在当代中国其主要目的是否定现有的历史发展方向和社会主流的价值评价标准，否定马克思主义的指导地位，否定中国共产党的领导，否定社会主义制度的合理性。尽管本身具有强烈的意识形态诉求，但历史虚无主义者往往宣称要客观解读历史，他们打着学术研究的旗号，以"洞察历史真相"为由呼吁历史研究的"去意识形态化"。在现实社会中，历史虚无主义的主要症候表现为对历史符号的"解构"。

对历史符号的解构又包括两个层面：对历史人物的解构与对历史事件的解构。其一，对历史人物的解构通常表现为以偏概全式的解读，即"对正面人物进行负面化（片面化）解读"以及"对负面人物进行正面化（片面化）解读"。例如，对于正面的历史人物，有意挖掘甚至恶意编造他们的负面材料，对于反面历史人物，则有意忽略他们所犯下的历史罪行，断章取义地看待其人其事甚至为他们唱赞歌，从而借此重新评价其背后的历史事件。其二，对于历史事件的解构通常通过"选择性地虚无化"来完成，即有意遮蔽某些历史片断、有意凸显某些历史片断以及重新叙述历史发生过程等。在现实中，对历史人物与历史事件这两种历史符号的解构往往是交织在一起的，这绝非如历史虚无主义者声称那样，只是一种不同于主流历史研究范式的研究方法，相反它具有明确的意识形态诉求，其根本目的是要通过解构"历史符号"来解构历史，解构其所承载的历史阶段及其必然性，进而解构主流意识形态以及整个社会的普遍性思想文化体系。不难发现，借由这种解构，中国近现代史的一些基本逻辑正在被否定，所谓"去意识形态化"的历史研究，不过是历史虚无主义者试图否定当下历史合法性的借口。

借由自媒体平台，历史虚无主义从知识阶层扩大到社会大众，它以曲折、隐喻的方式隐匿在网络空间中，其表现手法多样，迷惑性较强。首先，打着"揭秘"的幌子,通过"以小见大"实现"去神圣化"是其常见的手法。即以浅显的例子为突破口,以碎片化的事实为依据,通过所谓的"野史""稗史"进行似是而非的推论,以企图推翻传统观点与结论。总之,一些人为了达到消解崇高、解构高尚的目的,在"解禁"的媒体空间中极尽哗众取宠之能事,歪曲历史、丑化英雄,而这种对本民族所经历的苦难历史无原则、无下线的调侃和抹黑,严重伤害了大众的民族情感,造成了极其恶劣的社会影响。

诚然,虚无主义绝非自媒体时代的产物,而是一直存在于学术界和社会领域的各个角落中,但是正是自媒体赋予了其大众传播的潜质与可能性,从一种暗流涌动的话语发展为一种具有极强煽动性和影响力的社会思潮。与新时代的传播特征相适应,人类虚无主义、集体虚无主义、历史虚无主义在自媒体空间中采取了隐性化的表达方式,它借助碎片化、娱乐化、戏谑化、日常生活化叙事发展出更为隐蔽的传播策略,获得了更广泛的辐射力。大多时候,这些虚无主义话语所涉绝非是一个多元价值观的问题,而是一个是非问题,它们在自媒体空间中肆虐的结果绝非是给大众提供了多样化的选择空间,而是颠倒黑白、混淆是非对此,我们需要保持清醒的认识。新时期的意识形态工作固然要摒弃旧有的"斗争思维"和"革命意识",但绝不意味着模糊标准、放弃底线的折中主义,折中主义的实践后果必然是犬儒主义和无政府主义。

第三节 "测不准"的大众与"意见领袖":话语权的竞争

自媒体对意识形态工作所产生的另一个重大影响是,它重塑了"受众",从而使得意识形态工作对象的特征发生巨大变化。人在创造媒介的同时,媒介也塑造了人,从某种程度上来说,媒体与人之间是互文、共生的关系。在传统的媒介语境下,媒体与受众均具有较强的稳定性。首先,媒体本身的角色定位是固定的,它接受"受众是可预测的"这一预设,尽管它也会考虑到受众的个性需求并通过"精确分众"指向特定的族群,但它基本上仍是以满足受众的共同需求为导向,在本质上仍属于"泛众传播"。其次,与之相对应,传统媒介时代下的大众也习惯于循规蹈矩地接收信息,并任其(媒介)布道,从总体上而言,受众的心理特征还是比较容易把握的。但是,这一现象在自媒体语境下不复存在,具有强烈的"草根"属性的自媒体引发了人们对于自由、个性化的思想与内容的无限期待,被赋权的受众也由此具有了全新的特质——碎片化、流动化、开放化、交往化,受众的心理与行为均变得令人难以捉摸。

其一,自媒体语境下的受众呈现出"流动化"倾向。传统媒介环境中的受众比较容易停留在"老地方",而新时代的受众则具有了较强的流动性,他们的心理及行为习惯难以预测,对媒体的忠诚度也不断下降。自媒体对私人化和平民化的强调如同催化剂一般，加剧了受众需求的个性化、主观化和动态化。对于正在崛起的新一代媒体受众而言，面对丰富的自媒体平台，他们掌握了实质性的选择权和控制权。对于自媒体而言，它既要不断拓宽、及时更新内容使其足够吸引用户，还要源源不断地提供能满足大众各种需求的新鲜应用。即便是这样，它们每一次成功地吸引大众的同时，都面临着他们有可能不再回来的危险。面对瞬息万变的兴趣和需求，要培育并维持长期的忠实受众，是一件极为艰难的事情。

其二，自媒体语境下受众的交往化倾向。自媒体成为当下社会大众之间对话沟通的主要社交平台。近年来，"新浪微博""腾讯微信"等在中国都获得了极高的用户增长率，这些自媒体应用具有得天独厚的互动优势，它们极大降低了交往成本，人与人之间的互动变得即时、简单、随意、高效。很少有人是在完全沉默和隔绝的状态下接收信息的。自媒体改变了受众原子化的孤立状态，为参与者提供了可以充分分享知识和观点的机会与场所，媒体消费演变成一种集体性的过程。受众在融合的环境中通过互动交流，共同创造出隶属于不同人群的、形态多样的亚文化，建构起丰富的集体意义。

其三，自媒体语境下受众的开放化倾向。如果说传统媒介语境中的受众行为是默然无声、不显山露水的话，那么自媒体语境下的受众行为则变得声势浩大、喧闹嘈杂。由于不同自媒体社交平台间甚至不同终端间相互开放、相互打通，广大受众享受到超越以往的便捷互动体验，他们变得越发活跃和兴奋，被动型的"媒体观看"行为被彻底抛弃。例如，近年来，微博平台上一次次地掀起全民参与的浪潮，已然成为我国最重要和最喧哗的舆论场。不仅如此，自媒体使得社会动员速度更快、社会参与度更深、发生频率更高，线上意见得以频频转化为线下实践行动。由此一来，自媒体的作用不再局限于单纯的信息传播领域，其功能不断延展，与社会的融合趋于深化，已经成为"植入"社会经济、政治、文化等诸领域的强势力量。自媒体时代的受众行为的开放性使政府驾驭社会风险的能力饱受考验。一旦社会焦点问题借助自媒体的人际关系被倍数传播且激发群体事件，就会极大破坏社会和谐、削弱正能量，从而导致社会认同感的降低甚至产生严重的信仰危机。

简言之，在自媒体语境下，作为"整体"的受众退场，作为"个体"的受众取而代之，经由塑造的单一化兴趣退场，个性化的多元兴趣取而代之；势单力薄的信息消费者退场，融合智慧的集体社区取而代之；有序的制式化互动规则退场，"超人际"的互动模式取而代之。所有的这些变化必然从整体上加剧受众的不可预见性和不确定性。面对日益"测不准"的大众，在信息海量化、碎片化、众哗的新环境下，"意见领袖"（俗称"大V"）在舆论引领中的作用空前加强，"意见领袖——粉丝效应"构成了自媒体语境下各种思想观念建构自身话语权的新理路。

美国学者拉扎斯菲尔德在《人民的选择》一书中对20世纪40年代美国大选中的民意进行了研究，提出了"意见领袖"的理论。他提出，在人际关系网中，"意见领袖"

扮演着特殊的角色，"在每个领域和每个公共问题上，都会有某些人最关心这些问题并且对之谈论得最多，我们把他们称为'意见领袖'"，信息从媒介到"意见领袖"，然后再传递给不活跃的人群。在传统意义上，"意见领袖"一般人数不多，他们大多是某一领域的专家，相较于他人往往首先或更多地接触大众传媒信息。"意见领袖"在大众传播中发挥两个基本作用：加速传播速度、影响他人态度。在传统的中心化、一对多、单向传播语境下，"意见领袖"的主体往往也是单一化的，信息发布机构如代表政府声音的主流媒体本身就在实际上就起到了"意见领袖"的作用。因此，在一定程度上可以说，在"OGC（职业生产内容）"时代，"意见领袖"更多的是一个假设意义上的概念。然而，在"UGC（用户生成内容）"时代，"意见领袖"日益在社会舆论的形成中发挥实质性的影响。

不难发现，近年来在一些以社会民生、公权监督、公共安全为主题且产生重大社会影响力的公共事件中，诸如"郭美美炫富""实名举报刘铁男""茂名PX项目群体抗议""柴静雾霾纪录片"等，微博"意见领袖"群体在舆论的生成、发酵与传播中都毫无疑问地起到了主导性作用。中国社会科学院发布的《社会蓝皮书：中国社会形势分析与预测》认为，在互联网条件下，网络"意见领袖"是一个客观存在，并且他们在微博中的影响力常常超过传统媒体和政府。同时，随着自媒体普及广度和深度的提高，"意见领袖"也开始呈现"草根化"和"年轻化"趋势，例如，一些普通人、青年人也纷纷走进微博意见领袖的行列。从总体来说，目前的"意见领袖"大致分为媒体型、专业型、明星型、草根型四大类。

近年来，思想的传播者的权力从传统的"专家集团"转向"意见领袖"，"意见领袖"的影响力则从线上蔓延至线下，日益成为社会动员的重要推动力量，这已经是无须争辩的事实。大致来说，以"意见领袖"为核心环节的信息传播过程是这样的：第一，影响力极小的当事人或目击者成为信息源，他们把信息推送给"意见领袖""意见领袖"对其加以关注进而动员或促成粉丝参与；第二，不同的"意见领袖"之间展开互动，不同圈子的粉丝转发、评论、产生争议；第三，"意见领袖"再次发言，引导舆论风向，粉丝再度转发与评论，最终使该事件上升为网络热点引起社会关注。在这一过程中，"意见领袖"既是相对权威的信息发布者、信息传播的中介，同时也是舆论议程的设置者。需要指出的是，在去结构化的网状传播生态圈中，"意见领袖"上述作用的发挥均离不开"粉丝群体"，"意见领袖"与粉丝是共生的关系。在"意见领袖"的示范和唤醒之下，粉丝不再是"沉默的大多数"而是成为活跃的群体，大量持相同观点的人对于某一议题集体发声，使得各自所代表的舆论螺旋式壮大；同时，在不同的舆论相互交锋时，粉丝也往往成为最主要的发声主体。粉丝不同于一般受众的特点在于，他们会对特定对象表现出痴迷的倾慕乃至狂热的崇拜，因而在不同的个体汇聚在一个"圈子"内形成粉丝群体时，往往会伴随非理性化情绪的蔓延。由此一来，在"集体无意识"的作用下，个体间的理性讨论很难达成，取而代之的是不同立场的粉丝之间极度情绪化的争执，特定主流舆论最终往往成为基于粉丝数量的集体压力的产物。

因此，拥有数量巨大的粉丝群体的"意见领袖"在社会中所发挥的社会作用并非总是正面的。一些"意见领袖"为了维持热度、扩大自身影响力常常会采用一些"非常规"的手法，诸如为了吸引眼球只注重消息的"新、奇、异"而不考量其真实性，为了塑造和彰显个性发表一些"惊世骇俗"的言论，为了在最短时间内引起受众的"共鸣"而过度夸大或渲染负能量事件，等等。尤其是在新兴的草根意见领袖中存在着相当一部分"跟风""负面化"，"标签化"传播的现象，他们所发的博文往往存在诡辩的逻辑、非理性的修辞，其结论也较具煽动性和误导性。正如人民网所发布的《舆情报告：微博舆论场及其"意见领袖"作用机制解析》所显示的那样，"腐败、暴力、贪官、维权、上访、移民、特权、富二代、官二代"等表征负面含义的关键词在其微博中被提及的频度较大。

综上所述，面对工作对象的新变化，倘若意识形态工作继续坚持传统的、自上而下的、制式化宣传模式自然会收效甚微甚至是适得其反，只有在科学把握自媒体语境下话语权建构新范式的基础上，才能实现主流意识形态宣传路径的有效创新。总体而言，在自媒体语境下主流意识形态要建构自身的话语权，就必须直面由"意见领袖""粉丝社群"所营造的舆论狂欢的世界，在正确研判和深刻把握其运作规律的基础上，做到"有效管控"和"为我所用"的有机结合。

第四节　交互性信息政治实践及其双向价值

到目前为止，我们在讨论自媒体对意识形态工作所产生的影响时，主要地将其视作"信息与观念的传播工具"，但实际上自媒体的工具性价值远不止于此。自媒体更深入的意义在于，它跨越了"线上"与"线下"的时空区隔、完成了"观点"与"行动"的融合，它不仅催生了舆论场的生态变迁，而且还深刻、有力地改变了政治实践的进程。因此，现时代的意识形态工作除了直接体现为主流意识形态话语权的建构，还应充分考虑如何提升公民的政治效能感。所谓政治效能感指的是公众对于自己是否能够影响到政治活动能力的信念或者信心。政治效能感和意识形态工作效果成"正向相关"的关系，政治效能感的提升自然会强化对大众对主流意识形态的认同。因此，研究自媒体语境下意识形态工作的新问题，就必须对自媒体时代的政治实践方式进行深入剖析。

阿尔文·托夫勒曾在《预测与前提》中预言了"信息政治"的来临，他指出，随着人类进入信息社会，信息与政治的关系日趋密切，对网络的控制和对信息的处理将成为政府完成政治规训的重要武器。20世纪中后期以来，世界各主要国家的人们基本上开始通过媒体来接受讯息、形成政治意见以指导其政治行为，托夫勒的预言成为现实。媒体日渐成为政党和各种政治组织施加影响力、完成社会动员的主要工具，信息似乎拥有了超越传统政治权力的力量，信息政治已然成为一种世界范围内的普遍性政治实践。"信息政治"一词客观描述了人类政治进程的改变，其核心旨意在于强调信息与政治参与之间的内在联系，它意指政治被纳入信息空间，政治交流趋向符号化，政治的内涵、组织、与领导权均被媒体信息的内在逻辑所框架。信息政治是大众媒介时代的产物，是"媒介行为"与"政治行为"联姻的结果。对于媒介与权力之间的共生关系，无论是传播学领域还是政治学领域的学者均达成了共识。例如麦克卢汉说道，"任何传送信息的新媒介，都会改变权力的结构"，曼纽尔·卡斯特说道，"只要媒体相对自主于政治权力，政治行动者便必须遵守媒体的规则、技术与利益"。可见，"信息政治"的提法凸显了媒体的政治自主性，它对媒体意义的理解超越了技术层面，认为媒体从深层次上影响着社会成员的文化经验与认同，因此也极易成为各种权力关系的角逐场。

然而，不同时代的大众媒体所扮演的具体政治角色义不尽相同，新技术的应用往往会导致信息政治内涵的拓展与变迁。在以电视、无线电广播为代表的第一媒介时代，信息政治的内涵具有单向性特征。大众媒体被为数不多的制作机构所掌握，媒体之于大众拥有绝对话语权和影响力，它是现实世界的某个事件和人们头脑中对这个事件的想象之间的主要链接物，媒体可以通过强化宣传在大众中达成支配性共识。此时的媒体成为政治作秀、政治行销的主要场域，政治行动者通过不间断的新闻报道将政治决定和政治策略转译为媒体政治语言，极力塑造其政治形象，以设定和翻转公众意见为最终目标。

20世纪末互联网成为主导性媒体，频繁的网上活动减少了人们看电视、听广播的时间，网络媒体愈发成为首要的政治空间。互联网是一项相对自由的技术，民众可以在不依赖大众媒体的情况下获取更多的信息并在没有政治家干涉的情况下展开交流，信息政治的"自治性"内涵得以凸显。由单向信息系统所定制的政治意识和政治参与开始改变，"人们在寻求自治时将因特网作为选择媒体……如果市民对政治不满或发现自己在反应迟钝的社会体系下寻找自治，那么，在不直接以政治参与程序为目的的情况下，因特网会得到政治参与者的使用"，网络民主、网络自治上升为信息政治的主要内容。但是，正如很多学者所指出的那样，虽然因特网已经极大改变了信息从政治家到公众的单向流动，但关于市民和政治家之间进行商议和交往的希望并未实现。"因特网作为一种政治运动和活动的工具已经被广泛接受，但并未由此导致政治活动更加开放和普及"，因特网的民主能力仅在极为有限的层次上被开发。其中的一项重要原因在于，传统互联网仍存在资本与技术的双重障碍，信息生产机制的单一化并未得到根本改变，信息的生产者和消费者之间依旧存在鸿沟，互联网依旧可能沦为由政治机器控制的、组织严密的政治工具。可见，尽管互联网赋予了信息政治自治性内涵，但现实的网络政治参与却存在巨大的遗憾与缺失。

尽管自媒体在原发意义上是作为一种商业技术和社交工具而存在的，但它却在实践中被赋予了强大的公共属性与政治功能。在西方，YouTube、Twitter等一经普及就以其超高的活跃度和影响力成为政治传播的先锋阵地。近年来，我国也同样进入了自媒体的高速发展期，大众通过自媒体参与政治的广度和深度也在不断提升，与其他国家相比，我国公民的自媒体使用甚至出现一定的"泛政治化"趋势。牛津大学一项"关于全球互联网价值观的国别比较研究"调查结果显示，我国网络用户的发帖量远远超过西方国家，每周发表政治看法的数量是美国人的两倍以上。近年来，微博反腐、微博议政、微博问政等成为我国政治生态中的一道重要景观。由此可见，自媒体不仅带来了信息传播、资源分享和社交方式的重大变革，而且产生了不可忽视且无法消除的政治后果，再次革新了信息政治的内涵。

在某种程度上可以说，自媒体的政治性应用在某种程度上弥补了传统互联网时代政治参与的遗憾与缺失，使网络民主获得了新的发展机遇，再度革新了信息政治的意义。具体而言，自媒体通过赋予信息政治"交互性"内涵进一步深化了其自治性维度。所谓交互，意指参与主体之间的多向交流与互动，它不仅发生在政治参与个体之间，也发生在大众与政府之间。交互过程实质上就是信息的再加工和再传播过程，也即是说，信息不再是依赖某一方发出，而是在双方的交流过程中形成的。自媒体是因特网的拓展和升级，它给予每个使用者独立创作文本和发布信息的权力，以非线性的网状传播结构打破了传统媒介时代不对等的话语权力关系，突破了政治性资源的技术垄断，建立起以个体为导向的互动交流网络。自媒体的社会动员速度之快、频率之高、范围之广都大大超越了传统媒体，大众借助自媒体实现了即时互动、同步互动、异步互动等全方位互动体系。在这种情境下，政府不仅无法实现单向控制，还必须对大众的信息反馈做出及时而适当的反映，以维护政治系统的稳定。

由此可见，与传统互联网时代的网络民主相比，自媒体时代的交互性信息政治实践既有"量的深化"，更有"质的超越"。"量的深化"主要体现为，自媒体推进了政治传播关系结构的持续变革，进一步打破了时间、空间对政治信息的限制，松动了政治人物与民众、政治机构与个人的不对等关系。首先，自媒体具有较低的进入门槛和灵活便捷的操作方式，在一定程度上弥合了由经济、文化水平和社会层次所导致的数字鸿沟，推动了政治参与主体的广泛化和普遍化，越来越多"草根"、弱势群体、边缘群体有机会为自己发声；其次，自媒体的信息传播具有"4A"特征即Anyone, Anywhere, Anytime, Anything, 提升了政治参与的真实感和临在感，使得大众意见表达的意愿更加强烈；最后，媒体从高度体制化的存在走向匿名化的个体存在，大众借助自媒体可以更加直接、简单、自由地言说其利益诉求，　　府行为提出批评监督，从而有利于消除政治冷漠、激发民主意识。

交互性信息政治所实现的"质的超越"主要体现为，它构建起以多层次交往为核心的政治行为交互体系，使政治参与从"反应型"走向"主动型"。基于 Web 1.0 的传统互联网的主要特点在于用户通过浏览器获取信息，而基于 Web 2.0 的自媒体则更加注重用户的交互作用，即用户既是信息文本的浏览者也是制造者。作为更能体现"互联网民主"精神的自媒体，除了具有持续改变政治传播图谱这一功能之外，还促进了政治传播向政治交往的转向，使信息政治的交互性、实践性及其对社会的形塑力都获得了前所未有的提升。具体而言，大众借助自媒体来设置公共议题、凝聚集体智慧、发展公共生活、实现对政府的压迫式监督与决策"倒逼"，更加充分地行使自己的政治参与及政治交往权，开创了"草根式"民主实践，大大增强了自身的政治效能感，为人们开辟了更为充分的政治社会学想象空间。

其一，公众借助自媒体实现了对议程的自主设置。设置议程是"主动型"政治参与的第一步与重要标志。设置议程意味着通过提供信息来影响人们优先关注哪些事实，从而决定了哪些议题可以被讨论而哪些不能。因此，在某种程度上可以说，谁可以设置议程谁就掌握了政治参与及交往过程的主动权。通过自媒体强大的分享与聚群能力，那些具有广泛社会心理基础、较高公众共鸣度以及一定政治容忍性的话题，便上升为公共议题进而发酵为公共舆论。例如在当下社会环境中，民族主义、环境保护、反腐、消费者权益、教育公平、医疗事故、强制搬迁、文化冲突等议题进入公共领域所需要的时间往往非常短暂。

其二，公众借助自媒体凝聚集体智慧，发展公共生活。自媒体催生了以人际关系和组织传播为特征的圈子化部落，构建起了一对一、多对多的横向交流体系，由此建构一个可以自由表达的"亚政治社群"，大众在其中发展公共生活的方式有以下几种。首先，线上发声，凝练共识；人们就共同关心的议题发表见解，不同的观点经过反复碰撞、荡涤、拆分、重组与沉淀，最终超越个体的有限性形成集体智慧，集体智慧是自媒体政治力量的来源。其次，线上抗争，表达诉求，自媒体为大众参与新形式反抗开辟了空间，催生了电子抗争文化。例如，自媒体空间中传播着大量具有创造性和嘲讽意味的文化作品，它们以戏谑的方式与风格释放出人们对现实权力的异议与不满。最后，线下行动，寻求政治回应；自媒体的社会动员功能还体现在它将线上碎片化的政治认同转化为大规模线下活动的能力上，这是公共生活最激进的形式，它反映了公众要求控制与自身相关事务的强烈渴望。

其三，大众利用自媒体强大的舆论波力量，对政府进行倒逼式监督进而影响公共决策。例如，自媒体近年来成为曝光反腐倡廉案件的主要媒介，大大提高了政府的反腐效率。可见，自媒体时代的信息政治尤为注重政治参与的实践性，它克服政治决策封闭性、改变政治生态、贯彻民主政治中"共同参与"原则的事实能力也由此获得提高，PT

媒体作为新型"电子公地（electronic commons）"为草根民主开拓了新渠道。

总而言之，如果说在传统互联网时代，信息政治还仅限于为人们在正规政治系统之外提供可以进行自我政治表达的工具和平台，那么在自媒体时代，交互性信息政治实践则切实有力地影响了政治决策与政治进程，大众借由自媒体完成的倡导、争辩、抗争等行动正在产生直接而现实的政治后果。

然而，在媒体塑造出以主动性、交互性、实践性为特征的"亚政治社群"的同时，也增加了政治系统的不稳定性和社会结构的风险性。自媒体以"传播个体主义"为理论基础，而个性化的过度释放则可能为政治系统带来负面影响。第一，个体在传统空间中拥有确定而具体的身份，这种身份感会强行带来社会约束，人们在自媒体空间中可以自由改换身份，匿名讨论的环境极易削弱其责任感。正因为如此，自媒体平台上充斥着真伪难辨的信息垃圾甚至是有意制造的政治谎言。第二，自媒体鼓励异议，但观点的过分开放容易产生破坏性内容。文本之外总有文本，意见之外总有意见，分散化的意见市场使人们较难达成共识，尤其易对主流政治话语产生认同危机，形成一套独立于官方之外的在野话语体系与行为方式。第三，自媒体的去中心化特征极易使现实中的公共讨论遵循"霍布斯法则"，即谁的声音最大活动最频繁，谁成为主导者，从而为政治反对者挟持民意资源对政府施加压力提供机会。

除此之外，自媒体对于政府的最大影响在于，它提供了空前便利的信息沟通和交流途径，而一旦这一途径被非理性所裹挟，就极易爆发群体性事件。自媒体凭借强大的社交功能为大众提供了相互感染情绪的快捷方式，网友间的彼此信任超过了对政府的信任。自媒体空间讨论往往会由于对事件的无限放大而导致大众的集体非理性，一旦遭遇现实生活中的不满和矛盾的催化，他们极有可能通过自媒体进行线上串联同时引发线下活动。在阿拉伯地区爆发的一系列由社交网络引发的社会动荡，便为我们提供了前车之鉴。在埃及等国家，持不同政见的组织通过Facebook Twitter发布消息、串联年轻人、召集抗议，发动起一场又一场的街头运动，而参与其中的活动者都毫不避讳地称自己为"Facebook青年"。

总的来说，人们在媒介与政治的关系上很容易陷入两种极端：技术乐观主义与悲观主义。乐观主义者坚持技术决定论，认为一种新媒介的出现总是会改变政治，报纸、无线电、电视、互联网曾经都被寄予希望能创造出更新更民主的政治形式。而悲观主义者总是对新媒介报以怀疑的眼光，否定其在政治领域的应用前景。两者的主张都过于简单，结论难免片面。英国学者安德鲁·查德威克在研究互联网治理的全球政治学时曾指出，"互联网具有技术的天生政治性，但是它的政治性是政治环境所决定的"。我们无法简单地在技术与社会之间画上等号，还需充分考虑人类社会的经验、情境与制度。因此，以传播个体主义为基础的自媒体虽然更具自由度和民主性，但它本身也充满矛盾与不确定性，而其政治效应的最终结果仍然受制于制度环境。因此，在当代中国语境下，只有进一步健全政治文明建设才能确保自媒体信息政治朝着积极，有益的趋向发展，才能在维护社会稳定、健康、良性发展的前提下提升大众的政治效能感，进而提升大众对于社会制度、价值体系的认同度。

第五节 自媒体时代下的意识形态安全问题

意识形态工作一直以来都需要解决两个空间的问题，一方面，要直面并妥善化解、疏通本国内部伴随经济和社会发展内生的思想困惑和观念冲突；另一方面，还需抵御来自外部空间即其他国家的意识形态攻击。在美国的公共外交战略中，意识形态输出一直以来都是最重要的部分之一。根据20世纪80年代末美国《国际关系术语词典》的界定，公共外交的主要任务之一便是利用电台等信息传播手段，了解、获悉和影响其他国家的舆论，提高美国在国外公众中的形象和影响力，进而增加美国国家利益。20世纪末期，美国利用大众媒介传播美国的价值观、政策、理念，长期以此对特定对象国的公众施加影响。而在此之后，中国成为美国实施意识形态输出战略的重点对象，长期以来，以美国为首的西方国家打着"价值中立""人道主义""普世价值"等各种旗号，鼓吹西方政治制度和民主模式，大肆诋毁我国的政治制度与价值观念，对我国的意识形态安全构成了极大的威胁。

近年来，电影、美剧、流行文化、大众消费品等都成为了美国完成意识形态输出的重要途径，而除了这些隐形的"文化软实力"之外，作为大众传媒的广播、电台更是在这场舆论宣传攻势得以实施的直接中介。除了广为人知的"美国之音"、美国有线电视新闻网之外，还包括其他国家的"自由欧洲广播电台""自由广播电台""德意志广播电台"等。在"前互联网"时代，这些电台在西方的意识形态输出战略中扮演着极为重要的角色。随着计算机与信息技术的发展，以美国为首的西方国家凭借其在技术、数据和管理上的绝对战略优势构筑起基于互联网的意识形态输出平台。在美国的一些学者看来，互联网在维护美国国家利益方面承担着重要的使命，他们认为互联网消除了时间与空间差距，可以使"思想"如同微生物一样毫无障碍地扩散至世界各个角落，网络所能够传递的"信息力"甚至成为一个国家的权力来源之一，互联网为美国的民主与意识形态输出创造了新的时代机遇。在上述思想的指导下，"美国新闻署充分利用互联网，依托文化和交换项目以及国际信息项目，逐渐把资金投入从印刷刊物转移到了网络平台上，迅速建立起了一个虚拟社会网络，频繁向境外提供电子期刊、电子学习资源等，积极服务于美国的公共外交战略"。

而近年来，面对社交媒体等新媒体在对外传播上无可比拟的优势，作为Web 2.0和自媒体发源地的美国已经不再仅仅依靠传统意义上的互联网来展开"外交活动"，而是及时地调整了其意识形态输出战略。

　　值得我们警惕的是，美国在世界范围内运用新媒体实施意识形态输出战略的效果是明显的。例如，在最近几年间，美国针对中东地区的公共外交已在方法与策略上已呈现出明显的创新，从以前依赖广播、电视与印刷媒介的单一途径传播模式，逐渐转型为运用新媒体、政府参与对话的互动传播模式，诸如集合各种媒介组织、社交网站、自媒体博主、非政府组织等深入到对象国的内部，影响对象国媒介组织及个人设置议程、构建话语与框定形象。

　　具体到中国而言，近年来，美国等西方国家的对华意识形态战略也在经历转型，其阵地逐渐从传统媒体转向新媒体。例如，"美国之音"早在其公布的2012年至2016年的规划中就明确了要进一步加强新媒体传播战略，一方面，美国拟削减对华广播方面所占据的人员、资金等，另一方面，拟将这些资源都投入到以微博为"主阵地"的对华网络新媒体传播中。事实上，"美国之音""德国之声"等早就相继开设了中文网页、网络电台和电视台，在推特上注册了账户，开通了微信公众号，在加强受众细分的基础上实现向新媒体的转型。除此之外，美国国务院在中文网站上开设了名为"雾谷飞鸿"的博客以增加同中国网民的互动，其博文作者均为美国国务院工作人员。同时，美国政府还资助一些有影响力的华人开设中文微博，加强在新媒体空间中的对华负面报道等。例如，近年来我国政府依法审查《南方周末》等媒体内容、打击网络谣言等事件，都被美国在新媒体上有意地政治化放大。值得注意的是，在美国的新媒体意识形态输出战略中，发展中国家的青少年是最主要的目标群体，因为青少年是网络与新媒体的原住民，他们对新媒体平台的信息源有天然的亲切感和信任感。

　　鉴于此，我国政府应高度重视自媒体时代的意识形态安全，深刻认识自媒体时代国际舆论和意识形态斗争的复杂性和隐蔽性，深入研究和把握新媒体时代下以美国为代表的西方国家对外传播途径与规律，有的放矢、有效抵御西方国家建构网络话语霸权的企图。

第四章　媒体在自媒体时代的功能与优势

在自媒体时代到来之前，由官方对社会舆论进行掌控相对容易。而进入自媒体时代以后，由于几乎人人手中都握有自媒体，这就意味着每个人都可引发舆论，舆论源头呈多点化趋势，这就需要在自媒体的背景下对媒体的功能进行探讨。

第一节　传统媒体应对群体性事件存在的问题

一、信息发布严重滞后或含金量不足

长久以来，在许多媒体的思想中，"群体性事件是负面事件"的传统观念根深蒂固，群体性事件往往是报道禁区。于是当群体性事件发生时，媒体的一般做法就是尽量不报或少报，或者即使是报道了，也是尽量采取避重就轻、轻描淡写的软化的处理手法，而这种新闻是不让受众信服的。

二、报道语言政治倾向明显

目前的群体性事件基本上属于人民内部矛盾，具有非对抗性，基本上属于经济利益诉求问题，没有明显的政治目的。而一些媒体在报道群体性事件时，由于传统观念根深蒂固，仍然容易先入为主，习惯性地使用以往的官话、套话，将群体性事件做过度的政治化解读。如把群体性事件中的群众定性为"刁民""恶势力""不明真相的群众"等，这种"偏见"是把群众当作了"敌对一方"。

三、媒体调查不深入导致信息失实

面对群体性事件，一些新闻媒体记者往往依赖官方的"通稿"，有的媒体记者甚至依赖网络上的消息，不做细致深入的调查采访，使得报道失实，甚至造成谣言与炒作。在群体性事件发生时，媒体应本着负责的态度，对事件进行正确的舆论引导，消除不实谣言传闻，从而降低其负面影响，起到疏导群众情绪和行动的作用；而这种调查采访不深入，甚至造成失实的新闻，不仅没有起到疏导群众舆情的作用，反而还起到了传播谣言、使事态恶化的作用，是极其不负责任的。

第二节　新媒体应对群体性事件存在的问题

　　互联网、手机等新媒体起到社会"减压阀"和"出气筒"功能的同时，对群体性事件有时也会产生较大的负面影响。由于网络舆论本身突破了地域限制，具有高度的互动性和主体匿名性等特点，所以舆论信息可能会过度自由，从而导致不实、虚假、夸张的信息太多，使它对群体性事件事态蔓延推波助澜；由于网络信息同步交流，密集互动，会迅速产生"规模效应"，从而使群体性事件出现过度热炒的现象，以致影响司法审判。

一、不实虚假夸张信息较大面积充斥

　　在网络中，一个虚假的信息往往会引发一件群体性事件甚至一系列的危机事件。网络是一个虚拟的世界，这种虚拟容易造成人的不理智，言论不负责，肆无忌惮，而由于缺乏"把关人"的角色，使得网络舆论更容易出现不实、虚假、夸张的信息，这些信息会误导民众，对事件事态发展起到推波助澜的作用——当民众受到这个不实、夸张的信息鼓动，很容易造成甲地骚乱、乙地声援、丙地联动的情况，朝着规模更大、危害更严重的方向变化。

二、意见领袖和多数人意见易被利用

　　"意见领袖"这一概念最早由拉扎斯菲尔德提出，是指活跃在人际传播网络中，经常为他人提供信息、观点或者建议并对他人施加个人影响的人物。

　　在网络中，尽管人们可以隐藏自己的真实身份和真实社会背景，但是一些网民由于自身某种素质突出，容易成为网络中的"意见领袖"。这些"意见领袖"往往能够借着自己的帖子来影响其他众多网民的意见，并最终形成网络舆论。这些网民擅长于从表象信息中剖析出比较深层的价值，也能够深刻地解析问题，形成并表达自己的观点，最终在网络上影响其他众多网友，从而达到一呼百应的效果。网民中的绝大多数都属于"沉默的大多数"，他们只是被动地接受信息，渐渐地以"意见领袖"的观点为意见"轴心"，而其他网民则不得不依附于这一"轴心"，他们接纳"意见领袖"的观点，有的甚至以这个"轴心"为准绳来不断修正自己的意见，最终与"意见领袖"的观点一致。

　　由于群体压力，个人和少数意见一般会对多数意见采取服从的态度。面对个人和少数意见，持多数意见的网民，往往由于网络舆论的非理性，助长了民意表达中的非理性力量，以致显露出一种有违于民主精神的所谓"多数人暴力"的倾向。即少数人发表自己的意见时，往往被众人纷纷"拍砖"，被骂"汉奸"或"马甲"等。所以，在网络群体的压力下，其他少数人要么选择随大流，要么只能选择沉默。否则，若是发出了与大

流相反的意见,哪怕仅仅是略微不同的意见,都会立即被其他众网民群起而攻之,这就使得网络很容易被一些别有用心的人利用,被其煽动以引发不良情绪,甚至是线下的群体性事件。

网络平台的自由,也使得境内外敌对势力会更加积极争夺信息资源、舆论重地,对涉及侵害弱势群体利益的事件、司法领域的不公案件、腐败问题以及一些敏感事件等进行恶意炒作,企图借机制造事端,利用网络煽动、蛊惑民众,酝酿和制造群体性事件,给国家和社会都造成巨大的损失,在国内外产生恶劣影响。

第三节 自媒体时代的舆论监督

舆论监督,广义上是指公民通过一定的组织形式和传播媒介,充分发表意见、建议和呼声,通过社会舆论和权利组织及其工作人员的活动进行检察和监督;狭义上是指媒体的舆论监督,即一般公民和包括新闻媒体在内的社会组织在公共领域,通过指控、评论,提出改进建议等手段,对政府机构和官员滥用权力等不当行为的监督和制约。自媒体时代的舆论监督,主要是指狭义上的媒体的舆论监督,一般公民通过自媒体平台,在公共领域中,对政府机构和官员的不当行为进行监督和制约。

一、自媒体时代舆论监督的特点

第一,舆论监督更为及时,呈全民参与的特点。由于自媒体自身的传播特点,人们可以在发现社会问题后,通过自媒体及时(同步)将信息发布到网上,信息通过社交网络平台迅速传播,引起人们广泛的讨论。

第二,推动舆论形成自媒体时代的舆论监督,是基于网络使用的各媒介平台合力的结果。在传统媒体中,民众的信息来源单一,自上而下的信息接收方式,使得民众缺乏参与和讨论。随着自媒体的发展,自媒体不仅为民众提供了宽阔的参与和讨论空间,满足了民众积极参与的愿望,各种平台配合使用,各自媒体平台相互间的信息流通,也让信息得到充分讨论。在开放的互动讨论空间中,民众各抒己见,形成有效舆论氛围。

第三,公众表达更为充分,反映真实民意。传统的舆论监督,是通过单一媒介渠道自上而下完成的,民众讨论的广泛性和互动性并不强。在传统渠道下,民众的自我保护意识使其不愿意在镜头下曝光。网络平台的开放性使民众有了充分表达的平台。借助自媒体,民众积极参与社会讨论,自媒体成为大家参政议政的新手段。网络的隐匿性使民众获得了安全感,从而敢于表达自己真实的意见和想法。

第四,扩大了监督的范围,增强舆论影响。较之传统媒体,自媒体中所发起的舆论监督,不需要通过繁杂的筛选过程,把关过程简化,同时受外因干扰较少。自媒体拥有者即是舆论监督者，一个流动的自媒体，就是一台社会雷达，扩大了舆论监督的范围。近年来重大舆论事件的共同之处就在于，事件由网络率先传播，引起网民的普遍关注，继而通过全民参与和讨论，形成强有力的舆论监督。

第五，传统与自媒体互动，加强监督力量。议题通常由自媒体发起，在自媒体平台上引起热议的同时，传统媒体会迅速跟进。通过传统媒体的推进，议题会更加理性，并具权威性。二者的互动，既避免了讨论的泛化，又加强了民众对舆论的关注。在两者互动过程中，舆论不断深化，监督力量增强。

二、自媒体时代舆论监督的局限

第一，信息快捷化、碎片化，舆论监督半途而废。网络的发展带来的是信息高速产出，庞大的信息量让人们眼花缭乱，网络中的大部分信息都容易被忽略，只有少数信息尤其是意见领袖发布或转发的信息，会受到人们的重视，形成"微言难成舆论"的局面。而信息的传播效应呈递减性，随着时间的推移，公众对事件关注度会逐步下降，甚至会转向新的热点问题，舆论还未有较大影响力即被抛弃。另外，受传播设备的限制，信息传播呈碎片化。以微博为例，每条微博仅能发140个字，信息量有限，虽有长微博作补充，但根据现代人的阅读习惯，很难保证点击率和阅读率。

第二，使用者素质参差不齐，信息真伪受到质疑。自媒体时代，人人都是会移动的通讯社，个个都有发声的麦克风。自媒体的准入门槛低，没有复杂而严格的审查制度，民众拿起手机，点击注册就可以直接发布消息，网络中虚假信息泛滥，发布者相对缺乏把关能力。自媒体使用者自身的素质不高，无法明辨信息真伪，看问题过于片面化、情绪化，在网络中易受误导，丧失正确的判断能力。再加上参与者主观情绪的宣泄，使信息的真伪受到质疑。

第三，过度讨论引起"媒体审判"，影响司法公正。媒介审判是指新闻媒介超越司法程序，抢先对涉案人员做出定性、定罪、定刑以及胜诉或败诉等结论。新闻媒介对司法程 应进行有效的监控，防止司法腐败的发生。但媒介的过度介入，预审预判就干扰了正常的司法秩序。媒介审判是媒介职能的错位，不仅影响司法公正，久而久之会影响到媒介自身的公信力。

在每天都有新闻事件发生的信息时代，看似小事件都有可能因为信息的翻滚而演变成为群体性事件，政府或者是领导干部如果不能及早发现舆论源头并引导舆论的发展方向，很有可能造成不可挽回的损失。

大部分的公务员会认为自己只是在办公室里办公，不需要面对媒体，也不需要处理突发事件，这种观念上的偏差就使其忽略了培养媒体应对能力的重要性。当今社会生活日趋复杂，与政府每个部门都息息相关，公民的维权意识和表达意愿也越来越明显，伴随着网络曝光、视频暗访等监督形式的出现，任何岗位上的公务员和领导干部都有可能成为言论的中心。在这个时候,如果作为言论中心的领导干部失言或者妄言,就会成为新闻炒作的对象,在社会中引发话题讨论。这样不仅对领导干部本身的形象不利,也有损政府的社会形象,公众会对政府的公信力产生怀疑。每个公务员都应该注重媒体应对能力的培养与提升,达到正确引导舆论的效果。

第四节 传统媒体在自媒体时代舆论引导的功能

形成舆论的要件有二:一是有对相关信息的披露,这是形成舆论的原材料;二是有众多的人据此发表意见,这是舆论之所以成为舆论的关键。以往披露重要公共信息的重任主要由官方和新闻传媒担当,是否发布信息,发布何种信息,何时发布信息,如何发布信息,在上述问题上,官方和新闻传媒都是慎而又慎,无异于在舆论的源头上实行了严格控制。而在发表意见的环节上,官方和新闻传媒则通过设置议题和议程的方式,实行舆论引导和对舆论进行软性控制。"在搜索引擎和互联网站的双重挤压下,传统媒体已经成为'金字塔下的奴隶'。每年办一张综合性日报的采编成本数以千万元计,但是当我们把优质新闻信息交给网络媒体时,得到的却只是象征性的区区几万元。"而网络媒体则依靠对平面媒体内容的重新包装整合,构筑起了新的新闻传播价值链条,使得报纸客观上陷入了线上大量资讯的下游提供者的困局之中。

一、传统媒体的优势所在

传统媒体在长期的发展过程中,积累了丰厚的固有优势,这些优势在短时间内是难以被取代的。

一是专业化程度高。传统媒体在采集、编辑、制作、发行、商业运作这个大流程中,每一个环节的专业化以及行业标准都相当成熟。

二是品牌内容好。优质的内容是大多数传统媒体的优势所在。传统媒体的内容一般都要经过严格的检审过程才能对外传播,传统媒体发挥其独特的优势,以品牌影响力来影响大众。

三是版面视觉感强。和新媒体不同,报纸、杂志有版面视觉感,版面可以从上下、左右、前后所提供的信息体现出新闻的价值,这其中还包括标题的浓淡、大小、报道分栏等。编辑把对新闻的价值判断整合在版面中,使读者在很短的时间里接受这种判断。

二、传统媒体的弊病和不足

一是针对性和时效性亟待加强。目前,传统媒体舆论引导的针对性、时效性、主动性还不是很强,结合实际策划和做深做透不够;舆论引导滞后,有时很被动,被网络等其他媒体牵着鼻子走；主题宣传、成就报道的方法比较生硬，鲜活的内容显得较少。

二是报道模式和报道手法陈旧。质量不够高，特色不强，精品佳作较少。同时，在新闻报道中，"说教"的痕迹太多；新闻写作模板化、脸谱化和程式化，有的混淆与行政公文的区别，难以让受众接受。

三、传统媒体在自媒体时代的发展方向

自媒体优点突出、缺点明显，对传统媒体的冲击很大，但自媒体时代还是不能缺少传统媒体的保驾护航，为公共舆论提供正确引导。传统媒体既有着不可推卸的使命与责任，也是传统媒体在自媒体时代发展的未来方向。

（一）把脉舆情变化，主动设置议题

随着社会舆论多元化，传统媒体要想成为新闻舆论的主导者，必须用主流声音主动引导，及时准确地把握舆情变化，主动设置议题，才能赢得舆论引导的主动权。传统媒体是自媒体高可信度的关键信源，所以，一定要把握好传统媒体的信源关，主动及时地发布正面信息，传达党与政府的声音，特别是在突发事件发生后，要遵循及时、准确、有利的原则开展相关新闻的报道，引导自媒体舆论健康发展。

（二）凸显自身优势，树立权威地位

自媒体时代，虽然谁都可以充当信息传播者，但受众迫切需要具备权威性、可靠性的传播者。传统媒体应该利用自身优势，注重打造媒体的权威性和公信力，以提升舆论引导能力，实现新闻的深度开发，寓思想性和指导性于新闻性之中。

（三）创新报道形式，提高引导艺术

传统媒体必须充分研究、准确把握大众传播规律和受众的信息接收习惯，立足时代特征和当下特点，持之以恒地创新新闻报道形式，提高舆论引导艺术，力求形态新、包装新、风格新。要采用群众喜闻乐见的形式，提高舆论引导的吸引力和感染力。

（四）与新媒体有机结合，优势互补

传统媒体要与新媒体有机结合，优势互补，构建舆论引导的合力，提升舆论引导力。很多新闻事件都是由网络媒体率先报道，而后传统媒体跟进，因此，传统主流媒体开设微博，能以更快速、更有效的传播效率向大众传播新闻，特别对官方传统媒体而言是必要选择。

第五章　自媒体话语权基本理论

近年来，关于自媒体话语权的探讨成为理论研究以及实践探讨的热点，这是由于话语权在网络时代，尤其在自媒体发展普及的背景下所遇到的理论与实践困境所决定的。在梳理话语权发展的基础上研究其内涵、发展以及特征，是探求自媒体语境下话语权建构的理论基础。

第一节　话语权界定及其理论发展

一、话语权的内涵

（一）话语的内涵

"话语"（Discourse）是一个具有不确定性的术语，泛指语言交际构成中所说的话。从语言学的角度，话语具备文本（Text）的性质，是严肃的说话行为。一般而言话语用来指代居于交际场景中的动态性话语，而 text 一般用于指代脱离交际语境的静态文字记录。它是一种具有完整性、连续性的信息传递活动。而言语（Parole）是一种个人性质的口语，语言（Langue）是一种客观的差异体系。言语具有言者的在场性，语言是一种客观存在的不在场性，话语却是居于言语与语言的在场与不在场之间。因此，话语从生产方式的角度解读，向来是实践的、历史的。所以，话语作为动态性运动的存在，人与人之间的互动关系便成为其运动起来的必要中介，因此话语具有社会性。话语由此是特定社会语境中人与人具体的言语沟通行为，一般而言包括语境、说话人、受话人、沟通、文本等要素，可以视为话语意旨、话语方式和话语场的合作产物。

20 世纪，话语概念逐渐突破了语言学的范畴，扩展到哲学、人类学、政治学、历史学等领域，泛指具有特定实践功能和意义价值的表达性思想客体，如哲学话语、政治话语、历史话语、文化话语。微观话语权理论认为："话语"既非个别简单的字词组合，亦非规则所限定的意义，而是由符号所构成且不止局限于这些符号。福柯更强调正是"不止"让话语区别于语言和言语，是需要重点研究以及描述的。话语不仅仅是"中介"，各种各样的"话语"组成了历史文化，其本质上是人类的重要活动。人类通过话语获得一切知识，通过话语与世界相关联。诺曼－费尔克拉夫也认为，话语不仅反映社会关系与社会实体，还建构社会关系与社会实体。两位话语大师的研究突破了单纯的语言学范畴，与社会理论相结合并突出了其社会建构功能。美国学者福克斯和米勒借助话语理论解读后现代公共行政，提出"公共能量场"理论。他们通过批判传统的行政政治分离公共行政价值、泰勒的科学管理理论以及韦伯的科层制解构了宪政主义、制度主义和社群主义。通过分析以意义为目标的政策以及话语正当性，他们认为传统公共行政是沟通缺失的话语霸权体系，而公共政策场所应该为一个展示社会话语的公共能量场，话语应该在很大程度上成为表达意愿乃至权利的方式，是一种言谈、对话、交流、辩论、说服的活动。

(二) 话语权的内涵

话语权很难被人们精确地定义。然而，"权"这个词可解析得出"权利"和"权力"两层语义。"话语权"相应可解析为话语的权利和话语的权力。第一，意味着作为重要权利的话语权。通过话语表达是人类区别于动物的一种重要标志，话语是人类的重要前提。话语权理论强调，人类世界任何脱离"话语"的东西都是不存在的。现代社会，话语更是公民的重要政治权利。法国社会学者布尔迪厄认为，话语"即有权利通过语言来运用自己的权力"，而不仅仅是单纯的"能说"。第二，话语权是重要的权力。话语权理论直截了当地声明"话语即权力"，将话语作为理解世界的方法和手段，同时又是掌控世界的武器和工具。话语权力不仅仅是现实力量的体现，更反过来塑造现实社会。因此，从这两个角度出发，话语权的定义为：话语权就是阐释和支配话语的权利和权力，基于话语的社会性，其在本质上是对话语背后的价值判断和意识形态进行塑造和引导的资格与力量。因此，话语权的性质包括多层意思：其一，一种静态的权利，是个体表达意见以争取话语利益的权利。其二，一种动态的权力，是话语拥有者试图通过话语斗争从而主导经济、政治、文化权力的过程。其三，具有较强的技术性，区别于基于暴力的权力，话语权在自媒体语境下一般采用规训的手段，通过运用叙述策略、议程设置、数据预测等方法，交叉使用诱导、暗示、感染、说服等方式引导个体决策与群体舆论，让人们"自愿"按照设定方式思考并决策，其中的技术性因素较为突出。其四，受现实格局制约。话语权的取得以及维系，主要决定因素并非话语本身，而是由话语背后的现实利益以及力量格局决定的。话语权只是现实政治、经济与文化现实的一种客观反映。

二、自媒体话语权的内涵

话语权是统治阶级阐释并支配话语的权利和权力。统治阶级一方面对话语加以阐释，在探索自身话语体系的基础上论证其合法性以及合理性，建构其自身的权威；另一方面支配话语，意味着其为自身意志转化为社会的思想以及行为准则的社会实践活动，这是统治者凭借一定的地位、在一定的话语空间、依靠一定的社会化机制所进行的社会化活动。

因此，话语权是由以下因素所决定的：第一，话语者的权威。传统话语权所有者具有知识的权威、法理的权威。知识权威体现在话语权所有者将成熟的特定知识、政策向受众传授并同时赋予其遵守的责任，受众由于知识水平的落差只能接受并按照教育者的知识发展路线图成长。法理权威是由政治经济优势决定其在话语地位上天然地比受众高，可以居高临下地进行说教。第二，话语者的地位。我国的话语体系是一种制度化的社会事实，不仅仅是社会历史实践。话语权由法律规定并在政治、经济、文化机构中形成制度化的运作。制度化的安排规定了接受主流话语是任何公民的义务和权利，同时也奠定了话语权所有者的优势地位。第三，话语的空间。话语权源自其社会化的运行机制，其基本要求是由党和国家所决定的，而其运行是在社会话语的空间中实现的。传统话语权系统的运行，是由相对封闭性的社会组织自身状况所决定的。其包括单位组织内部的行政管理、信息传送、观念整合等方面。这种相对封闭的组织模式在传统媒介的语境中具有较高的效率。在自媒体开放多元的语境中，这种模式受到极大的挑战。在自媒体语境中进行话语权建构必须尊重自媒体空间话语传播的规律。

因此，自媒体话语权是统治阶级阐释并支配自媒体话语的权利和权力，是统治阶级支配权与受众信息自主生产传播以及信息自由协作的权力在自媒体空间的有机结合。

三、自媒体话语权的特征

自媒体话语权是借助于自媒体平台实现其话语权力的，其话语形式、内容、传播都与传统话语有所不同。所以，自媒体话语权具有与传统话语权一样的特征，也有自身不同的特点。

（一）自媒体话语权的政治方向性

福柯认为话语具有权力的内涵，试图将权力问题纯粹化。"话语一旦产生，即受到若干程序的控制、删选、组织和再分配，即权力的形式"。福柯将传统权力问题的两种理论模式都归结为"经济还原论"，一种为以契约论为代表的法权论，一种是以马克思为首的权力目的是维护生产关系的经济学模式。他认为马克思的分析确实让人们知晓了"阶级""生产关系"等宏大概念，但对于反映并维护生产关系的"权力"究竟为何物并没有直接阐述。福柯的质疑的确有助于我们加深对权力的理解，但是福柯将话语视为权力的重要实践，这种实践活动位于社会活动的关系网中，必定受到社会经济文化乃至历史的影响。生产关系、社会关系的地貌嬗变必定导致话语权力的变迁。因此，话语权力必须考虑政治等诸多因素的影响，福柯企图将话语权纯粹技术化的观点是偏颇的。话语权从根源上来自于"政权"所产生的"力量"，与权力、权威当然理应紧密结合。所以，话语权具有显著的政治性。

为了维护统治阶级的统治，话语权当然地具有鲜明的政治性，其核心任务为有效地将统治阶级的需要、立场以及由此所产生的纲领、决策转化为实际执行的动力，为政治目标服务。因此，政治原则是话语权潜在的实践逻辑。自媒体话语的平等性与现实社会客观存在的阶级或者阶层落差之间存在难以协调的矛盾。当下自媒体所营造的虚拟世界与现实世界又互相交融于一体，现实社会的诉求溢出到自媒体语境中，通过去中心化的话语结构被放大而容易形成蝴蝶效应。这对如何达成现实世界政治目标提出了全新的课题。

习近平总书记在十九大报告中指出："中国特色社会主义进入新时代，我国社会主要矛盾已经转化为人民日益增长的美好生活需要和不平衡不充分的发展之间的矛盾。"这是在我国社会主义事业发展的重要时期，基于我国基本国情的深刻变化所作出的重大判断。虽然当下阶级矛盾已经不是我国的主要矛盾，阶级性可以不那么明显，但是其政治导向性依然是十分重要的。习近平总书记在谈及宣传工作的时候强调，"意识形态工作是党的一项极端重要的工作""宣传思想工作一定要把围绕中心、服务大局作为基本职责，胸怀大局、把握大势、着眼大事，找准工作切入点和着力点，做到因势而谋、应势而动、顺势而为。""围绕中心、服务大局"便是强调把政治方向性置于首要的位置。坚持正确的政治方向，就应该站稳政治立场，坚定宣传党的理论和路线方针政策，坚定宣传中央重大工作部署，坚定宣传中央关于形势的重大分析判断，坚决同党中央保持一致。

（二）自媒体时代话语权的引导性

话语权是统治阶级所主导的社会利益表达机制，因此不能离开其所处的文化经济背景。在当下的话语场域中，社会环境多元化，主体从本身利益最大化出发，营造舆论、设置议题。在自媒体的舆论场中，所有个体都具有平等话语权，同时也缺失了话语中心的向心力，各种话语显得更为杂乱无章，犹如喧闹的集市。在无序的集市环境中，能获得最大利益往往是嗓门大的、让人惊奇的、夺人眼球的。话语平台由此而真正成为你方唱罢我登场的舞台，上面有各种意识形态力量在话语丛林中争斗。政治、经济、文化的各种矛盾在自媒体多元、自由的话语空间中被放大。因此，话语权更应该承载起利益表达所带来的复杂关系与情绪的责任，通过整合话语多样性避免话语无序化，从而引导利益诉求，有效整合整个社会的话语力量。

自媒体时代话语权的引导性目的在于帮助公民树立正确的主体观念，引导公民理性应对各种网络舆情，引导公民正确解读国家的基本方针政策，在自媒体舆论场中重构话语引导权。自媒体话语权引导可以为显性的，也可以为隐性的。显性引导可以通过建立主流意识形态自媒体话语阵地，以合适的形式生产受众乐于接受的正能量话语产品。隐性引导可以通过用户在自媒体话语场线上线下及其互动的各种活动，在体验式浸染环境中实现潜移默化的规训功能。

（三）自媒体话语权的媒介性

话语权必须依存于一定社会环境并受其制约。与传统话语权所区别的是，自媒体话语权处于"媒介化"的语境之中。自媒体技术伴随着网络技术发展而来，这让传统的话语传播模式从"一对多"的广播模式转向"多对多"的复合媒介模式。借由社交网络的支撑与渗透，媒介营造了一个全时段、全方位覆盖的话语场。此时的媒介不仅仅是一种传播信息的技术手段，实际上已经内化成为所有使用者的一种全新生活方式，它已经像空气一样笼罩着所有使用者。人依靠多元的媒介介质以及媒介形式可以进行身体不在场的虚拟化在场呈现。话语权以社会生活为基础，亦必然依托于媒介化的平台之上。同样的，媒介已经超越话语的表达以及传递信息的工具性功能，发展成为一种日常的话题产生、社会组织基本介质，成为话语权所赖以生存以及发展的土壤。

自媒体时代下"媒介化"构成话语权的基本语境，由此而带来话语权的媒介性。个体日常交流、经济发展、政治变革、文化生产的话语都在相当程度上依赖媒介而进行。经济、政治、文化话语在媒介上的解码、传播、变异将带来整个社会图景的变革。以往媒介只能硬邦邦地单向度输出信息，而自媒体时代的媒介以社交网络为依托，其承载的话语具有即时性、交互性、反馈性的特点，为多元话语交流提供了崭新的平台，构成话语权实现的媒介化环境。

（四）自媒体时代话语权的弥散性

在话语权理论的"全景敞视"规训模式中，"观看/被观看"和"可见/不可见"成为一种二元统一的机制，这种机制保证了权力的顺利运行。所以，对于权力对象的监视成为其实现规训的重要前提。在自媒体的虚拟社会中，对于个体行为的监视达到了人类社会的巅峰。个体的所有行为在大数据的"观看"与"记录"面前无所遁形。所以，这种话语权弥散在空间和时间的各个角落，弥散于所有话语主体之间。

第一，空间上的弥散性，行为记录无处不在。匿名性是包括自媒体在内的网络社会的基本特点，而实质上匿名性并不意味着个体逃脱了监控而可以为所欲为。传统社会的很多行为都是无迹可寻的，网络时代个体的绝大部分行为却被忠实地记录着。即使不采用当下自媒体的"后台实名，前台匿名"的制度，用户的浏览记录、搜索历史、消费情况、上网地点（IP）、上网时长等都被实时记录着。自媒体更加剧了这种被监视的状况。在社交网络上，众多用户晒美食、晒自拍、晒心情、晒宠物、晒朋友、晒娃……在这种无所不晒的"全民运动"中，当所有人都"裸泳"般的将自我暴露于数字监控中的时候，你不晒点东西反而成为一种另类。即使用户一点都不主动暴露个人情况，但是依据其关注的对象、公众号，被关注的对象都可以轻易地画出其社交的轮廓。例如，一个用户关注了育儿公众号，其朋友圈都是30岁出头的女性，便可以轻易地推断出该用户的现状。将用户的所有IP地址、身份信息等表层数据与兴趣、情感、消费、社交等深层数据通过大数据的建模与分析，便可以清晰地勾勒出个体的数据画像。

第二，时间以及主体上的弥散性，他人观看时时刻刻。戈夫曼的戏剧理论认为社会中的个体在两种空间转换，前台区域和后台区域。人们在前台区域中为了适应当下的场景，必须按照某种特定社会规范而进行行为；人们在后台区域可以不受拘束，不再需要假装遵守规则。在前台与后台之间有难以逾越的鸿沟，将两者间隔开来。梅罗维茨的"媒介情境论"认为，媒介变化决定社会环境的演化，不同的社会环境决定人们行为方式的形态。自媒体技术已经跨越前台区域与后台区域的鸿沟，正如上文所论证的，造成私人领域公共化的媒介泛化现象。人们的私人领域内容主动或者被动地进入公共领域。在这种情境之下，任何个体的私隐都可能被置于公众的放大镜之下而无所遁逃，而且这种被观看的情景是时时刻刻存在的。此处暂不讨论这种境况所导致的影响正面与否，自媒体话语空间的的确确形成一种"全景敞视"的话语权力格局：所有人都可能监视别人，所有人都可能被监视，所有个体都置于监视与被监视的关系网之中。任何个体只是这个网络中的一个节点。随着自媒体技术的迅猛发展，用户的数据在众多的平台之间被记录、收集并共享，不仅是公共领域与私人领域，现实空间与虚拟空间的界限亦日益模糊，个人再也无法在虚拟空间里隐姓埋名。互联网建立之初，人们认为"在网上，没有人知道你是不是一条狗"，自媒体空间的事实却是"网上，人人都可以知道你是条什么样的狗"。依据六度人脉理论，地球上所有个体之间都可以被联结，而且他们之间的节点不超过六级。简而论之，任何个体之间最多通过六个人便可以建立联系。当所有个体都无法置身于世外桃源时，主动或者被动受到他人的"监视"便是理所当然的了，更别说媒介背后还有更为无所不知的大数据。以个人影像资料为例，即使用户不主动发送个人的照片，但是在大家都"晒"的语境之下，你的亲友很有可能将有你的图片以及影像资料置于自媒体平台之上。即使这种情况被杜绝，在旅游胜地、街头巷尾、聚会现场或者会议合影，只要你被呈现于他人拍摄的相片之上，就极有可能被上传成为自媒体内容的一部分，更不用说无处不在的公共监控摄像头。当下在众多手机以及自媒体平台之上，通过人工智能技术便能够轻易地将具有同一对象的所有照片分析并呈现出来，例如脸书以及苹果手机的"圈人"功能。在云计算技术之下，将各种媒介载体的个人信息加以提取并分析的技术也已经逐渐成熟。在这 背景下，福柯在《规训与惩罚》之中"全景敞视"的圆形监狱（panopticon）的"少数观看多数"模式，以及托马斯·麦谢森将以电视为首的大众媒介比喻为"多数观看少数"的"单视监狱"（synopticon）都已经无法阐释当下自媒体的情形。自媒体时代面临的是无所不在的摄像头以及传感器将人类社会变成无所不在的"多数观看多数"的"全视监狱"。所有的个体都无时无刻不处于看与被看之中。

四、话语权理论的发展

话语权的主导权在谁手里，由此而决定话语的方向以及内容。西方马克思主义者葛兰西在近代历史上较早重视无产阶级争夺话语权的必要性。其著作《狱中札记》指出："社会集团的领导作用表现在两种形式中——在统治的形式中和'精神和道德领导'的形式中。"他并未正式指明什么是意识形态话语权，但是透过其文化领导权的思想可以看出"话语"是"意识形态"取得权利的路径。福柯较为深入地研究了意识形态与话语权的关系。基于意识形态与话语权的密切联系，我们可以将其作为一个重要的理论参照进行类比分析。

话语即为"说什么""怎么说""说话的身份"，以其内容、形式以及倾向决定着权力，而对这种权力关系的系统性再现便形成了意识形态。意识形态作为反映不同阶级、集团利益与意志的文化表达形式，其本质是对现存社会关系的反映。英国话语分析学者费尔克拉夫甚至将话语事件视为意识形态的物质表现形式，由此"现实社会中的话语权之争主要体现为意识形态话语权之争"。马克思和恩格斯尚未明确提出意识形态话语权的范畴，但他们指出"占统治地位的思想""调节思想的生产和分配"等系列论述指明了意识形态话语权的重要地位。在马克思的著作中，意识形态的概念是总体性的，具有多层次的丰富含义：第一，具体形式多元，包括哲学、宗教、道德、艺术法律思想、政治思想等；第二，发展历史缺乏独立性；第三，本质为统治阶级思想；第四，对现实关系总是扭曲或者掩蔽；第五，认为观念统治世界。

马克思之后，意识形态理论的发展途径大致有三条，分别为马克思主义传统、非马克思主义传统以及美国学者在反思社会、民主、科学等议题上对意识形态的讨论。本书着重考量马克思主义传统的意识形态理论。在这些理论中，较有代表性的有卢卡奇、葛兰西、阿尔都塞等人的理论。卢卡奇将意识形态区分为资产阶级以及无产阶级两种意识形态，并认为无产阶级意识形态将在未来的实践证明其正确性。

葛兰西发展了马克思社会矛盾的学说，认为社会矛盾已经从经济扩展到文化层面。他认为文化是国家操控思想和获取观念的手段，国家通过这种手段履行伦理教化的职责。因此，文化被葛兰西视为意识形态的载体和表现，而话语权是建构统治阶级领导权的路径。他强调通过文化霸权这种非强制的支配手段赢得被统治阶级的赞同，因为这种效果大大优于外在强制的效果。由此，葛兰西强调所有阶级都应该培养代言本阶级的知识分子，以在维护阶级统治的思想传播中承担中介职能。

阿尔都塞补充了马克思关于国家是阶级统治工具的学说，认为意识形态是一种客观存在的非强制性国家机器：首先，意识形态国家机器不是以镇压方式执行职能，而主要通过意识形态方式进行；其次，意识形态国家机器具有独立性，可以在马克思所指的镇压性国家机器之外独立发生作用，具有鲜明的阶级斗争性；最后，意识形态国家工具是基于镇压性国家机器庇护下保证生产关系的再生产。阿尔都塞的意识形态国家机器主要由宗教、学校、法律、家庭、工会、政治、文化以及传播等不同功能的专业机构所构成。虽然他的理论存在一定不足，然而其依旧极大深化了批判资本主义的力度，拓展了马克思国家理论的视野带在他们的"权力—意识形态"模式里,意识形态都力求构建自身的话语体系,统治阶级依靠国家机器通过显性或者隐性的方式逼迫其他文化形式臣服于自己,进而取得话语权的绝对优势。各种利益集团为争取本集团利益也必然争夺意识形态话语权。

而福柯对于"权力—意识形态"模式在相当程度上持否定态度。他认为,权力在机制上可能导致意识形态生产,然而从根本上而言并不是意识形态。他力求将话语研究"既超越了意识形态,又达不到意识形态"。据此可见,福柯并没有将话语权力彻底"去意识形态化"的意图,而仅仅是希望不要将话语权局限于意识形态的框框内。他认为,"在权力的研究中,我们应该避开利维坦的模式。我们应该避开法定的统治权和国家机构的有限领域,并把我们全部分析建立在对支配的技术和战术的研究之上,他只是大声呼吁话语权力的研究应该突破国家、法定、法律的条条框框,更多关注之前被忽略的微观权力的技术性问题。他以精神病、性权力为分析样本,将话语权力的范畴溢出至所有知识门类中。因此,福柯的话语权力理论建构目的是用以分析控制个体、群体和人们的身体所利用的多元规训机制的,其强调的是法律制度的表层之下,权力运作处于微观的战争状态,以及规训手段上的微观物理机制。他的这种分析角度,对于我们思考自媒体空间的规训功能是具有启发性的。

第二节 自媒体与媒介话语权的关系

一、自媒体凸显话语权的微观视角

在分析角度上,话语权理论的研究视角逐步从宏观向微观过渡。传统权力理论视权力为实体性的存在,是可以拥有、所有、霸占的。与权力搭配的动词往往是实现、支配、贯彻、获得,他们关注的是权力的支配者或者所有者。葛兰西对马克思的阶级斗争学说加以丰富,认为被统治阶级在暴力夺取政权外更需要在意识形态话语的霸权中摆脱出来。从"霸权"二字便可以看出其宏观政治的批判角度,其理论对于非政治性的、社会关系的中观和微观角度是缺失的。葛兰西初步意识到权力关系场的存在,其关系场中包含权力的支配者与被支配者。但是他的关系场无法摆脱当时的知识背景,其赞同与支配的关系具有线性以及方向性的特征。这种特征源自统治者对被统治者有计划有意识地传播意识形态相关思想的行为,以达到被统治者基于赞同而欣然接受统治者意识形态的目的。

尔后不少学者开始逐步尝试在微观层面上解读话语权,逐步完善了微观权力理论。哈贝马斯对话语权的建构是乐观的,他将希望寄托于媒介话语互动所形成的公共领域建构之上，摆脱了葛兰西等学者在批判上的结构性以及纯粹政治性，而关注私人性质以及非政治性的公共领域。鲍德里亚对此的态度却是悲观的，他的消费社会批判是从微观的符号学角度进行的。在他眼里一切都被数字化、仿像化而虚拟化、幻觉化了，公众透过大众媒介所创造的幻象认识世界，他们的意见被剪辑、编辑和操纵。这种平面化、单向度的媒介经验导致公众失去了参与意义生产的主动性，只能排斥意义并被动地接受媒介所创造的形象。霍尔的编码解码理论认为，电视新闻通过加工编码的符号化过程才可能进入传播，而后经过解码被受众所接受。因为编码和解码经常性的不对称，所以话语在传递过程中经常被误解。编码与解码的符码不对称程度由话语生产者与接受者话语地位结构差异所决定。这为研究话语权力如何在传递过程中实现提供了另一种微观的角度。福柯较为彻底地在微观权力论的基础上提出话语权的概念，认为"话语即权力"，这种话语权力是一种弥散的、去中心化的网状关系。话语权不是被拥有的，而是在流动中产生并传递的。他深刻揭示了微观隐藏在话语背后无所不在的权力，进一步完善了微观话语权理论。

微观话语权理论对传统意识形态权力理论的质疑有助于人们更深一步思考自媒体话语权的运作规律。它强调关于权力分析应注意以下若干问题。

第一，权力格局具有去中心化的特点，权力分析不应仅关注居于中心位置的合法权力，还应关注权力末端的区域以及局部的机制，重视权力的末端毛细血管的状态。"在权力最地区性的、最局部的形式和制度中，抓住它并对它进行研究。"微观话语权理论将权力分析从国家机器以及法律制度上面挪开，并将其引向最基层、最局部的地方，即权力的实际操作、被规训者的反抗、规训的实际形态等。从这些底层微观的细枝末节中获得权力运行的真实效果以及实际意图，从而揭示权力运作的真实谱系。自媒体的去中心化网络架构与微观话语权理论的无中心网状权力架构具有极高的契合度。以往习惯了居于中央、高高在上的主流媒介现在与所有个体处于一样的地位，甚至有被边缘化的危险。在网络上，"如果认真你就'Out'啦"，生硬单调的说教引来的只能是嘲弄乃至无视。因此，对于自媒体语境下的话语权分析应该从话语微观的角度出发，关注微观话语的真实状态。

第二，权力主体具有匿名性，权力不应被视为个人、群体或者阶级对他人同质稳定的单向支配。在传统的权力理论中，权力是由某些个体"所有的"，他们是当然的统治者。在话语权理论看来，在现代性理论中的统治者诞生于近代的知识结构，是近代话语霸权背景下的知识以及语言的产物。随着现代性话语霸权的解构，后现代的知识被去结构化，这种权力的主体也随之逝去。所以，后现代权力理论一直淡化权力主体的必要性问题，一再强调权力问题里面由谁掌握权力已经不再重要。微观话语权理论将权力视为一种交错的网络关系，在这个网络关系中权力主体具有不确定性，任何个体都可能成为权力实施的主体，同时也有可能成为权力实施对象。权力不是"某人的",也不是固态的,而是通过网状组织架构运转,在网络节点的链状结构中循环往复,动态演化的。自媒体网络中所有节点的影响力仅仅在话语行为作用的时间节点上持续,其话语权力犹如流星般随着话语痕迹的消逝而重新归零,其话语权力不是固态的而是气态的。话语进入传播环节后,通过各节点接力式的不断传递,在各节点进行再生产、再传播,或循环式上升成为热点,或螺旋式下沉逐渐消逝,或被其他话语所冲击淡化,其过程是动态演化的。

第三,权力行为具有反抗性,个体不能仅仅被视为被动接受的对象,同时亦是发号施令对他人施加影响的成员。权力所产生的关系并不一定是统治与被统治的明显二元对立关系,权力关系发生于家庭、团体、生产结构中的任何角落,无所不在。有权力的地方就有反抗,这种反抗也不是传统的二元对立关系那么水火不容。权力将自己隐藏起来,其发生作用必须以权力对象的同意为基础。权力的成功取决于他们是否将自己的手段隐藏起来。自媒体语境中所有个体本身便是话语接受者,同时亦是话语生产者,他们之间的影响是交互式的。个体本身便为权力传播的中介,不再需要大众媒介以及科层式"单位"的信息中介功能。在自媒体话语权分析中,应该抛弃以往传统话语自上而下灌输式教育的套路,将其与自媒体的媒介技术紧密结合起来,更为细微、更为隐蔽,也使话语引导更为让人易于接受。

第四,权力运转的力量源自基层而非中心。传统的权力观念认为权力是理所当然从上往下的。后现代权力规则认为权力是自下而上的,权力从中心向边缘的辐射仅仅是其运作的一种方式。自媒体语境下处处皆为中心,因此也就没有真正意义上的中心。既然以往的话语权运作模式在自媒体的语境之下已经无法奏效,那么应该将话语规训的权力隐藏于自媒体话语的生产与传播过程中,并重视规训互动过程中合谋、联合、反抗的微观细节。我们更应关注微观社区中话语的运作机制,并由此关注微观机制如何经过系统放大,进而呈现出来的宏观规律。当下更重要的是分析权力如何在无限小的微观环境中运作,以及这些微观机制如何不断升级化为中观乃至宏观的规律。

从以上分析可见,微观话语权理论在批判以往权力观念的基础上推出了另一种面相的权力概念。这种权力概念尽力将人们对权力的宏大想象击碎,还原权力一个真实的微观景象。权力不是自上而下单向的,特定的权力来源已经消失。权力源自无数个体,像毛细血管一样延伸至社会生活的所有角落,似乎无法捉摸而又无处不在。权力经典稳固的统治者与被统治者的"双向对立"结构不再是理所当然的,权力应该被视为众多力量的网状关系,是"人们赋予某一个社会中的复杂的战略形式的名称"。这种网状关系,构成了后现代哲学家德勒兹所指向的块茎状社会结构——无中心、多元互联、等级不明显。这种战略形式适合块茎状结构的游击作战,一方面,边缘的弱势群体为突破强势群体的"围剿"采取游击战的策略;另一方面,强势群体由于阵地战的低效也被拖入了游击战之中,只能采用以游击战对游击战的方式。强弱双方都试图借助自媒体的网络"块状"关系，建立一种多元互联共振的共同体，以达到话语权争夺战争的胜利。这是各种话语主体在自媒体话语丛林中的博弈，以取得话语权上的主导性以及殖民性的过程。

这种微观话语权理念与自媒体语境之下的结构去中心化、权力主体平等、媒介权力泛化等现象不谋而合。所以，对于自媒体时代话语权的研究应该顺势而为，从宏观走向微观。

二、自媒体凸显话语权的复杂性视角

人类文明史中，话语权在国家政治生活、个体日常生活中以各种方式始终存在，信息的发布、传递、接收以及分享是其最基本的样式。随着人类科技的进步，在信息效率提高的同时，权力也越发精致化、越发渗透进生活的微观层面。微观权力理论从微观叙事的角度出发，解构了宏大叙事的经典权力观。微观话语权理论认为权力更重要的是其运作方式，并非宏观的物质力量，而是微观的能够在个体以及社会角落之间流动的能量流。因此，福柯的"微观权力论"即为在社会生活的最细微之处对权力的运作进行分析。但是受前互联网时代生活经验的限制，他无法想象自媒体时代话语场域去中心化的颠覆性革命，所以其对微观权力的论证依旧停留在"圆形监狱"的经验里，对于弥散权力的论证还受限于学校、医院甚至军队等经典的科层式中心化封闭组织的认识框架中。虽然福柯的理论是后现代的，然而福柯受时代所限其规训手段依旧停留在现代甚至前现代的线性关系阶段。因此，对于自媒体话语之间非线性、复杂性的特征，福柯等学者基于既往经验的想象无法真正触及。这与福柯本人微观权力去中心网络化运作的权力描述具有不可调和的矛盾。因此，在自媒体这一人类史上最复杂的话语系统中，话语权理论必须适应此话语环境而从系统复杂性的角度进行分析与解读。

（一）规训手段从单向转向回馈

微观权力观揭露了现代性政治的不足——权力愈加倾向于一元化的理性模式，其形式便愈加单一。过度单一的权力不仅妨碍自由以及民主的实现，造成权力的局限，更容易"使权力受挫并走向极端"。权力不应该是一种单方面从上向下地企图包罗一切，统一所有的形而上。权力应该是一种生产性的实践，权力的真谛应该时时刻刻都在生产鲜活的权力；其应该源自公共生活过程中所有角落；应该是具有反馈性质的互动。因为互动，权力的形式便不仅仅局限于单向抑制、拒绝以及禁止，亦具有了针对具体境况的可塑性以及适应性，便可以更进一步在反馈中形成螺旋式上升的回路而不断强化规训的效果。

在传统媒介话语规训的流程中，基于技术的局限，传播对象的位置、传播过程、传播效果、对象需求都是难以获知的。编辑很难得知读者在书本的什么地方折上了一个角，画了一个什么样的记号。媒介的具体规训行为是一次性行使的，这让话语权只能依仗宏大叙事的"大面积杀伤力"以获得魔弹理论所追求的粗暴压制性效果——全能的媒介负责发布信息，分散的大众单纯接受信息，被传播对象就如固定的靶子或者躺在床上接受注射的病人。传播者只要将信息瞄准受众恣意扫射，便可以将信息直接注入而迅速制造效果。技术的无能导致对受众无视，同时也造成传播反馈功能缺陷的无奈。话语权故而无法获得及时反应的能力，只能盲目的不加区分地进行"野蛮扫射"。自媒体时代下，所有个体的行为由于都被数字化，用户关注哪些内容、在哪些页面上停留、时间跨度、是否转发、留言内容，甚至在哪里都做了什么记号，都被一一追踪。对个体的数据画像往往比个体对自身的了解还更精确。对行为的监视、记录、归类、建模、分析让对个体行为作出精确诱导成为可能。规训从而有可能从"扫射"转化成精确制导的"点杀"。看起来似乎所有个体都是其自身基于自主意识而作出的选择，其实个体行为只是基于大数据的刺激而作出的应激反应或者条件反射。在这种意义上讲，个体犹如牵线木偶一般，是可操控的。随着数据的积累，对个体规训的精确制导将在不断的循环反馈中越来越精确，这将不断强化其结果。

（二）话语主体从内生转向游离

微观话语权是一种内化的机制，其不是在外部压抑主体。权力所依靠的机制在内部运转上是匿名的，不被任何个体所垄断，由全体合法个体所共享。合法的权力主体只要利用权力所存在网络关系的有机体，便可以发挥权力。微观话语权强调权力永远是关系中的权力，在不同事物的关系中随时产生，是可再生的、复数的、变动的、微观的、细节的、流动的、交缠的、局部的。然而，它所指向的权力依旧内生于某个知识结构、某个组织。这从福柯关于医院、学校的论证可见一斑。毕竟，他生活在工业社会的末期，此时学科分化正处于高峰，跨学科交融有所发展，然而学科的界限依旧十分清楚，因此组织的边界亦十分清晰。虽然福柯试图描绘权力的网状结构，但还是将其依托于各种学科与组织的框架之内。毕竟，在当时"跨界"生存的客观条件尚未成熟。脱离了组织，个体难以生存，规训的权力更无从着落。

自媒体时代之前，每一个个体基本都必须隶属于一个组织——学校、医院、军队、行业协会等，其组织架构基本为科层式的。个　价值往往由其在组织或机构中的地位、价值所决定。即使在 Web 1.0 时代，用户发布内容基本都必须登录门户网站，发表的内容隶属于网站的某一版块、某一主题。主题、版块的内容依据逻辑关系构成一个层级累加的目录树。隶属于某个层级机构成为几乎所有个体正常的存在状态。自媒体语境下所有个体话语权真正实现了平等，互相之间没有先后或者隶属关系。由此他们之间是游离状的，他们的地位是各自独立的。技术在赋予所有个体独立话语权的同时，赋予其独立的话语利益，这也意味着赋予其游离于组织体之外的生存能力。自媒体平台"逻辑思维"便为突出的例子。有自媒体业内专家将其话语利益变现的方式概括成为以下若干层次。

第一层次为基于粉丝个体行为变现。首先是广告方式，例如利用粉丝点击界面的广告，或者通过界面的链接，将粉丝引导到广告商的目标界面。其次是引导粉丝行为，如引导粉丝下载某些APP，或者为某些公司的成员注册作推广，或者通过软文引导粉丝购买商品。这种套现模式较为简单粗暴，因用户体验较差所以容易引起粉丝群体的警觉。无论是哪种方式，一般而言自媒体平台都会基于阅读量或者点击量为自媒体内容生产者付费，例如在百度经验中，作者所创作的内容被阅读，平台将依据阅读量为作者支付酬金。在土豆、优酷、爱奇艺、腾讯等分成视频平台，观众观看创作视频之前被强迫观看广告，自媒体平台将其所获广告费用与创作者进行分成。

第二层次为基于粉丝社区的文化变现。这种方式首先必须有较为稳定的粉丝群体，粉丝群体的黏性较强，所以具有较为活跃的粉丝社区文化。简而言之，就是有故事，有情节，得到认可。基于粉丝对社区文化以及自媒体品牌的认可，可以将话语权进行变现。例如在自媒体社区中进行付费阅读；基于社区文化创作软文，软文是与硬性广告相区别的"文字广告"，其将特定概念诉求隐藏于广告商所设计的思维陷阱，通过摆事实讲道理的方式，以强目的性的心理攻击迅速实现广告目标的模式。也可以在社区中构筑会员圈子，例如基于"逻辑思维"发展而起来的各地民间组织——"言罗会"，其成员具有宗教般的热情，有做礼拜似的忠诚，不少组织者依附于这些组织之上。或者可以利用粉丝黏性，做淘宝店铺，开微信的微店，如赵薇的淘宝店"同名红酒庄园"、韩火火的淘宝店"DO NOT TAG"、公众号"军武次对面"的微店"军武优选"等。这种模式因为比较真诚相对而言较易被粉丝接受。

第三层次为品牌推广以及产业嫁接。品牌推广是基于某些专业的自媒体，基于其在行业内较大的影响力，不进行直接广告的露骨推广，而是在文章中为相关品牌或者领域做品牌推广。例如公众号"国产车之家"为众多国产车做的新车推介，企业文化的推广等。产业嫁接是利用在相关领域的品牌影响力，为相关用户提供相关领域的上下游服务。如科技公众号"36氪"原为关注互联网以及高科技创业的媒介平台，而后为相关创业提供创业孵化、展会组织、股权众筹、互联网金融等服务。

第四层次为自我品牌升级。如果前三个层次是为他人"吆喝"而变现，第四层次则是将自己的品牌影响力加以升华，成为一个IP热点式的强势品牌，从一个关注热点升级为一个产业或者服务品牌。例如雕爷牛腩、丁香园、河狸家等，都是由自媒体发展而起的企业乃至产业。

从以上自媒体平台利益变现的诸多方式可以看到，话语的获取以及话语的发布再也不需要依靠科层式的组织架构，其功能真正由自媒体话语的网状结构所承担。话语权的独立行使便可以获得自我话语利益，个体从而取得了生存以及发展的基本保证。话语的独立让个体不再附着于"单位"这个母体，不再内生于某个组织，个体状态从而从内生走向游离。

（三）规训对象从隔离转向连通

传统的权力观认为权力的落脚点在于统治者与被统治者之间的关系：统治阶层垄断了一元话语权，统治者人为地将其本身与被统治者隔离开，被统治阶层个体之间是时空断裂互不通约的。这种隔离性保证权力自上而下的单向性。在话语权运作过程中，被规训者无处可逃，只能接受；他们之间无法沟通，让权力得以恣意而无须考虑受规训对象的联合。环形监狱模式中，监视者和被监视对象是分离的，监视者可以看见被监视者的种种表现而被监视者对此一无所知。被监视者之间相互隔离，不能相互交流以保证治理的有序。每个囚犯被隔离于一个个狭窄房间，独自承受孤独，忍受被监视的压力，不能相互抱团取暖、互通有无，更不能联合组织越狱或者反抗。微观权力理论否定了这种隔离的模式，认为权力既非一元统治模式亦非二元协商模式，而是个体关系之间相互作用的多重力量关系，反映的是个体处于关系网中的策略性。关系网的最大特点就是所有个体之间是连通的，个体在网状结构中互相合作，同时互相博弈，因此，在合作与博弈中权力被技术化而富有策略性。关系的连通让个体的话语行为不得不考虑其与其他个体的关系，其与局部的关系，甚至与整个系统的关系。

自媒体语境下的话语系统中，话语的开放性让所有个体都具有相互连通的可能。没有个体能恒久处于瞭望塔的监视主体地位，其在某一话语关系中处于规训者的地位，在另一话语关系中可能便沦为被规训者。规训者仅仅靠自己单个个体的话语"射程"是十分有限的，其话语能量犹如闪电般很快便会被信息的星辰大海所吞没。如果教育者意图对他者施加有效影响，必须与其他个体连通并取得群体的合作，通过他们的分享、点赞、转发，最终方有可能叠加而形成"蝴蝶效应"。这对于传播技术的策略性要求更为显著。规训对象个体也不会老老实实地待在囚笼中任由教育者监视与呵斥。他们可以逃逸，可以联合其他个体抵制、嘲弄甚至反身攻击规训者。规训与对应的反抗行为之间不再是传统话语战争的"阵地战"，而是零散的、时时刻刻的、富有策略的"游击战"。所有个体在变幻莫测的关系网络中博弈而采取最优的策略，通过与其他个体连通而获得话语能量。这种非线性的不确定将导致系统的极端复杂。

第六章 自媒体话语权运行规律

与传统话语权有所区别，自媒体视域下的话语权运作有可能真正实现从宏观向微观的转向，通过考察微观层面权力渗透的个体间相互作用规律，进而从宏观上把握自媒体话语领域中的各种话语现象。微观权力理论否定了权力的实体意义，强调以"力量关系的术语来思考权力"。其另辟蹊径，透过权力的动力学模式以解析权力复杂体系中各差异个体间的竞争（战争）。在权力结构似乎静止平衡的表面之下，个体在特定微观动力模式中冲突、合作、竞争。这种微观协同动力学特质表现在三个方面：其一为协同性。个体在微观的社会实践中践行着微观权力，各种权力的力量或相互促进、互相支持，或相互否定、彼此抵消。在竞争中扩大差异，在合作中相互交融，逐渐形成既异质多元又具有"家族相似性"的权力谱系，从而促进宏观系统的整体繁荣。其二为自主性。权力意味着支配与控制，任何个体都处于一定的权力系统中。个体在权力系统中并非毫无建树，其通过本能性的反抗和自觉性的策略，对施加于其身上的权力效应加以改变、消解，解构过时的、落后的权力结构，重构崭新的、更先进的权力关系。其三为规律性。个体在微观权力场中的主动适应与选择是在群体性合作与竞争之中的博弈行为。群体的合作与竞争需要博弈行为的不断重复与循环，促使群体逐渐形成较为稳定的行为习惯与力量关系，最终构成宏观上较为稳定的权力结构。由此微观的行为习惯以及宏观的权力结构构成微观话语权力场的规律。

第一节 自媒体话语系统的竞争协同性

协同学理论认为，系统具有诸要素之间在协同的基础上自我发展、自我组织的特性。这种特性是客观存在的，不以人的意志为转移。协同即为子系统间的相互竞争与合作。因此，协同动力学强调鼓励竞争、提倡合作，在竞争与合作的协同效应下把握系统的动力学模式。其一，系统内要素间的竞争既"造就了子系统远离平衡态的自组织演化条件"，又"推动了系统向有序结构的演化"，因而个体间的竞争必须鼓励。其二，系统内要素在竞争的同时相互合作。要素间的某些运动趋势通过合作加以放大，在系统的多种发展趋势中形成优势，从而形成动力学模式而推动系统发展。通过合作，各要素方形成联系从而构成系统的整体,因此必须提倡合作。其三,要素间通过竞争合作形成协同关系。这种关系是动力学模式的动态相互作用。在竞争中某些系统要素的运动趋势胜出并通过合作强化本身的优势,从而抑制其他运动可能趋势。因此,这种协同过程本质上又是一些要素巩固优势、打击对手的竞争过程。由此来看,这个过程既是竞争的,又是合作的,共同组成竞争与合作的动力学模式,推动系统发展。

一、竞争激发系统活力

在公平的话语秩序下,竞争在利益最大化的行为决策中,只有通过满足他人利益的方式才能让自身利益得到满足,即仅仅通过互惠合作方能获益。在这种话语秩序中,理性的个体将会在规则的范畴内决定自己的话语行为。打破规则,甚至以损害他人的方式获利的参与者将受到规则的惩戒。在自媒体的话语场域中,所有个体都具有自主决定话语生产的内容、方式、对象的决策自主性。自媒体的话语生产者,必须以最方便受众获取以及"悦读"的方式,向他的消费者提供最受欢迎的信息产品和资讯服务,以争夺极为有限的注意力资源。而这显然最终是为了获取最大的话语利益。对于受众而言,话语市场的激烈竞争正好告诉我们哪些信息生产者所提供的资讯更丰富、及时、可靠、有趣。自媒体话语市场的丛林世界里,信息资源的过剩以及审美疲劳导致受众对于资讯以及服务的期望值越来越高,打动受众关注公众号必须花费更多心血,受众却可以一言不合就"取关"(取消关注)。这种压力将激发话语生产水平的水涨船高,从而激发话语系统的活力。

二、协作放大竞争效果

自媒体通过便捷的点赞、转发功能让众多散落于各个话语空间的个体联结在一起。一个词语、一条即时性新闻只要能击中受众传播的痛点,便可能迅速火烧连营成为网络热词或爆炸性新闻。个体话语不断传递形成多米诺骨牌,最终形成"蝴蝶效应",将原本处于松散状态的话语系统瞬间联结于一体。这种共享合作的机制将竞争的结果呈几何倍数级别的放大,原本游离状态的个体由于此机制而连接成为有组织、有秩序的自组织整体。

竞争与协作似乎是对立的,但事实上两者是相通的。人类社会发展是一部在合作中竞争、竞争中合作的历史。竞争实际上是大规模的合作与协同。以工业社会为例,这个时代的合作是为了竞争而开展的合作,合作从属于竞争的要求。所以,竞争与合作之间存在既矛盾又统一的关系:一方面,为了竞争,必须壮大自我,并通过合作在竞争中获得优势;另一方面,竞争必然破坏合作关系,竞争参与者将会从自身利益出发决定是否合作,所以背叛合作情形经常出现。随着人类科技的进步,人类社会步入全球化、信息化的后工业化时代,社会越来越高度复杂化,竞争与合作既矛盾又统一的关系更加突出。这种高度复杂性的社会更加依赖于人类大规模的社会合作。一旦社会合作被破坏，人类社会将无法承受其代价。人类社会的竞争更多体现在对社会合作的建构而不是破坏。所以，更大规模的社会合作以及协作将是当下后现代信息化社会的突出特征。

三、竞争协作推动系统发展

个体的自媒体话语生产既是竞争的，同时又通过协作共享加以传播，进行再次话语生产与分享。其一，一个话语主题内部存在竞争协同的关系。一个话语主题在不断被分享、创作，再分享、再创作的过程中不断演化，最终形成众多的变种。例如，在"我爸是李刚"事件中，这个关键词在传播过程中演变出歌词、段子、歇后语、表情包等诸多样式，让人惊叹网民的创造力之丰富。其二，不同话语主题之间存在竞争协同的关系。在不同的话语主题中，不同的话语此消彼长，不断争夺网民的眼球，资讯泛滥分散了受众注意力，话语开放方便了受众的逃逸。因此，我们已经领略到自媒体话语场"一方尚未唱罢，一方已经登场"此消彼长的局面。

第二节 自媒体话语主体的行为自主性

自媒体在人类历史上第一次赋予所有话语个体平等的话语自由与话语权益，从而为话语系统的发展与进化提供了初始动力。开放的话语状态、主体的平等地位、独立自由的话语行为又成就了自媒体话语场域自由话语市场的性质。市场条件下，个体利益独立而不对立，竞争而不冲突。市场秩序允许目标、诉求以及偏好的多元性存在。每一个体依据自身偏好、特长以及优势进行决策，参与竞争。他们通过参与话语的生产、流通、消费环节实现自身利益。

一、自媒体充分竞争决定文化上自我与自在

后现代主义哲学强调必须从社会、文化、历史等角度理解主体。"微观权力论"同样主张人与社会、文化、历史不可分割，互为解释。一方面，权力本身便是控制及支配的力量，任何个体必须处于社会权力结构中的某个子系统。个体置身于某一权力场中无可选择，受特定文化、社会的影响以及塑造而无法逃避。反之个体也是权力为维持其结构所生产的微观载体。另一方面，个体在权力系统中也并非决然消极。个体通过本能上对他者"反抗"和自觉的自我"呵护"，抵制、改变权力对其效用，瓦解并重构权力的结构。正是从这一点上，微观话语权理论认为宏观的社会变革只能寄托于微观的个体斗争。

在微观权力的语境下个体如何反抗？福柯强调了两点。第一，必须诉诸局部的特殊

反抗。福柯认为权力是弥散的，无处不在却没有中心，没有固定主体，因而反抗权力不应该是总体性的阵地战，而只能是局部反抗式的游击战。所有权力的冲突点、所有权力施加的临时性中心，都可能发生权力的冲突乃至斗争，甚至发生权力的颠覆。我们可以将自媒体语境视为哈耶克自由秩序的一种生动体现。自媒体话语语境里存在海量的规则空间，如同具有众多制度选择的自由市场，这赋予每个个体行动的自由。如果某个成员对社区规则不满意，轻易地便可以通过用脚投票的方式逃逸到更符合其个性的在线社区。进入在线社区的自由性以及大量制度的可选性造就了完美的竞争模式。在这种充分竞争的环境中，个体可以用极低的成本反抗局部规则，从而推动话语生态圈内部基于关注个体需求的制度竞争上优胜劣汰，从而导致规则生态的整体进化。

第二，福柯指明了"生存美学"的抵抗策略。他认为既然身体和性作为微观权力的监控对象，那么追求这两者的解放便成为抵抗规训的重要策略。《性史》实际将道德类型分为两种：一种是基督教道德，其主旨在于服从法典；一种是希腊—罗马道德，古希腊的生命伦理通过"关切自身"的伦理行为，打通了生命、政治与美学之间的联结，宗旨在于将自己生活变成一件艺术品。福柯受此影响而指出"生存美学"的抵抗策略——将自我视为一个需要费力创作的对象。这个策略要求个体应该具有认识、改造和完善自我的伦理追求，这即为创造性造就自我的生存美学。在这一点上，他一方面是"主体终结论"者，另一方面又关注个体的原始身体经验，关注个体的生存，具有浓厚的人本主义情怀。而从另一个角度考量，这实质上是竞争为话语消费者所带来的实实在在的收益。为了讨好消费者，话语生产者不得不重视消费者的个性化需求。从生存美学的角度考虑，自媒体是通过塑造个体、塑造社群、塑造社会三个层面推动话语权的进化的。第一层面为塑造个体。自媒体"自"字当头，其私人属性让其成为个体彰显自我、表现个性的平台。在自媒体的话语场域，个体热衷于还原日常的琐碎、抒发点滴的情感，表达当下的状态。个体在自媒体平台上毫无保留的展示在相当程度上有利于个体人格的自我设计与塑造。第二层面是塑造社群。社群组织界限模糊，是原有旧社交网络和新社交网络重叠生长的客观组织状态，往往从线上延伸到线下，这里不仅让个体寻得精神以及文化归属，而且通过资金众筹、组织协作等群体一致行动实现个体的梦想，让个体的话语权力通过群体的聚沙成塔凝结成强大的力量。第三层面是塑造社会。政府官员、企业等为提升在自   领域的话语影响力，也纷纷开启微博、微信公众号，采用口碑传播的方式与众"亲"们套近乎。一向高冷的人民日报、国务院新闻中心等众多机构也纷纷采用元芳等网络热词、利用"淘宝体""甄嬛体"等接地气的句式与受众交流，主旋律电影《厉害了，我的国》也毫不吝啬地采用网络用语。正是自媒体让自我、自由、自然的话语风格植入社会各阶层的话语体系，潜移默化地改变个体社交方式乃至生活面貌。媒介的变革诱发了个人与社会的变革，让社会整体的话语氛围转向以个体话语感受以及话语利益为基本出发点，重视个人自在的人本主义上来。

二、自媒体开放自由决定伦理上自主与自治

自媒体的话语场域具有显著的开放性特征。首先，其话语来源多种多样，可能是自己的所见、所闻或者所感，也可能是网站、公众号、朋友圈、微博甚至其他 APP 平台的一条信息。其次，话语的展示是公开的，除了一些个人所设定的隐私信息，用户的体制、照片以及内容都是其他用户可以浏览的。影响力较大的公众号、头条号等意见领袖的信息更是完全开放以求更多受众的阅读。正是因为自媒体场域具有开放性的特征，自媒体场域才可能产生自组织现象。

因为自媒体场域的开放性，所有个体的自媒体话语行为都是自由的。他可以不再受现实话语场景的约束，匿名性又进一步为话语自由松绑。但是这种自由造成个体似乎不再需要为自己的话语行为负责的错觉，导致自媒体话语场的网络暴力以及民粹主义。英国政治思想家约翰-斯图尔特-密尔认为，人们享受思想自由和讨论自由的权利，反对任何形式的多数人对少数人意见的压制，反对任何权威压制意见，因为被压制的意见可能是正确的。密尔同时强调，个人的行动只要不涉及自身以外其他人的利益，个人便不必向社会负责，对于他人利益有害的行为，个人则应该交代并负责，而且应该承受社会或法律的惩罚。开放性所赋予个人的自由话语权必须以不侵害他人利益为前提。他所提出的观点在服务人们充分思想以及言论自由的同时，要求个人必须对自己的话语及其行为负责，必须具有很强的自律性。

自媒体基于社交网络而传播。社交网络的关系既来源于现实社会，同时又与现实社会相区别。没有了现实世界物质、现实场景等诸多约束，其充分开放决定了让其遵循现实社会的伦理体系是不可行且不现实的。个体在自媒体话语场域中的伦理体系构建，是以重新达成共识为核心的自组织演化的过程。在这个过程中，用户个体的自律以及社交网络之间的压力是维护个体之间关系网络稳定的决定性要素。在不断的重复博弈之中，个体之间的话语关系逐渐形成自主、自治的开放性话语交互平台。

三、自媒体多元互动决定过程中自决与自觉

自媒体的话语场是多元的，基于网状的社交结构分布着各个具有强联系或者弱联系的小组，每个小组都由不同的人员组成和维系，其关注的内容也有所不同。同一个体可以同时参加多个兴趣小组，参加的人对话语参与的程度也参差不齐，导致各小组发展的程度各不相同。这种多元化的分布具有很大的差异性，但是他们又同时处于同一个虚拟社交的网络之中，相互之间的差异落差形成势能，他们之间方可能发生信息以及能量的交换，共同组成复杂的话语巨系统。个体、子系统与巨系统之间相互影响、相互促进，导致整个社交网络逐渐向有序进化，这是自媒体话语系统产生自组织现象的基本原因。自媒体话语系统中的自组织行为，主要体现在其发展与进化的过程中系统的自适应、自

生长与自稳定。这一过程要求系统中的个体需要不断通过自己的自主行为与其他个体发生互动博弈，从而促使自组织现象的发生。

在这种多元互动的话语格局中，自媒体打破了传统媒介的把关模式，而转为自我把关模式。传统媒体把关在新闻话语产生以及传播之前，在把关人群体中，记者决定着哪些素材具有新闻价值，编辑决定着素材加工的方式，总编决定新闻重要的序列，这一系列把关都在组织体的内部完成。自媒体的多元打破了这个格局，每个个体只需要一个账号，便可以便捷地将自己的话语发布并通过社交网络或者自媒体平台加以传播。自媒体话语没有经过把关便已经进入传播网络，而后在传播的网络中，有的话语经过其他主体的认可以及转发方可以接力式的向下传递。这些接力的主体成为其全新形式的把关人，决定着话语传播的范围。所以，话语的生产是由生产主体自主决定的，话语的传播也是由传播主体自主决定的。传统把关的缺失容易导致散布谣言，容易引起侵害他人权益的个体行为发生，也容易让个体失去主体性产生从众行为陷入不理智的网络狂欢乃至网络暴力的旋涡中。"自我把关"要求受众从理性角度出发面对自己所面对的信息，面对自己能自主决定的话语行为，面对自己话语行为所可能产生的后果。这是在多元互动的话语格局中自我参与话语生产与传播所必需的自律要求。这种要求必须对真假难辨却又为了博眼球的各种"话语表演"保持客观公正、审慎质疑的态度，自觉地将自己视为电台的小主编。

第三节 自媒体话语系统的宏观有序性

后现代主义否认知识与真理的客观性，而以个体对话所获得的"协同性"取而代之。此"协同性"指的是人们在社会群体中目标、兴趣、原则等方面的一致所导致的群体合作性。微观话语权理论坚持认为真理本质上即为权力，权力的实施为真理话语提供支持，真理只有在权力武器的射程范围内才是有效的。真理并非要全盘否认知识与真理的客观性，而只是提醒在重视宏大话语的同时，更应该关注微观的权力。其对整体连续的历史观保持警惕，选择从社会最底层、最边缘的局部入手，甚至引入系谱学的方法，重视非连续、断裂与偶然因素。微观话语权理论否定传统的语言分析方式，代之以话语描述，强调话语权的独特性、规律性、系统性。福柯晚年甚至自我标榜——自称发明了一门知识权力微观物理学。从物理学这个概念上便可以看出他对于科学性、规律性的追求。与物理学上的铁屑磁力线分布实验一样，话语系统在微观上似乎是杂乱无章的，但是由于系统整体上符合一定的秩序，所以从宏观角度看依然具有规律性，这种规律性体现在时间和空间上。

一、自媒体话语系统的时间有序性

微观权力理论发现时间的可持续性以及可累积性的特点，让权力可以在每一时间点进行有规律的具体干预和控制，并依据个体所达到的标准进行区分使用。其把权力对时间的控制视为分解、序列化、综合利用的过程，让流动、分散的时间成为可控制、可聚积而有效利用的资源，从而使微观权力的控制和支配能够以一种连续性和累积性的时间向度整合能量。工业化时代，工人严格的作息时间以及流水生产线的驱使让这种时间的规训达到极致。同时，农业时代时间的权力性使用也被延续，如重大节日的庆典让权力通过仪式和心情在不知不觉中得以强化。自媒体时代个体上最为重要的时间特征即为碎片化，用户在获取信息中被工作、生活和交往等活动不断干扰而形成不连续的状态。因此，对于个体而言，信息生产者应该努力"嵌入"用户工作生活的间隙，提供及时或者延时阅读便利，形成多模式、多渠道的内容连续性链条，争取重组用户的碎片化时间，并进一步采用整合营销的方法，采用互动游戏、情景式体验、多媒体等方式整合受众碎片化时间。对于群体性的话语事件，可以通过大数据统计的经验积累，掌握舆情演变的形成、成长、发展、消退等阶段的时间点特征，采取针对性的手段加以引导。

自媒体话语权的演化在宏观上表现为自媒体舆情。自媒体为话语权的归属重新进行定义。舆论空间更多呈现复杂化、动态化、随机化、多元化的特点。但是，在这种变幻莫测、错综复杂的表面之下，自媒体舆情毕竟与现实生活的诸多因素紧密联系，受它们制约。因此，只要长期跟踪、摸索并积累经验，便可以掌握自媒体话语演化的规律。下面将从单个舆情发展的规律以及序列舆情发展的规律两个角度，对宏观规律进行剖析。

1. 演化阶段：单个话语事件时间演变的宏观规律

研究自媒体舆情，便必须对其生成、演化过程进行深入剖析，分阶段解读，研究各阶段转折的关键性影响要素以及演化规律。通过对众多舆情事件的分析，借用生命周期理论，发现价格舆情遵循四个阶段进行演化，分别为"形成期"（形成阶段）、"扩散期"（成长阶段）、"高峰期"（高潮阶段）、"消退期"（消退阶段）。

第一阶段：形成期。例如，江苏省物价局舆情监测报告中所包含的价格舆情主要包括：第一，重大价格政策的热点；第二，资源环境价格，如水、电、天然气等的相关舆情；第三，公共服务类，如医疗、教育类价格的相关舆情；第四，民生相关，如衣食住行的价格舆情；第五，涉及价格形势的专家评论。价格舆情的时效性十分强，在众多时间点上对价格的波动变化十分敏感，例如在公共突发事件、重大自然灾害、重大节假日前后、重大价格政策或者措施出台前后。所以，时间点的把握对于价格舆情十分重要。当以上的舆情诱发因素开始出现，首先由自媒体、网络新闻或者传统媒体开始报道，马上引起大众的关注以及讨论。他们对于时间的态度、意见、评论或者建议第一时间体现在各种自媒体上。自媒体相比大众媒介具有反应快的优势，通过微博、微信等逐渐出现与时间相关的吐槽、表情、图片以及评论。自媒体话语信息通过媒介传播、人际传播、组织传播在用户群体中开始扩散。例如新浪微博—网民发微博"地铁站泊车到底该不该收费",质疑南京市栖霞区仙林大学城地铁二号线站点停车场收费计划,一经发布便得到周边众多用户的转发扩散。随着自媒体信息的扩散,各种网络论坛也开始跟进,媒体网站、门户网站开始出现新闻报道。价格舆情在发生之后,如果本身重要性偏弱,敏感度低,而且相关物价、宣传等部门及时反馈,采取公开积极的方式进行处理,将在极大程度上被公众所理解并支持,由此舆情很有可能直接过渡至消退期。但是,如果价格议题重要性、敏感度较高,相关部门处理不及时、不积极公开,媒体夸张、片面报道,将导致自媒体空间以讹传讹,舆情将循序发展至第二阶段——扩散期,迅速发展并急剧传播扩散。

第二阶段:扩散期。舆情的成长或者扩散阶段,一方面关于舆情的信息数量增长,另一方面信息影响的空间扩散速度加快。自媒体传受一体的特性让信息接受者在接受信息的过程中能主动地将信息进行再创作并再传播。所以,只要信息接受者对所接受的信息感兴趣,其再传播的概率便十分之高。众多接受者对信息的再传播将引发广泛性的讨论,促使各类媒介(大众媒介、网络论坛等)对该事件进行连续性的追踪以及报道。经过一轮报道之后将在舆论场引起更大规模的关注,引发更广大的受众知晓并参与讨论、再创作、再传播,不断循环往复。在自媒体的话语信息传播中,意见领袖的作用至关重要。在舆论热点开始点燃后,一般由自媒体意见领袖的转发评论推动事件扩散的加速。意见领袖由于在各自分布的领域中具有较高的话语影响力,具有较强的话语生产以及传播能力,往往在相关领域能取得一呼百应的效果。意见领袖在转发的过程中经常将自己的意见以及态度引入话语再生产中,这些观点以及态度极大影响了一般受众的认知。这一过程主要体现为舆情信息数量的增长速度加快,自媒体关注的话语数量(点击量、点赞量、转发量、评论数)加速上升。随着关注数量的增加,与事件相关的分议题开始出现,公众在关注过程中角度逐渐分化,关于事件讨论的深度以及广度逐步增加。大众的关注视角不再停留在事件的直接原因以及初步结果,开始进入与时间相关的经济、文化、社会、政治制度等多层面。议题也随之逐渐分化,开始呈现多样化、多元化发展的趋势。

第三阶段:高峰期。舆情在经过酝酿、传播、扩散之后,如果传播以及扩散的范围够大,参与到传播中的大众人数够多,其传播的数量达到一个数量级后,传播以及关注的数量将在短时间内呈现爆炸式的增长,出现自组织状态下的"涌现"现象。这是因为自媒体传播中的多级机制所造成的,经过转发进行的再传播让信息发生层次性的裂变式传播,当 变发生到一定量级的时候将发生爆炸式的激烈增长。随着舆情事件的推进,自媒体场域中的意见领袖、大众媒介以及众多的网络论坛、门户网站纷纷被裹挟着进入舆情事件的漩涡之中,众多网民与这些媒介形成互动关系,整个事件经常性地成为整个社会的关注焦点。大众往往并不满足在虚拟空间中参与议题讨论,不少公众开始在现实空间持续关注、跟进并推动事件的发展。自媒体舆论场因为其开放性的特点,众多的信息以及能量随着事件的推进被"吸引"进入话语系统。当事人、目击者、一般网友、意见领袖、专业人士经常直接参与到事件中。在舆情发展的高潮期话语系统内外的能量以及信息交换达到峰值。

第四阶段,消退期。随着事件受到社会各界的关注,舆情压力或者推动事件的迅速解决,公众的关注将迅速转移到下一个舆情热点,或者事件没有得到解决,公众也许被激怒推动舆情能量向上升级,也许随着时间的推移热情逐渐淡化,该事件逐渐退出人们的视野。在以上情况之中,如果事件尚未处理完结,或者与受众切身利益紧密相关,或者日后继续出现类似的事件,那么该信息系统便进入潜伏期,一旦遇到合适的时机,便会激发大众的回忆,从而引发新一轮的关注。在这一阶段,随着时间信息以及能量的衰减,信息传播渠道逐步缩减,舆论热点相应减少,体现在信息系统上具体表现为舆情相关信息数量减少、舆情转载量降低、舆情热度减弱、舆情传播影响力衰退。

2. 演化周期:序列话语事件演变的宏观规律

社会舆情受到众多因素的影响,但是也不是全然没有规律可循。经济、文化、教育等各领域都有自己的演化周期,这些周期影响到教育领域的舆情上,便也会产生相应的周期定律。以教育领域为例,在社交网络以及自媒体的影响下,即使是较为封闭的校园也不可能完全将自身与社会隔离开来,教育领域的舆情一方面受到自身教育发展周期的影响,具有自己的周期定律;另一方面受到外部社会经济环境的影响,再因为学生群体的人生观、世界观、价值观尚未定型,容易受到外部因素的干扰,教育领域的舆情也与外部社会环境的舆情休戚与共。只有关注并研究这些周期,才能有针对性地应对舆情做好预案,建构自媒体话语权。这些周期包括以下类型。

其一,学年周期。以教育领域舆情事件作为分析标本,可以得出周期性舆情事件的时间规律。1月寒假和7~8月暑假期间,较易发生异地补课、违规补课、有偿家教、学生外出旅游意外伤害等非教学期间管理以及安全事故类舆情事件;2月和9月为开学季,除了教育管理类事件高发外,乱收费事件发生的可能性极大;3月进入春季,人容易发生狂躁、抑郁等心理问题,学生情绪容易发生波动,相关暴力事件如犯罪、自杀以及打架斗殴容易发生;4~5月与中考、高考临近,与填选志愿相关舆情容易发生;6月是高考季、毕业季,毕业离别、校长毕业典礼发言、谢师宴、高考作弊等相关事件在此时频发。

其二,学术周期。教育领域有与外部环境有所区别的周期维度为"学术周期"。与教育领域工作人员利益息息相关,在这个关键的时间点上也容易出现众多的舆情事件。其中,最引人注目的有每年的诺贝尔奖,两年一评的中国科学院、工程院院士评选,每年一评的"国家科学技术奖"等。关于我国学校在各种排行榜中的位置,也是近年来备受关注的焦点。

其三，时事周期。当下学校不再是封闭的小社会，在互联网尤其自媒体的冲击下，任何社会时事都会对校园产生冲击。学生群体社会经验缺乏、容易发生冲动、群体集聚性强、网络依存度高的特点让校园一直以来都是社会舆情的高危区域。因此，教育领域舆情也备受时事周期的影响。笔者在进行校园访谈的过程中发现，与学生生活距离较远的领域如宏观经济、股票市场、人大会议、党员代表大会等事件在学生群体中受关注度较低；与学生个体生活息息相关的如国家教育制度改革、就业制度变化、关系民族情感的国际性事件在学生群体中受到极大的关注。

二、自媒体话语系统的空间有序性

1. 自媒体知识空间的有序性

如何根据不同的知识划分不同权力系统的规律，这本质上是知识的权力。在微观话语权理论的视野中，规训与现代专业知识关系密切。精神治疗学、现代临床医学、教育心理学、儿童心理学、犯罪学等学科知识与精神病院、现代医院、学校、幼儿园、监狱等系统的规训权力互为因果、相辅相成。封闭性知识空间的形成和权力生成相互促进，规律性地形成良性循环。这些学科建立了不同的标准或规范，告诉我们什么是健康的人、正常的人，什么是好学生、好公民，以建构的学科标准或规范知识来统治社会。福柯将"Norm"（意为"准则""标准"的规范）与法律相区分。法律一般仅作合法与非法、罪与非罪的二元区分。而规范常常源自自然过程，尊重自然规律，例如学生完成作业的时间、能力涉及儿童掌握所学课程的规律。规范具有区分、边缘化的功能，依据一定标准将群体区分为不同等级（如优、良、中、差）加以个别化规训以造就一批人，并于此同时将另一部分人边缘化，阶层由此形成，工业革命时代人类社会分工前所未有的细致，知识的细分让各系统之间互不通约，各系统内部形成固化的规范，话语权由此形成"块状"作用的地方性场景，这种场景在自媒体语境下被信息洪流冲淡。当"跨界"成为趋势时，原有的标准便失去了规训的效能。

微观权力对 间的控制具有很强的技术性。微观话语权理论认为微观权力通过分割、单元定位、等级排列、表格等更为灵活、细致的方式来利用已经存在的封闭空间。在社会的权力控制中，权力首先将各种社会成员编组、分等级并分别建立档案，通过单元化和归类将不同个人和组织纳入有限空间；其次权力在有限空间中以时间表和操作规范对社会成员进行程序管理，将每个动作、姿势都标准化，以控制学习、生产、休息的时间、节奏和强度；最后权力通过训练的方式形成空间等级排列，又通过评估和考试强化等级排列，保证成员成为权力所需要的熟练工具。

相比较，自媒体场景下个体在分享中形成"流状"的临时性场景。陌生个体在信息分享中不再具有地方性的共同体身份联系时，规范、权威和阶层的压力逐渐消解，某些具有高度共识的符号承担了临时组织功能，经常引起令人惊叹的关注洪流。这些符号寄托了具体历史背景下社会成员的集体关注、共同情感。"宝马女""表叔""房叔"代表了一种对社会不良行为个体的愤慨，"经适男"反映了不同阶层群体的心理感受，"duang-duang""洪荒之力""葛优躺"等则因激发了娱乐的快感而掀起了群体的狂欢。即使在日常的网络交往中，一次转发、一次@、一次点赞，共同的关注焦点也成为在话语场域游荡的两个个体碰撞互动的初始条件，成就了他们共享的信息涓流。作为"流状"话语场景，其具有以下两大规律：其一，演化路径多元性。个体即使因为共识的关注焦点而偶遇成为临时性共同体，但因为话语场的开放性，他们向外扩散信息而没有统一方向，因此整个信息流可能因为没有新的信息加入而发生消散，或者因为新的信息加入而拓宽，或者因为外部信息能量的冲击而转向，存在多种演化路径的可能性。如何相对有效地预测与利用演化路径，成为驯服信息流进而规训个体的关键。其二，资源利用决定性。在开放性的场景中，以往的规范和标准不再受到遵从，利用物质和文化资源的能力成为在"流状"的话语场景中获得话语能量的决定性因素。自媒体语境中，个体的影响力如果想从某个专业领域中扩展至更大的话语空间成为"大V"，必须掌握利用信息资源的规律，深刻领悟微观话语权理论所描绘的微观权力流动循环的规律。其中的佼佼者则成了其在群体互动场景中的意见领袖。他们不一定在现实世界中具有经济、地位优势，"凤姐""芙蓉姐姐"、周小平等普通个体也可以成为"网红"。

2. 自媒体物理空间的有序性

在数学以及物理学上的分形理论以及超循环理论给我们提供了全新的思路、方法论乃至世界观。它对传统的机械性框架进行了超越，从微观层面上解释了事物更加真实的构成规律以及生成方式，适合用来对不规则的、碎片化的复杂系统进行描述。分形是指系统的部分虽然呈现破碎的不规则状态，但是部分与整体之间有着某种相似性，其维数不一定为整数的几何体或者演化着的状态。它对应着维数必定为整数的规则形状几何体或者形态的整形。它具有独特的数学规律之美以及无限细分的结构，其特征包括无标度性、碎片化但自相似、无限重复迭代的特征。超循环理论简单而言就是系统中的个体元素都能进行自我复制，并催化产生新的元素，各元素不断自我复制、自我进化形成一个不断上升并自我循环的复制系统。

自媒体话语也具有显著的分形特征。第一，自媒体传播具有无限细分性。每条自媒体信息都是自媒体话语系统中的一个碎片，如果用可视化图展示用户对于信息的发表、转发、评论、点赞行为形成的轨迹，那么将呈现出一张类似混沌状态的"无序"信息网。将这个信息网中任何一个节点周边区域放大，便可以观察到由用户话语行为轨迹所形成的更细分的碎片截面，这可以是话题讨论或者某个群组互动的轨迹。第二，自媒体传播具有迭代性。自媒体传播与分形具有类似的迭代性特点。例如，微博信息是一种一级传播与多级传播相结合的裂变式迭代结构，在不同用户转发、评论、互动的过程中，信息传播的范围不断扩大，信息传播速度不断加快。如果将微博用户视为节点、互动关系视为线、众多互动用户视为一个面，一条微博信息传播经过关注与被关注用户的相邻节点，其传播路径呈现放射状，而受众的相邻节点各自链接相邻的众多节点，随着信息不断往下传播，这种传播路径被无限地复制、迭代蔓延开来，形成一张庞大复杂的信息网。第三，自媒体传播具有自相似性。正如列斐伏尔在论及精神空间时认为其部分与整体、局部与局部之间具有相似性，分形结构也存在一样的特性。作为一种独特的对称性，自相似性具有无穷嵌套的类似内部结构，即部分中蕴含着更为复杂的部分。在自媒体传播中，这种自相似性表现在用户群组结构自相似、传播路径自相似、信息结构自相似等诸多方面。

自媒体话语一样具有典型的超循环特征。例如，在一个自媒体热点事件中，系统内部各要素相互影响、互相依存，互相推动并促进话语事件的发展。一个子系统内部意见领袖的发言将引起网友热议并引发再次传播，在这个过程中网友不仅提供简单的反馈，还提供新的信息和灵感，这触发原来意见领袖以及新加入意见领袖进行新一轮的话语生产。在这样不断循环过程中，意见领袖、网友的意见、态度与情绪不断碰撞、带入外部的信息与能量形成聚合以及裂变反应，最终形成热点话语事件。

分形理论是从宏观角度解读微观的循环状态，超循环理论是从微观的角度解读系统内部的循环状态。它们都是对列斐伏尔关于空间在逻辑上的连贯性、实践上的一致性、规范上的自觉性在客观规律上的一种阐释。在分形以及超循环效应的共同作用下，复杂系统在微小初始条件变化的情形下有可能产生系统整体上巨大长期的连锁反应，这就是俗称的"蝴蝶效应"。在社会学的应用上，蝴蝶效应被用于阐释：一个机制即使十分微小，如果没有对其进行及时的调节以及引导，将可能导致社会整体巨大的危害，成为俗称的"风暴"或者"龙卷风"；只要对其进行适当指引，通过内部要素的相互作用，将极有可能产生正面轰动效应，成为"革命"。

第七章　自媒体话语权的困境

福柯对于权力持有一种重要观点——话语即权力。话语渗透着权力，甚至话语本身就代表一种权力。但是，他所指的权力并非某些人所拥有的特权，而是多元的、分散的概念。自媒体的兴起导致话语的丰富、多元和分散，但是同时也带来了传统话语权的困境。微观话语权理论的多元、去中心化权力弥散状态与自媒体时代话语权形成分布状况相契合。所以，我们可以尝试以微观话语权理论为框架，对自媒体话语权进行剖析。

一直以来，人们倾向于从宏观角度解读权力，例如将权力视为国家统治阶级进行压迫、剥削的暴力工具。所以，权力是指挥、领导、支配、管理、压制甚至镇压的形式与手段，亦被视为强者奴役或制裁弱者的工具，是为一部分人"所有"的神圣力量。传统的话语权观念就是在这种思维下建构的，被视为统治阶级把控被统治阶级的工具，是控制意识形态的手段，由统治阶级所独有，被统治阶级只能无条件接受。福柯的微观话语权理论基于后现代的立场，从微观上分析人类社会普遍存在的各种隐性和显性权力。它通过考古学和谱系学的方法，提出了与以往宏观权力学说截然不同的微观权力学说，对权力进行了全新的分析与阐释。

微观话语权理论认为，构成话语陈述有三个重要方面：说话者身份、说话主体的位置和话语实践发生的地点。由此可推导得出三个要素以分析"话语权"构成：表达的资格、表达者的地位和表达的空间。下文将试从这三个角度分析自媒体话语权的困境。

第一节　传统话语权失落

从表达的资格角度进行分析，传统社会中的话语权主要源于权威。布尔迪厄认为："权威的话语只是一种规范的形式，并且特定的效力来源于以下事实，即他们看上去在其自身之中就拥有一种权力的源泉，而实际上这种源泉是存在于其得以生产和接受的制度条件之下的。"布尔迪厄在对话语的研究中列举了四个"合法"条件：第一，合法的人，拥有权威的人，并且他是被许可的；第二，合法的环境，如具有类似观点的小圈子；第三，合法的接收者，如圈子里面接受过相关教育的观众；第四，合法的形式，以圈子所认可的言语以及表达规范所承认的形式所进行的表达。因此，权威源自公众对于其合法性的认同，而在各种社会关系构建的"场域"里，话语所指向的象征性权力只有获得了这种合法性，话语权才能够成立。

传统社会的权威来源于历时性的传统或者意识形态的"镇压"，政治上的统治者或者知识领域的精英由此而对权威拥有"所有权"。传统媒介往往只是权威的传声筒，权威一旦建立，话语权便自然而然地是其附属品。此时，权威可以居高临下地指指点点，受众只能默默地接受。反馈意见由于话语地位的落差难以到达传播者，质疑更是寥寥无几。然而在自媒体时代，话语生产者的地位落差被抹平了，传统话语的"霸权"被击碎了，每一个用户都能自由进行表达，传统权威被消解殆尽。每个用户都可以生产话语，挑战权威，甚至自己成为权威。普通个体被自媒体赋权而实现了话语地位的提升，并具有了与传统权威一争高下的话语权，这是话语版图史上最大的变革。这种权威的失落表现在其动态的实施以及静态的权威本身消解上。

一、传统话语权实施乏力

1. 传统话语权生产内卷化

"内卷化"指某种文化或者组织发展至一定阶段后即因循守旧，长期滞留于一种无进步、自循环的自我重复状态。也就是说，系统停留于某一发展形态上，无法处于稳定的平衡状态，也无法发生突破式的质变，因而系统内部不断复杂化、无序化而发生"内缠"，陷入"纠结"的萎缩。在传统话语生产过程中，内卷化现象也普遍存在。

其一，话语生产主体内卷化。以教育以及宣传系统为例，随着我国经济、教育规模的扩大以及相关水平的不断提升，各领域、各学科教育的水平都在水涨船高。然而反观宣传以及思想政治教育队伍，知识水平并没有随着形势的发展而同步提升，依旧停留在受保护、要特权的状态之中。因此，话语能力提升与对此领域的投入不成正比。在宣传系统中，众多的体制内机构及其队伍，效率低下、鲜有成效。众多的官方媒介在面对自媒体领域意识形态挑战，甚至舆情危机时，往往应对乏力、效率低下。

其二，话语生产过程内卷化。在传统的宣传教育的话语体系中，传播者处于完全主导的地位。因此，他们可以完全无视受教育者的个体差异与需要，以"填鸭式""重复式"的方法灌输话语内容。受众只能默默地聆听教诲，无法与传播者平等互动与交流。这种生硬的宣传教育过程在自媒体的语境下并没有得到彻底的改观，宣传教育过程的旧模式因为封闭，依旧具有强大的惯性。因此，整个宣传教育话语生产过程陷入内卷化困境之中，不断地在解构与建构、传统与后现代之间纠结徘徊。宣传教育话语无法像革命年代一样，发挥前瞻性和引领性的作用，自身充满了矛盾、纠结与困惑。

2. 话语权实践断层化

话语实践是话语分析理论以及相关实践逐渐深化的结果。在这个过程中，话语分析从静态的向动态实践的话语过渡，话语的交际功能和社会功能逐渐受到重视。因此，话语实践与社会生活相互依存，是构成社会生活的重要实践要素。

当下话语实践正经历从传统话语模式向现代甚至后现代的转型。在这种崭新的话语背景下，话语实践应该适应当下的政治经济文化生态，对他们作出适宜的具有理论以及实践说服力的解读。当下传统话语正面临社会转型与媒介转型的两大挑战。一方面，社会转型带来社会矛盾与社会问题的急剧增加，这必然导致原有话语在内容、形式上与社会生活产生断裂。另一方面，媒介转型扩大了这种效果。自媒体技术的发展放大了这种断裂的效应。网络流行话语与官方文本，自我话语与控制性话语，青年话语与长辈话语，大众话语与精英话语在自媒体语境中的冲突尤为突出。在这种话语断裂的背景下，价值多元化成为话语场的主流，社会成员趋向于对个性化价值的追求，挑战甚至奚落传统的主流价值观。传统话语权的主导权威受到挑战以及解构，实践话语的断层终于凸显，传统话语权在话语实践中无法与现实语境相匹配，产生巨大的"无力感"。

3. 话语权引导失控化

传统话语权的基本功能在于整合话语。传统媒介时代，单向性、垄断性的信息传播让教育者与受教育者之间存在无法逾越的信息不对称。无论是课堂上的教师，还是公众领域的大众传媒都是信息的把关者，驾驭和掌控着信息流动的内容以及方向。信息传播上的权威保证了他们可以便捷地统一受众的思想认识。但是，自媒体时代这种垄断式的单向信息传播模式彻底瓦解，信息流动是多元的、混沌的。由此，传统话语权在话语整合以及引导上出现以下变化。

第一，传统话语权面临传播载体变革的挑战。传统话语的引导与整合，实际上是一种信息同质化与标准化追求的过程，在信息技术不发达的背景下，文本、广播、电台等有限的载体成就了这种话语上的大一统。然而，自媒体时代的载体发生了巨大的变革，以社交网络为依托的微信、微博、新闻客户端等自媒体平台成为人们信息的主要来源。自媒体碎片化的话语风格，将话语的整体性肢解幻化为五彩斑斓的碎片，让受众享用了一场貌似多元丰富的话语狂欢盛宴。事实上，媒体话语表达的碎片化、话语内容的肤浅化、话语传播的群体化对传统话语权形成巨大的挑战，解构了传统话语的传播影响力以及实践吸引力。

第二，传统话语权面临话语替代的困境。话语替代是指传统话语因为自主存在空间的缺乏而被其他话语形态替代的现象。这一方面是社会的功利性使然，另一方面是宣传理论自身建构性不足的缺陷所导致的。一方面，在市场经济的实用主义以及自媒体的自我中心的双重加持之下，功利主义、实用主义以及自我中心主义成为学科建设与学术研究的重要衡量指标。传统宣传话语并不能直接产生生产力，所以往往被归入"无用"一类而沦落为弱势学科。另一方面，由于宣传教育理论自身对于话语环境的适应性不强，自我建构性不足，导致其他学科的"插足"，众多相关的理论研究都大量吸收了哲学、政治学、心理学、传播学的知识。面对学科大融合的时代背景,积极地与其他学科进行交融是应该的,但是不能在融合中失却了自我,沦为其他学科的学术殖民地。

第三,传统话语权面临现实关怀的缺失。传统话语权习惯了宏大的叙事以及高高在上的姿态,对于个体的实际生存需求缺乏有效的关照。在自媒体时代,所有的个体都可以平等地发声,他们所关注的首先肯定是与自己密切相关的点滴甚至琐事。自媒体用户即使是对公共舆论事件的关注发生高度聚焦,其出发点亦无外乎事件是否与自身相关,甚至缘由只是自身能否从中获得快感式的"乐子"。但是,传统话语权的宏大关注往往将微观个体的难言之"乐"有意地忽略了,甚至理直气壮地认为这种私利或者快感是无法"拿上台面"的,是个体应该自我约束、自我节制的。这种理论设定导致传统话语权依旧难以真真正正低下头来接地气地与受众进行互动与交流,造成传统话语权与受众的需求存在难以跨越的断层。因此,其存在严重的引导权失控是在所难免的。

二、传统话语权权威消解

权威一般指的是制度化的权力。社会组织的统治与治理都是建立在某种形式的权威基础上的。消除混乱,建构秩序和目标实现都是权威的基本要求。韦伯将权威定义为:在一个可以标明的人群中,让命令得以服从的可能性。由此权威的动机可能完全不同,从纯粹理性的利益计较到简单的习惯性服从。他将权威系统性地分为三种类型:传统型、法理型和魅力型(卡里斯玛型)。自媒体的开放性拆解了传统话语权的篱笆,在所有用户可以自由出入的同时让个体的标示性变得模糊,在这种情形下传统话语权被逐渐消解。我们可以从韦伯的权威分类对其进行一一分析。

(一)话语权传统型权威的消解

传统型权威的建构基于以下信仰——"权力的尊严是从过去的历史继承下来并将永远存在的,在这种权威体系中,权力的合法性被习俗所授予,是一种被接受的具有历时性的时间,是一种绝对性的权威。一个国王或者王后可以仅仅依靠继承了王冠而成为合法的王位继承人;一个部落首领对部落的统治是因为他符合部落习俗所约定俗称的条件。统治者本身可能受人拥戴或者令人厌恶,这对于权威的合法性而言并非至关重要的。传统型的权威并不是源自拥有权力的人的个人秉性、能力甚至成文法,而仅仅源自习俗本身。

韦伯依据他的理想类型方法将历史上的传统型权威区分为四种不同的形式:前两种为早期类型的传统型权威——老人政治和原始家长制;后两种为近现代(对于韦伯所在的年代而言)的传统型权威——家产制和封建制。本书认为前两种为长辈依附类型的权威,后两种为人身依附类型的权威。虽然身份依附也包括长辈依附,但是其范畴已经大大扩充,其影响即话语权的辐射范围大大扩大。依据以上的分类,下面对自媒体话语权的权威进行分析。

1. 长辈依附型权威的消解

长辈依附型的权威包括老人政治（由年长者进行统治）和原始家长制（统治者位置由继承进行传承）。这两种形式的共同点都是对长者以及辈分的遵从。这是一种典型的前喻文化类型的产物。从文化传递的方式出发，美国人类学家米德将人类文化分为前喻文化、并喻文化以及后喻文化。前喻文化是传统社会的代际文化，一般存在于生活空间封闭、社会发展缓慢的时代。由于信息技术的局限，传统生活能力的积累必须依靠技能和知识的历时性经验积累，所以经历越多、年纪越大的人越拥有更多的技能以及经验，这些技能以及经验对于其所在的部落群体的生存发展具有深远的意义，所以长者成为智慧和知识的化身，掌握了话语的权威。长者不仅向年轻人传授技能，更教导他们对生活的态度、对世界的看法，对是非的观念。而这就是原始状态下的话语权的实践。在前喻文化型的社会之中，老年人掌握了话语权威而成为群体的楷模，年轻人在对长辈模仿与学习的过程中完成对前辈的复制并接力式地向自身的晚辈继续传递。因此，前喻社会中传统权威的长辈具有崇高地位，尊老美德以及森严的代际次序格局形成严格的伦理约束，其话语权的权威是封闭的、稳固的。

后喻文化的文化传递过程与前喻文化恰好相反，由年轻人将信息以及技能传授给他们的长辈。在这种文化结构中，话语权由年轻人所掌控，代表未来的是晚辈而非他们的前辈。这种现象在社会学中称为"反向社会化"，年轻人对长辈进行"文化反哺"，被社会化的是长辈，而并非年轻人。随着人类传媒技术进步的加速发展，长辈已经无法跟上技术前进的步伐，而年轻人天生具备较强的学习能力、创新能力，始终走在技术发展的前沿，并由于掌控新技术而发展出属于年轻人自己的网络亚文化、自媒体亚文化。同时，由于媒介让社会发生了翻天覆地的变化，人类社会发展面临空前的不确定性。长辈们依靠既往经验积累起来的知识话语权威已经明显不适应跃迁中的社会现实。青年一代由此不再求助于前辈们已经过时的经验，而是引领性地去解决新问题，创造性地营造属于自己的新世界。在此过程中，长辈们由于局限于自己的知识技术框架，加上学习创新适应能力的退化，在日新月异的新时代中逐渐被边缘化。自媒体时代，社交网络的连接作用让年轻人凝聚成富有创新活力的自组织群体，在各种兴趣部落中互相协助，在话语权上实现对依旧处于孤军作战、难以形成有效组织体的前辈们的"围剿"，反身成为话语领域的权威。长辈们的话语权威已经瓦解，只得低下头来向年轻人学习。所以，后喻文化导致了长辈们的束手无策，年轻人却不仅胜利挑战原有的话语体系，并建构起自己的话语权威。在话语权威此消彼长的过程中，必然发生年轻人对年长者所掌控的原有话语权体系的挑战乃至否定。

2. 人身依附型权威的消解

在韦伯的权威理论中，比较现代的传统型权威包括家产制和封建制。家产制即行政和军事力量完全为首领的家产。家产制的统治方式相对较为简单，但是依旧需要有效的组织性管理，于是便诞生了家产制官员。但是，家产制官员和现代官僚制官员相比，地位源自于统治者的个人服从，随着职业分工以及组织的理性化，家产制的官员也发展出官僚制度的层级特征。

封建制相对而言更为现代，为了限制领导者的权力，在上下级之间建立契约化的常规约束，这种约束建立起比家产制更能稳固统治者和封臣的权力关系。封建制为了巩固其权威，为了应付不断而来的行政任务而衍生出君主官僚制，从而建立其以封建等级制为显著特征的身份依附型权威体制。随着行政工作愈加复杂化以及财政工作要求的更加理性化，专业性官员发挥着越来越重要的作用，在行政任务大幅度扩展的背景下，超大型的契约式中央行政机关终于诞生，推动了官僚化的最终形成。因此，家产制和封建制是基于长辈依附性和官僚科层制之间的一种权威形态，是相对稳定的身份依附型权威。

不管是家产制还是封建制，其制度根基是人身依附的根本原因在于媒介技术的不发达，统治者和被统治者都是在信息不完全的条件下进行社会管理。不充分的信息条件下，社会组织的运作成本极为高昂，因此双方都只能将信任建立于人身依附之上，家臣因为附加了一层身份的依附而比纯粹契约式的职员更为可靠。人身关系事实上成为此时机构组织的中介。随着人类信息技术的发展，人类社会组织模式逐渐要求身份的平等以及理性的机制以促进信息自由流动，身份依附反而成为阻碍信息高效低耗传播的障碍。

家产制、封建制甚至科层制都必须消耗大量的资源于组织系统上。自媒体以及其所依附的社交网络让用户之间的交流以及群体性组织十分便利。自媒体用户一般只需要花费一小部分精力便可以解决原来由组织机构所承担的内部人员协调以及外部渠道管理问题。同时，亚文化圈子的组织也显得十分轻便，只需要一个所有用户共同认可的媒介产品或者内容便可以将所有相关个体组织起来，让社会组织再也不是群体需要面对的重大课题。以钉钉等组织协作软件为例，只要所有用户使用了一样的钉钉APP，便可以在上面分享文件，同步协作，组织的领导成为可有可无的非必须选项。因为内外组织的便利让自媒体用户可以不再依附于抽象的组织人格，更别说具体的人身依附了。他们可以主动走向前台，以自己的内容"干货"直接参与话语竞争，寻求公众的认知和信赖。所以，自媒体的话语传播以及合作机制更符合个体沟通互动的本质，也将个体之间的协作建立于充分信任之上。相对于人身依附型的权威，其信任的范畴大大扩大，所以促进了更大范围的社会协作。

（二）法理型权威的消解

法理型权威即法定权威，其权威基础是对于规章制度和行为规则的合法性信赖。法理型权威的出发点和归宿点是规则，规则代表了所有个体都普遍遵守的秩序，只有依据法定规则所颁布的命令方才具备权威性。法理权威的基础在于法规所体现的理性，缺乏理性，规则便失去了法理型权威所赖以建构的基础。因此，理性是法理权威的本质。法理型权威是现代社会从传统社会发展的结果，是人类社会追求理性的结果。因此，法理型权威较之魅力型权威以及传统型权威更加稳定且高效。但是，理性在自媒体时代受到极大的挑战。同样的，话语权基于国家理性所赋予的法理型权威也受到了很大的挑战。

1. 受众的从众效应导致理性的缺失

德国著名心理学家弗洛姆在《逃避自由》中谈及，人们如果在社会群体中采用匿名的方式进行交流，其结果便极有可能造成个人理性缺失，并进一步引发严重的从众心理，从而导致行为放纵以及倾向于使用暴力。如果在群体中这种放纵以及暴力被非理性的氛围所渲染，将容易被认为是正确且合理的，整个群体将由此而变得躁动不安，进而将群体推向更为躁动、更为暴力的发展方向上，最终爆发严重的群体暴力事件，产生可怕的后果。自媒体用户的匿名性导致他们在发言的时候容易产生道德责任以及法律责任缺失，而这将导致法理型话语权权威的直接崩塌。

在传统权威缺失的背景下，个体的群体需求进一步强化了人们对其他权威的需求，更加凸显了人类服从权威的特性。勒庞认为："只要有一些生物聚集在一起，不管是动物还是人，都会本能地将自己处在一个头领的统治之下。"在自媒体的话语场域中，这种头领便为众多呼风唤雨的意见领袖。受众们对传统的权威不再信任，对新型的意见领袖却是崇拜备至。这极大腐蚀了话语权的理性基础。

2. 传播者的迎合心态导致理性的缺失

在传统的媒介中，广播电视媒体虽然力求迎合草根的观点以及审美趣味，但是在意见表达的加工过程中依旧秉承着一种平衡的中庸之道，毕竟，新闻的专业精神依旧是追求新闻真相。但是，自媒体时代下所有个体都必须在话语丛林里与其他的个体进行话语争斗。为了争夺更多的话语市场份额，自媒体的话语创作往往比较刻意地追求话语差异化，甚至达到"语不惊人死不休"的程度，着力追求与众人相区别的观点。在权威缺失的空间里，似乎只有这样才能吸引更多的眼球，获得更多的关注。因此，各种剑走偏锋的风格充斥着自媒体空间，导致理性的缺失。

（三）话语权魅力型权威的消解

魅力型权威即为神授权威或超人权威，其建立于英雄人格、超凡气概、事业奇迹的基础之上，即这种权威源自受众对英雄个人魅力的崇拜。魅力，即为英雄人物的超凡的品质，可以是能力、性格、智慧、知识、人品、气质等，甚至是常人所无法理喻的神授魔力。魅力权威的核心是对于个人的崇拜，其所依赖的不是强制性的外在力量，而是内在的某种敬仰。权威对象在其人格感召之下而臣服于权威者及其所指定的规范。传统话语权的权威源自宣传以及思想政治教育工作者通过高尚的人格魅力、突出的个人能力、丰富的阅历、真诚的感染力以及和蔼的亲和力等因素，对于教育对象所造成的影响力以及感召力。如果将传统话语权的魅力与自媒体语境下的话语权的魅力做比较，前者突出个人魅力与形象的"高大全"，而后者则相反，重视的是"低小分"。

传统的魅力型权威其突出的特点是"高大全"，即人物必须形象高大、追求其能力、人格、形象上的完美无缺。许多著名的苏联文学以及电影作品中便具有众多"高大全"的人物形象。例如,著名小说《钢铁是怎样炼成的》主人公保尔-柯察金便为经典的完美英雄形象。他对革命事业执着奉献,不畏战火的锤炼和病痛的折磨,在生命的尽头依然呕心沥血地撰写《钢铁是怎样炼成的》。他在生活中忠贞于爱情,见义勇为。执着、顽强、勇敢、奉献、忠诚、自省、乐观等人格操守造就了其完美的英雄形象。苏联著名电影《夏伯阳》塑造了苏联国内战争的英雄红军指挥员夏伯阳的成长经历。主人公夏伯阳从战场上的足智多谋、勇敢顽强但政治上不成熟,逐渐成长成为政治优良、战功赫赫、深受爱戴的传奇战神。他最终也成为完美的英雄人物。"高大全"受特殊政治环境的影响,将对于英雄膜拜的审美趣味具体化为塑造英雄人物的具体标准与手法。当然,以上的英雄魅力形象并非一成不变的,经历了从朴素的英雄主义、成熟的英雄主义、极端英雄主义到多元英雄主义几个阶段。至20世纪80年代,英雄形象多了几分凡人的行为与情感,让观众在体验他们可爱可敬之外还可以平视他们,觉得有几分的可亲。然而在媒介上,英雄形象依然是正面的、与受众日常生活有所脱离的,与大众日常话语有所区别的。

在自媒体时代,传统的魅力型权威却显得十分"水土不服",让步于众多"网红型"的新型魅力型权威,他们的突出特点是"低小分"。

首先,"低"指的是传播内容接地气。传统英雄形象较多的是在宏观背景下的单一、概念化个人形象塑造。自媒体时代的"网红型"魅力却在于对受众的"微关照"。当下信息产品丰富,技术以及知识更新迭代层出不穷,受众不再需要与他们的生活相去甚远的英雄,而需要一些能给予他们微小关照的"治愈系"或"娱乐型"文化产品,能提供这些产品的便成为新型的魅力型"网红"权威。自媒体话语生态圈中热点更替频繁,能让大众普遍消费的话语热点都是能提供全民娱乐的,能够让众多受众共鸣的都是能让其感受到关爱的。在微信以及微博平台上,"奇葩风""无厘头风""搞笑风"等众多娱乐内容吸引了众多粉丝。对于社会时政的关注也更多地从个体利益以及情感的角度出发,才能引起受众的共鸣。当然,不能单纯依靠点击量以及传播火热程度来判断内容的价值,但是只有能使内容接地气,而不是"远离尘世",话语权方能在自媒体语境下方能重构魅力型权威。

其次,"小"指的是传播对象小众化。与传统的魅力型权威面向的是几乎不加区分的大众消费群体不同,当下的魅力型权威生存于众多的小众细分文化圈子里,扎根于众多的垂直社交产品之中。这些垂直社交产品便如同一个个蜂巢,内生着许多文化乃至亚文化圈子,众多具有类同爱好、兴趣、需求的用户聚集于一起。圈子激励成员将观点、信息能量等输入话语系统,同时将内部通过协作竞争而产出的产品分享输出。这种权威的产生机 决定了自媒体语境下的权威与传统权威的差异:第一,自媒体时代的魅力型权威是合作型权威。传统英雄人物是高高在上引领群众甚至拯救世界的,他们只需要受众膜拜便可以了。而自媒体语境中的魅力型权威是需要所有用户通过点击、分享甚至通过共同"众筹式"维基创作制造出来的，是合作型的权威。第二，自媒体时代的魅力型权威是有限权威。传统的英雄人物即使是有这样那样的缺点，但是其基本面是正面的，在闪光点上几乎是"无所不能"的。例如奥运会游泳选手、"洪荒少女"傅园慧，虽然没能获得相关项目的冠军，但是因其在接受电视台记者采访时丰富的表情，令人捧腹的言语，成为大众的开心果而在各自媒体平台上获得疯传，成为炙手可热的明星。她这种"逗比"的魅力型权威，在传统大众媒介层层把关的语境下，被各种主编、编导所过滤的可能性是极大的。

最后，"分"指的是传播渠道分众化。传统的魅力型权威经过大众传媒或者具有大众传媒的若干门户网站的报道以及转载，便能在话语场域里面呼风唤雨。但是当下的用户越来越细分，分散式地散落于较少通约的垂直社交平台圈子里。这些社交平台为了挽留用户，逐渐发展成熟形成完整生态闭环。所以，魅力型权威通常只能在某个或某些圈子里面具有较高辨析度以及影响力。例如国内人气青春组合 TFBOYS 的队长王俊凯在其生日当天发布微博，感谢粉丝歌迷一直的陪伴，此条微博被转发 4277 万次，创吉尼斯世界纪录，足见其魅力的影响之大。但是该组合的影响力亦基本局限于青少年群体，其他的群体甚至很少知晓该组合的存在。一个分众的魅力型权威如果需要跃迁至更大范围的传播范围，需要更多内容的分发，逐渐吸引各个圈子的关注，逐一引爆传播点方可能跃升至更为广阔的辐射范围。以"网红"papi 酱为例，其最初的风格并不突出，传播范围有限。经过一段时间的学习与调整之后，其团队开始转战 A 站、B 站、秒拍、美拍等社区，在不断进化迭代的过程中，利用秒拍进行变声处理，风格逐渐清晰，逐渐积累了大量垂直社交平台的粉丝，最后回归大众自媒体社区微博和微信并形成巨大的传播效应。

第二节 传统话语主体地位更迭

传统中国社会缺乏公共领域空间，所以，一般的个体作为话语权的受众基本没有话语权。传统中国社会结构以"家本位"为基本特征，社会建构于家族或者家庭之上。家族或者家庭成为社会最基本的单位。在家族里除了主要的家长掌控着话语权，其他的个体只有受教育的义务而没有基本的话语权力。而且，受制于家国同构的社会架构，中国人普遍缺乏社会公共生活。改革开放之后，随着社会经济的发展，社会的公共生活有所拓展，但是普遍大众作为受教育者依然存在话语权限十分有限的局面。所以，当自媒体技术赋予所有个体普遍平等的话语权的时候，以往只能沉默的受教育者话语权觉醒了，但是这种觉醒并不一定意味着公共空间的真正形成，而事实上存在众多理性缺乏的失范现象。

一、二元对立模式被打破

传统话语模式中,传播者往往将自己视为教育者。传统的教育将个体区分为教育者(教师)和受教育者(学生)。在教育理论中,便有"教师单一主体论""学生单一主体论"以及"双主体论"之分。"教师单一主体论"强调教师是教育活动的主体,其为主要实施者,受教育者是被动接受特定的信息的。"学生主体论"认为教育活动的目的是学生,作为知识的吸收者,教育的过程重点在于学生对知识的接受和吸收,这是一个具有主观能动性的自我教育过程。因此,学生才是教育活动的主体。"主客体关系说"在相当程度上克服了两种单一主体论的弊端,将教育者和受教育者的关系视为一种双向关系,两者相辅相成,缺一不可。"双主体论"认为教育者在教育过程中有目的、有计划地将教育影响施加于学生身上。教师是主体,受教育者是客体,受教育者接受教育者所传授的话语与知识。不管是哪种主体论,都是企图将教育的个体按照人类二元对立思维方式进行的划分,其基本哲学基础认为人类在进行自然实践与社会实践的过程中具有主客体之分,这是一种典型的二元对立模式,将教育过程的主体生硬地划分为二元对立的两种主体。当然,传统的教育大体上还是倾向于将教育者作为教育过程中至关重要的主体,受教育者的话语权一直是被有意无意地忽略的。其缺陷在于割裂了教育过程这一整体,将教育者和受教育者硬生生地区分为不同的主体,从而导致教育活动的过程被拆分成两个平行的独立过程,然而事实上两者是不可分割,同步发生的。

针对二元对立的不足,"双向互动说"试图弥合二元对立所造成的逻辑以及实践裂痕,认为人与人的交往过程中个体的活动是交互而不是互相对立的,企图将其区分为二元对立的主客体概念是不符合实践以及理论实际的。教育过程中的教育者和受教育者是双向互动交流的,他们之间的关系是非对象性超越主客体关系的,是一种交互主体间的对话。这种学说认为人的思想形成是综合的复杂过程,教育者与受教育者不是二元对立的对象性机械关系,而是一种社会关系。教育者与受教育者在整个教育过程中是一致的,他们之间不是相对性的、阶段性的。他们之间的关系是能动的社会关系,而不是人与自然的主体与客体的关系。人既是主我,又是客我。人作为主我,具有主体性和主动性;人作为客我,是一种客观存在,是他人以及自己认识以及实践的对象。在这个意义上,教育者在教育过程中既是改变他们思想道德以及观念的主体,同时又是受到受教育者的他人影响以及自己的自我影响的客体。所以,"双向互动说"实际上抛弃了"主客体关系说"的二元对立关系,实际上是一种"主体—主体"的理论架构,由此,传统的受教育者的地位在这个理论模型中被提升至与教育者平等的地位上了。

"双向互动说"在相当程度上契合了自媒体时代的话语关系,所有的个体都具有平等的话语权,他们既是话语的生产者,同时又是话语的接受者。传统的草根在以往的话语格局中只能做话语的接收者。然而,在自媒体语境中他们实实在在地既是接受者,又是生产者;从话语权的角度上说,他们既是受教育者,同时又是教育者。但是其还是具有一定的不足,因为自媒体话语系统中所有主体之间是网络状分布的,很难真正区分谁是教育者,谁是被教育者,大家都是相对平等的。即使在某一个话语事件中,某公众号A发布了一个社评产生了较大影响力成为教育者,但是随着事件发展可能引起其他意见领袖的质疑,引起受众的微观,这个时候公众号A极有可能成为受教育者。这种话语地位的变化是人类历史上一次最深刻的变革,它带来了受教育者话语权的崛起,这种崛起又引起了话语场域的失序。而且这种话语权的互动不仅仅是双向的,众多的节点进行双向互动,形成多向、交叉的网状结构。

二、受众话语权崛起

改革开放后,媒介产业具有了相当程度上形而下的产业属性,但是,话语权依旧保持了与政治机构的密切联系。掌控话语权的首先是精英群体,这些群体作为信息的把关人,掌控着话语权。除了编辑、专栏作家、记者、电视节目制作人等职业精英是话语的生产者,一般个体只能处于被动受教育的地位。这种情况直到Web 2.0时代的到来,受众的话语权方才崛起。自媒体平台颠覆了既往经济、政治、文化精英把控话语权的局面,呈现出各阶层共同分享、共同行使话语权的局面。虽然受到各种其他因素的制约,这种局面并非完全均衡,但在人类历史上依旧具有前无古人的颠覆性。受教育者话语权的崛起体现在话语生产自主权的崛起、话语传播自主权的崛起两个方面。

1. 受众话语生产自主权的崛起

以往受众在话语传播过程中是被动的一方,对于话语的内容以及形式都没有选择的权力。自媒体赋予所有个体自主生产、发布话语的权力。这种权力具体表现在以下方面。

第一,话语生产方式自主。自媒体时代是基于移动终端以及互联网络的成熟基础设施之上的,话语生产的设备已经具备成本低廉、操作简单的低门槛条件。所有用户只需要拥有一台接入互联网的移动终端,便可以自主决定在任何时间、任何空间进行话语生产。用户可以自主决定如何生产自己的所见、所闻、所思、所感、所悟。用户对于平台的选择也是自主决定的,微博、微信、QQ、美拍、各种直播平台等都可以进行自主选择。文本、声音、图像、多媒体、VR等都可以作为自媒体话语的表达形式。随着媒介技术的发展,在用户需求的推动下,话语生产的平台、媒介形式、话语方式等正经历着日新月异的发展。

第二,话语生产内容自决。传统话语传播必须经过把关人把关的严格流程,把关人通过信息的筛选、加工,将话语信息通过"议程设置"的方式传播给受众。"议程设置"理论认为传统媒体传播一般而言不能决定受众对具体事件或观点的具体意见,但通过信息供给以及具体议题的安排,营造"拟态环境"将可以把控对受众关注哪些事实以及关注点的先后顺序。也就是说，大众传播可能无法影响受众怎么想，但可以影响受众想什么。自媒体的诞生从某种程度上可以视为对传统媒体"把关人"功能的解构。自媒体的话语生产者将不再受限于把关人的控制，他们是先"出版"，后"过滤"，人人都在生产内容，人人都能自我把关。草根阶层和精英阶层都平等地找到了话语表达的路径，而不再需要转借于第三方。这种对于话语内容决定权的自决，一方面极大丰富了话语场域中的话语种类，为各阶层的表达提供了直接的话语路径，让话语内容不再局限于经济、政治等宏大叙事的价值观，并为所有个体的日常生活、人生百态、异想天开提供了话语生产机会。让原本"干巴巴"的单调话语环境因为话语的多样性变成"湿漉漉"的多元丰富话语生态系统。另一方面绕过了把关人环节，让话语内容更直接。其集中体现于自媒体平台展现了所有用户的日常生活状态和思想状况。自媒体成为个体以及群体的日常映像，人类社会进入了媒介化生活的时代。这种话语内容的直接性亦同时塑造了全新的话语文化——话语内容的批判性、碎片化、娱乐化让自媒体文化呈现出与以往传统文化截然不同的特征。随着自媒体话语影响力的增强，这种文化已经远远超出"亚文化"的范畴，对于社会整体的经济政治文化生活产生深远的影响。

第三，话语生产经济自立。传统的话语场域由于话语生产以及传播的权力都被大众传媒所垄断，传统媒介因为把握话语资源而可以垄断话语利益。而今，话语权力版图发生重新分配，也推动了话语资源的重组。当受众从自媒体的传播技术发展进程中获得了内容生产的自决权，从内容生产中获取话语利益的权力亦伴随而来。例如，一些旅行者通过在自媒体平台上分享其旅游的经历，吸引了大量粉丝，通过广告等多种渠道获得的经济收入便足以支撑其继续旅行甚至成就其事业。随着受众的注意力向自媒体迁徙，传统媒介在经济生活中的商业地位直线下降，最显著的表现是它们的广告吸引力逐渐减弱，陷入利润下滑、经营不善、人才流失的困境。微信、微博、众多直播平台等自媒体却受到资本的青睐，不仅在融资上成为全民关注的宠儿，在广告经营以及产品营销上也逐渐摸索出适合自己的模式。商业潜质、粉丝数量、所在圈子的性质以及大小往往成为衡量自媒体平台商业价值的因素。经营上的独立为自媒体的发展注入了可持续发展的动力，进一步促进了整个话语市场的繁荣。

2. 受众话语传播自主权的崛起

传统媒体场域，信息通过由上而下传播的路径向受众传递话语信息，以达到预期议程设置的效果。在话语被生产出来之前，媒介组织便设定了话语信息可能达致的效果目标，然后依据受众的不同特质进行信息编码，通过封闭的传播渠道信息到达受众，受众通过自身的文化经济代码对信息进行解码，从而最终决定信息传播的效果。这个过程中传播路径是由上而下的，传播决定权是掌控在信息上游的话语生产者手里的，一般受众只能被动地接受 自媒体场域中话语信息是呈现平等的横向网状传播的。对于微观的个体而言，他们可以自主选择关注谁、取关（取消关注）谁、屏蔽谁，自主决定是否点赞、转发或者@其他用户，自主决定参与某个议题、话语群落甚至自媒体平台。对于宏观的用户群体而言，对于某个话题的传播效果是通过内部所有用户的竞争与协同从而形成耗散结构的自组织所共同决定的。这种自组织的形成是话语系统内部各子系统、各用户之间的相互作用所决定的，而不是来自外部的要素直接控制所导致的。这种去中心化的耗散结构系统形成一种"无组织的组织"。每个个体犹如蚁群中的蚂蚁一般，制造关注热点、引导受众关注、发送群体聚集、凝聚围观力量，所有个体创造内容，亦分享内容、传播内容。这种情形就如同"WE MEDIA"所表达的，他们既是"自媒体"，更是"互媒体"或"我辈媒体"，是通过群体之间的互动形成非中枢控制的自发秩序，通过无组织的组织力量重新塑造话语版图，共同拥有前所未有的话语权力——分享就是态度、围观就是力量、关注改变命运。

自媒体语境下个体的话语传播的自主权与群体话语传播的自组织相辅相成，共同推动了话语系统的不断演化。

三、受众话语权滥用

自媒体所带来的话语权平民化直接导致话语公共性产生的可能。公共性产生的前提条件在于具有公开、互动的公共性空间，即为哈贝马斯所指的"公共领域"。在哈氏的公共领域中，公众在商谈交往的持续过程中形成公众规则与秩序而产生公共性。所以说，公众自由交往以及商谈的平台是公众性形成的前提。当下的各种自媒体平台无疑为话语公共性的建构提供了人类历史上最理想的公共平台。自媒体给所有个体平等的话语权，每个个体都能不受任何约束地发表观点，个体与个体之间可以就相关议题进行平等商谈。公众终于拥有了前所未有的自由参与公共事务的空间，在这个空间里通过持续性的博弈将形成自发的秩序。但是，公共空间的存在并不一定意味着公共性的必然到来。哈贝马斯认为："公共意见，按其理想，只有在从事理性讨论的公众存在的条件下才能形成。"公共性在开放空间领域之外，理性的沟通和交往也是必备的条件。因此，理性的沟通和交往的缺失将导致公共领域公共性的荡然无存。从这个角度进行观察，当下自媒体场域的话语公共性依然尚未形成，话语的公共空间已经建立，然而理性沟通的氛围依然缺失。自媒体让受教育者（受众）经历了史无前例的话语权加冕之后，理性交往与沟通并没有随之而来，却陷入了话语权滥用的狂欢之中。

（一）滥用标签，噱头营销

标签（Label）源自欧洲印刷行业用以辨识商品标识的标志，其用途在于对商品进行分类以便于查找。随着人类社会的发展，标签逐渐抽象化产生更多的引申含义。大众传媒业吸收了贴标签的方法将其应用于新闻报道。戴维-巴勒特曾给标签策略进行了新闻学范畴内的定义：新闻对事件进行鉴别后加以命名，将其与事件相联系。学者王勇认为：在新闻报道中，给所报道的事件、人物贴上人们所熟悉并形成思维定式或刻板印象的类别化标签。在新闻报道中，标签策略的作用在于给报道的事件或者任务进行标示，以便在纷繁多样的信息中能吸引受众注意，被快速抓取而不被淹没。在社会心理学的范畴内，标签具有两个功能：一是评价功能，其往往是事件以及人物整体品格的本质标志；二是行为导向功能，标签将引导人们对贴上标签的对象采取相对固定的态度以及行为。在媒介的标签化行为之中，传播者往往从基于自我的立场、价值而选择的新闻标签进行话语生产，不但将话语内容带入了"有意义"的场域，而且建构了受众认知以及理解话语所涉及时间、人物的路径和框架，从而在一定程度上引导乃至框定受众对话语的理解。

标签策略是对话语对象性质的界定，符合人们的认知规律，有利于信息的传播与接受。然而，对标签毫无节制的过分滥用与强调，将容易导致标签原始含义的抽离，内容最终被风干，剩下刻板的"套路"，将受众带入"标签化"的误区。在标签化的过程中，过度的信息叠加挤压了原本丰富的生活含义，原本多元的观点被强行渲染成对立和冲突。在充斥着暴力的标签化之后，话语所认定的"真相"往往与事实相距甚远乃至背道而驰。在自媒体的传播市场中，为了在话语丛林中获得更多的利益，许多自媒体的话语已经将标签作为其日常话语生产的基本策略。在众声喧哗的大集市里，往往是"嗓门大""气势狠"的人能获得更多的关注乃至喝彩。在丛林法则的"压迫"之下，自媒体传播者在话语生产与传播时往往"用力过猛"，恨不得将所有内容都贴上辨析度最高的标签。"碰瓷""宝马女""官二代""大学生自杀""城管打人"成为自媒体话语场域中的日常用语。一时之间，似乎所有撞人的事故都是由"宝马女"所致，似乎所有的跳楼不是大学生就是农民工。殊不知，宝马所致的车祸所占的比例是所有事故中的极小一部分，大学生自杀的发生概率远远低于社会自杀的平均率。但是，这种标签化策略在话语营销中获得了良好的效果，"标题党"成为所有自媒体话语生产与传播的"标配"。据称，不少自媒体公众号有一半以上的精力用于锻造"语不吓人死不休"的标题。

(二) 消费隐私，侵害权益

1. 自媒体的传播机制加剧了隐私的商品化异化过程

隐私的异化是指隐私在本质以及内容上的扭曲和改变，其表现为隐私主体价值的扭曲。隐私从本质上是主体尊严和独立人格的体现，其反映的是人类所满足生存和发展所需要的条件以及人类生存与发展之间的必然性联系。隐私的价值就在于是否能满足个人生存和发展的尊严、自由等方面的价值。满足的程度决定了隐私价值的大小。然而随着人类社会经济的发展，隐私逐渐具有了客体价值，这意味着隐私不仅满足主体，而且可以给他人带来满足。如果隐私的客体价值越大，其被侵犯的动因就越大。隐私的客体价值不断被扩展，从仅仅出现隐私的"心理价值"——满足被他人窥探的欲望 到发展出现隐私的"商业价值"——可以被交易，可以被消费。隐私在法律上不能成为商品，在经济实践中却具有商业价值。这便是隐私异化，同时更是科技、社会所带来的必然结果。

自媒体已经不仅仅作为一种媒介而存在，而是作为一种社会的存在方式、一个实在的产业形态，用户群体的扩大为整个自媒体产业带来了莫大的机遇。自媒体产业是以数字技术、网络技术以及移动通信技术等新兴技术作为依托，以各种用户界面（网络媒介、手机媒体、VR、移动电视等）为重要载体，依据商业规则进行话语生产和再生产的机构，是文化创意产业的重要组成部分。因此，媒体场域没有任何个体具有先天性、稳定性、排他性的话语优势，所有个体都无时无刻不处于话语的丛林规则之中。所以，制造话语、吸引眼球以形成注意力经济便是众多自媒体所追求的基本目标。由此，明星以及特殊背景人物的隐私一直是众多自媒体所追逐的核心内容，也是其吸引眼球、赚取暴利的基本手段。婚外情、恋情、隐私都是被炒作的噱头。这些明星的隐私"爆料"是被高价出售，甚至被明码标价的商品。自媒体甚至为明星、网络红人的违背道德伦理行为进行夸大，以扩大其影响力。把关者的缺失，再加上竞争的惨烈，共同加剧了自媒体语境下隐私商品化的异化过程。

2. 从传统媒介时代的被动暴露到自媒体时代的主动遗失

自媒体传播主体较之传统媒体有了本质上的区别。传统大众媒介由专业精英把持，自媒体降低了媒介的技术准入门槛，为所有用户成为真正的传播主体准备了技术条件。传统大众媒体时代，专业精英将话语生产作为一种专业性极高的职业，具有高度的技能要求、严格的评价标准和严谨的行为规范。这些都成就了新闻专业的职业化伦理。这些职业伦理要求从业者在追求经济和政治利益的同时具有更高的追求，必须具备服务公众的自觉理念。所以，超出公共利益允许的隐私暴露将导致职业公共体的谴责甚至惩罚，这种惩罚对于共同体内部的任何成员都是难以承受的。

自媒体环境下，媒介权力赋予所有用户的同时，媒介的职业伦理却没有随之成为普适价值，甚至具有被边缘化的危险。自媒体用户为了在残酷的话语市场中获取更多的注意力，常常不惜暴露自己的隐私以达到自我炒作的目的。陆家嘴不雅视频、第一车模不雅视频、优衣库不雅视频等都是典型的个案。这些都是自媒体时代话语权滥用的突出表现。

3. 话语暴力将侵犯隐私视为一种道德审判

人类作为一种群体性的动物，天生力图将自己置于群体的大多数之中，以消除生存的压力并获取发展的动力。作为单个的个体我们都是弱小和短暂的，由此带来的恐惧和焦虑必须将自己置于安全的大多数之中。道德从本质上作为群体大多数的共识，常常以符号的形式对行为加以区分。个体为了保持或者自我标榜与大多数的一致性，往往自觉不自觉地运用道德符号。符号的根本功能在于对敌我加以区别。道德符号的使用在事实上对"我"和"敌"加以划分。"我"是强大的、多数的、长久的——于是自我安全了，焦虑和恐惧得以缓解，敌意得到了释放。真相到底如何，反而是次要的了。

近年来，自媒体场域已经成为公民反腐以及反对不道德事件的重要领域。自从有了自媒体平台之后，因自媒体爆料所揭发的腐败案件层出不穷，如"微笑哥""房叔""天价烟"等，众多官员一不小心就在自媒体平台上"触礁"而无法翻身。很多潜在不道德行为因为惧怕曝光的压力而引起反思、得以抑制，如"小月月被撞"事件、"虐童"事件等。然而，这些自媒体爆料行为在为社会公正建设带来巨大正面效应的同时，其经常付诸"人肉搜索"的手段，时常有"有罪推定"之嫌，难以把握好隐私曝光的"度"，容易导致形成话语暴力。

在自媒体信息流中，公众容易在话语信息的刺激之下，对未经核实的主观信息在自我刻板印象之上作出片面的主观判断。复杂的客观事件在媒介棱镜的折射之下被粗暴简单地扭曲处理了。自媒体账户为了赚取点击量，在把关机制缺乏的前提下有意识迎合受众心理，突出乃至生造事件中的对立元素，以达到戏剧化的传播效果。这对道德臆断的形成起到了推波助澜的作用。

在对于社会不道德、不公平现象的批评与曝光上，话语事件也经常陷入话语暴力的漩涡之中。

在除了群体中的"极化"现象之外，在面对不合理现象时，网友更多的时候扮演了"道德法官"的角色，在侵犯他人权益的时候依旧"正义凛然"地自我感觉良好。这是因为自媒体平台在赋予所有个体话语权的同时，将其话语场变成了开放平等的话语集市。这造成个体可以躲在集市里面的某个角落进行发言，而不需承担任何责任的错觉。在自媒体的话语平台之中，层级的缺失以及中心的消亡，让所有个体觉得自己就是中心，自己就是制高点。美国文化人格学者拉尔夫·林顿认为，一个人占有的，是地位，而扮演的，是角色。在现实社会中，所有个体都扮演着一定的社会角色，在这种角色扮演之中产生社会影响，表明社会存在。然而，现实社会因为社会结构的压制以及表达渠道的限制，个体难以在社会中实现个体角色表演以及愿望。当自媒体平台赋予其具有角色扮演且毫无风险的机会时，大部分的个体便无须再遮遮掩掩，毫无客气地担当起了道德法官的角色。

（三）虚假信息，侵犯公益

谣言作为一种话语现象历史悠久，在自媒体环境下，谣言的传播愈演愈烈，对于社会的危害更为显著、直接。在自媒体场域，谣言的表现主要有：怀疑拼凑、异想猜测；扮演弱者，博取同情；吸引围观，引诱认同；引诱推导，陷入思维陷阱；断章取义，歪曲事实；重复翻炒，片面强调；避重就轻，制造热点等。自媒体谣言可以在极短时间内玷污当事人声誉，颠覆一个组织的形象，甚至损害政府公信力，从而引起社会不安因素的爆发。

为什么自媒体时代下公开的话语空间没有带来理性的思考与交流，反而谣言更加猖獗呢？我们可以从谣言的产生机理进行一番分析。其一，自媒体的开放与自由加剧了热点事件的聚焦程度。受众关注力受大众媒介的议程设置影响较小，对于自身所关注的事情会格外注意。同时，热点事件的"马太效应"将加速其话语吸引力随着社交网络迅速蔓延，形成"火烧连营"的蝴蝶效应，从传播效果上加大了话语事件重要性的分量。其二，自媒体话语信息的参差不齐加剧了讯息的模糊性。自媒体信息因为缺乏把关人的约束，同时信息来源多元繁杂，这让受众在各种话语吵闹的话语集市中显得无所适从。同时由于各种别有用心的个体故意制造煞有其事的虚假信息，更加剧了受众辨别真假、甄别事件原委的难度。其三，自媒体海量信息导致受众批判能力的下降。面对海量信息的日常"轰炸"，在信息不对称的作用机制下，受众每天只能关注那些刺激性强的、口味重的信息。所以，怪诞的、荒谬的、奇异的、有趣的、可笑的话语往往成为话语丛林规则的胜出者，成为受众有限关注视界中的"常客"。当受众每天接触的都是这些非常态化的信息的时候，往往会习以为然造成一种错觉：这些刺激性强的信息才是事物的存在的状态，而对那些刺激性弱的一般讯息往往由于阈值较高而自我生成了知觉免疫力，失去了对正常状态的感知与判断。这导致信息感知上的"重口味"。所以，难怪乎受众在自媒体场域中对于谣言往往深信不疑，对于常态化的信息往往意味阑珊、吹毛求疵、挑三拣四。

第三节 传统话语空间泛化

一、话语权传播封闭格局瓦解

（一）话语传播封闭渠道模式

传统媒介的传播过程其实是封闭的"把关人"把关的过程。把关人理论作为传播学理论最基础的科学理论之一，其理论源自传播学理论之外。美国社会心理学家卢因在研究家庭主妇对家庭日常食品的把关作用时将其延伸到信息流通领域。他在《群体生活的渠道》中，将过滤以及筛选信息的人称作"把关人"。卢因因此将自己的理论定位为把关人"渠道"理论，将家庭主妇在决定"吃什么"的事项之上扮演着把关人角色的情况推演到新闻通过特定渠道在群体中传播，货币的流通方式以及组织机构里信息的运转模式等。在卢因的渠道模式之下，群体中的信息传播总是通过"门区""关口"的渠道流动，把关人控制着"门区"或"关口"，依据相关规定或者把关人自身的价值挑选信息并予以加工。卢因去世之后，他的学生怀特将把关人渠道理论继续进行实证化研究，并发表了《把关人：新闻选择的案例研究》。怀特研究了一家小报社的一个编辑后发现，实际被采纳的稿件只占10%，被弃用的稿件竟然高达全部新闻稿的90%。通过研究发现，编辑的主观感受决定了稿件的取舍。怀特由此推断出一个结论："把关人"个人的价值取向是其决定信息是否采纳的重要因素。麦克内利对怀特的单一把关理论进行了完善。他在怀特理论框架补充了一些中间环节——中间传播者（把关人）。中间把关者处于新闻事件与最终受众之间。例如，通讯社中的把关人依次有驻外记者以及国内记者，外国分社的编辑以及国内分社的编辑，电讯编辑、总社编辑、副总编辑、总编辑等。这些把关人都承担着新闻稿件的过滤、筛选和加工的职责，在每个流程中信息都可能被把关人删减、重组。麦克内利还强调，针对特殊受众（例如外国读者）的信息将承受更多的压力以及阻力。除此之外，他还明确指出大众传播过程中反馈只是偶然事件。

"把关人"理论源于传播学领域之外，不仅仅适用于传播学领域。媒介话语实践作为一种确定价值以及意识形态养成的过程，实际上也是一种为受众选择信息来源，掌控信息去向的过程。话语生产者是内容的生产者、信息传播的编码者、传播活动的策划和执行者。话语生产者不但决定着话语传播的过程，还决定着话语传播的内容及其方向。因此，话语生产者就是话语实践过程中的"把关人"，他们的话语生产以及传播行为即为把关行为。

（二）话语封闭格局的解体

在传统的媒介环境下，把关人可以在封闭的话语渠道中完全按照自己的意愿塑造话语内容以及形式，反馈的缺乏以及话语资源的有限让受众没有其他的选择，只能任由教育者摆布。然而，在自媒体的语境之下，话语渠道不再封闭，这导致了话语封闭格局的解体。

1. 多元化传播主体造成封闭把关模式的无效

自媒体的话语传播改变了以往封闭单一的传播渠道模式，变成互动的无中心模式。信息的传播不再是大众媒介或者政府所掌控的，所有的个体都可以成为信息源头以及传播者。自媒体技术的发展对所有大众赋权，让受众可以自主选择传播以及接受信息的渠道，消除了对传统媒介的依赖性。随着信息基础设施的完善，受众只需要有一个能接入互联网的终端便可以成为事件的第一个报道者，再也不需要经过传统把关人的审核以及修改。现场报道所提供的文字以及音像都可以通过微博、微信等众多的自媒体平台发布出来。这些信息不仅不再需要被把关，而且成为众多传播把关者获取事件信息的重要来源。普通受众掌握了信息传播的主动权，成为自己的把关人。

由此，自媒体技术打破了原先由把关人统治阶级以及统治精英所垄断的话语权格局，将普通民众的话语权普惠至前所未有的高度。自媒体场域中受众的信息来源多种多样，受众不再局限于受众的角色，而积极参与到话语的生产与传播过程中。所以，自媒体时代意味着每个受众都有自己的报社、自己的电视台，也许他发出的声音很小，但是没有人能抹杀他的声音。把关所依赖的渠道已经不复存在，处处都是"关"，处处都是传播渠道，封闭的话语格局必然解体。

2. 海量化话语内容造成封闭把关模式的无力

海量的话语内容也改变了人类社会话语生产以及消费两端的平衡模式。在传统媒介时代，人类的信息知识生产受制于技术的落后一直处于产能不足的状态之中。所以，大众媒介的任务只需要满足大众的部分需要，而无须顾及受众的个性化需要。例如，一张唱片往往只有一两首主打歌曲，其他的歌曲是"搭配销售"的歌曲。因为信息生产消费的天平倾向于生产一方，所以，话语生产者可以无视话语消费者的需求，而只需要依据自身喜恶挑选、加工话语信息。自媒体时代到来时，海量的信息表明了话语生产已经处于过剩的状态，此时传统无视受众的封闭式把关模式已经显得不合时宜。把关人不应该将自己封闭起来，而应该主动出击迎合受众的需求。

3. 即时性话语速度造成封闭把关模式的无果

自媒体简化了传播把关人模式下的传播流程，用户可以随时随地地发布、传播、转发信息，这种话语行为不仅局限于某个自媒体平台，而且可以方便地在各个自媒体平台之间切换以及联结。例如，用户在"今日头条"客户端上面看到一则不错的讯息触发了其传播冲动，那么他可以很方便地将相关信息分享至微信朋友圈、微信群、微博、qq好友、qq空间、邮件、钉钉等众多平台并可以附加上评论同时@其他受众。通过分享、转发、再创作与搜索引擎的同步化，自媒体的传播速度呈现非线性几何级裂变递增。

自媒体的话语传播，既不是传统媒体的线性传播，也不限于Web1.0时代门户网站的网络传播，而是一种人际传播、媒介传播的融合。这种传播模式下的角色重叠造就了自媒体语境下网络意见领袖的人际传播与媒介大众传播的融合趋势。自媒体语境之下，意见领袖由于拥有大量的受众群体，其本身就与传统媒介的大众传播效果相类同，这是第一层的传播。由于与其本身所内生的话语号召力相结合，其受众不仅仅是一般的话语接受者，而是信赖其话语品牌的粉丝，对其所生产以及传播的消息加以再传播的可能性增强，这是第二层的传播。由此粉丝的转发诱发了其所在相关群体的热议、再创作以及再转发，将诱发多米诺骨牌式的"蝴蝶效应"，这是第三层的传播。而且，随着话语的不断酝酿，话语资源的不断丰富，话语场中的话语信息不断地混搭、拼凑、聚合，形成新的话语主题以及话语品种，从而诱发整个话语生态的螺旋式上升，引发其在"质"上的跃迁。由此，整个自媒体话语传播过程是一种诱发式的病毒式裂变，在及时性、时效性、覆盖面、可信度上面都优于大众传播的一次性单向传播。同时，由于所有的个体都有可能成为意见领袖，所以，"草根记者"有可能由于拥有对某项信息的发现权而一跃成为意见领袖。大众媒介再也无法垄断信息发布的权力而成为话语生产的唯一信源。自媒体从而绕过"把关"高能耗与低效率的阻碍而具有裂变式的传播速度，让封闭的把关模式只能趋于崩溃。

在众多的话语事件中，自媒体成了话语传播的有力推手，越来越多的舆情事件首发平台都是自媒体。在众多的反腐反贪的事件中，传统的把关人也是无法封闭来自开放话语场域的众多质疑，从而推动事件的发展。在这些事件中，我们可以发觉，传统的封闭式把关模式在自媒体的裂变式话语传播模式面前，甚至连招架之功都没有，屡屡"失明""失语"乃至"失聪"，封闭的"关"已经被处处皆"关"所代替。

4. 联通性受众组织造成封闭把关模式的无能

大众传播的把关人重要的把关策略之一就是将受众分隔开来。一般而言，其受众不仅与传播者时空分隔，从而形成传播的势能，受众之间也形成隔离状态，以便于将其孤立地进行规训。这种规训的从微观的"规训＋隔离"扩展到宏观的"全景敞视主义"，正是福柯所指的异质空间规训理论的所指。

不同媒介的受众组织模式有所区别。以书籍、报纸为例，它们的读者分散于不同地点，以不同的时间，采取自己的方式进行阅读。受众在信息接收的时间上与传播者、受众彼此之间都不同步。所以，印刷媒介的受众以异时、分散的方式接收话语。电子媒介比印刷媒介有所进步。在电影媒体中，有可能一群观众集中于一起同时同地共同欣赏一部影片。大家凑在黑暗之中形成一个封闭的环境，共同欢笑、共同落泪，互相感染，形成共同的但并不交互的临时性氛围。电视的观众与印刷媒介以及电影都有所不同。传统电视直播以分散、同时的方式，同步地收看节目。这种分散、共时却又同步的接收方式为电视获取大范围的受众群体效应提供了技术上的保障。春节联欢晚会、奥运会开幕式等重大政治文化事件的现场直播中，事件的展开与把关者的传播、受众的收看同步，这种共时分享让分散于各个角落的受众获得了一种在场的共同想象，这为民族国家、文化共同体的意识形态建构提供了绝佳的平台，以前所未有的高效完成了媒介的话语同化功能。电视正是通过提供这种同步共享的体验，并在传播过程中完成意识形态增殖的。

然而，在传统媒介时代，传播者与受众之间处于相互隔离的状态，受众难以与传播者进行互动，对传播者施加影响更加无法想象。有些媒介为了改变这种状况进行了一些尝试，例如编辑部的读者信箱、广播电台的热线电话，以及某些出版社的读者俱乐部。受限于技术的落后，这种互动都难以持续成为一种日常化的常态，直到自媒体的出现这种境况才得以彻底改观。在众多的自媒体传播中，正是由于受众之间的互动以及分享才促进了信息的进一步流动与分享，正是由于受众的互动才形成眼球效应，正是由于受众的互动才形成粉丝群体的统一行动，从而推动自媒体圈子的凝聚力的最终形成。但是，也正是受众的互动让封闭把关模式的分隔规训策略得以落空，当受众之间连通形成话语共同体的时候，受众与传播者之间信息不对称的劣势被消解了，受众甚至可以团结起来对传播者施加压力，让传播者不得不考虑受众群体以及个体的需求。这种传播格局的改变导致了封闭式把关模式在自媒体语境下的无所作为。

二、话语权中心控制模式消亡

与大众媒介的传播模式相对应的是原子化的中心控制社会组织模式，所有的个体都犹如机器上面的零件，是可隔离、可替换的。而自媒体对应的是多元化以及开放性的公民社会，所有个体都是社会有机体上的一个有机节点。在大众媒介统治的时代，由于其单向性以及中心性，话语传播将出现系统性偏向，话语的生产与传播将服务于能掌控媒介的权力中心，话语分布亦呈现以权力为中心的"垂直传播"局面。但是自媒体的话语传播模式呈现出一种"水平传播"的迹象，中心不再重要，反而去中心化成为一种常态，此时传统媒介的话语中心控制模式面临消亡，如波斯特所言："当代大众媒介转化成去中心化的传播网络时，发送者变成了接收者，生产者变成了消费者，统治者变成了被统治者，这样，用来理解第一媒介时代的逻辑就被颠覆了。"去中心化、互动性的交流渠道解构了传统话语的中心化模式。

（一）宏观：去中心化话语传播生态的生成

去中心化的网络结构最开始是基于军事目的而设计的。20世纪中叶，美苏争霸，美国政府担心苏联的远程核打击能力摧毁其重要的通信干线，从而导致其中央指挥系统的失灵。为保证美国本土及其海外的军事武装通信在遭受第一次核打击之后依然具有生存和反击能力，国防部的著名智囊团兰德公司设计了一套全新模式的通信方案——分布式通信网络。这个方案便形成现代互联网的框架雏形：第一，没有中枢控制机构；第二，网络上每一节点都与其他节点具有同等重要性，发出、传递和接受信息的权限是一样的。如果网络中其他节点被破坏，剩余的其他部分依然能通畅地完成通信任务。这便是不再采用中央控制式网络，而采用分布式网络，让整个系统由无数分散的中心取代原来的一个中心。在 Web 1.0 时代，这种分布式网络的节点传播处于雏形状态，节点之间的重要性并不对等，若干门户网站掌握了大部分信息分发的权力。直到 Web 2.0 的自媒体时代，个体才在自媒体平台上获得了平等的话语权力，去中心化的话语传播生态方才形成。

在自媒体语境下，所有的节点地位都一致，各信息源之间的互动是开放、平等、没有障碍的。如果将所有节点的传播网络整合一起，最终呈现的是一张分布式网络结构，每一个节点都为中心。所有节点都可能成为局部性、阶段性的中心，整体性、稳定性的中心不复存在。在这个分布式的传播结构中，所有节点可以自由链接，形成全新的链接单元，节点与节点之间随机性的链接让整个系统拥有了无限可能而具有强大的生命力，形成去中心化话语传播生态。

（二）中观：对传统话语控制模式的解构

1. 意见领袖对大众媒介话语权的争夺

自媒体时代意见领袖的作用越来越显著。在自媒体话语场的公共场域之中，部分用户依据自身的知识、观点以及风格，在话语市场中脱颖而出，成为自媒体传播中的"意见领袖"。他们有的以现实身份进入自媒体话语场，由现实世界的影响力转化为自媒体场域的号召力，如影视明星、行业精英、业界专家等；有的则基于自身掌控自媒体话语的能力或者在某个热点事件中的特殊地位成为话语生成以及事件发展的推动力量，如草根意见领袖、某个热点事件中的具体当事人等。这些意见领袖构成自媒体话语场域的核心节点，在话语传播中发挥着越来越重要的影响。

意见领袖又称为观点引领者，是传播学中的经典概念。20世纪40年代，传播学者拉扎斯菲尔德建立了"大众媒介—意见领袖——般受众"的两级传播模式。他认为大众传播中话语以及观念并非直接传播至受众的，而是首先从大众媒介流向意见领袖，而后从意见领袖转向不是很活跃的那些受众。在这个过程中，意见领袖即为人际传播之中的活跃分子，他们经常提供信息、发表评论并在群体之中有较大影响。随后，美国著名社会学家罗杰斯扩展"两级传播模式"而成为"多级传播理论"。他将大众传播区分为信息流和影响流，信息流即为媒介信息，一般而言就与人们的感受一样可以直达受众，所以其传播可以是一级的。与此相对应的是，影响流的传播必须通过众多意见领袖的中介作用方能作用于受众，因此其传播是多级的。在以上的两种理论模型中，意见领袖都承担了链接大众媒体与一般受众的中介作用。意见领袖一方面比一般受众获取更为丰富的话语讯息，并具有更高超的信息把控能力，另一方面他们乐于在群体中分享资讯、发表评论，处于人际传播交际网的较为中心的位置。所以，他们是群体交往中的领袖，对他人有较大的影响力。

自媒体的普及逐渐改变了话语传播的格局，以前只有掌握了大众传媒的统治精英可以进行话语生产并传播，意见领袖们只能作为话语中转的中介。现在大众媒介、意见领袖以及普通受众都可以自主地生产话语，意见领袖们不再满足于只是做话语讯息的"二传手"，而是主动参与到话语市场的竞争与博弈之中。由于分布式网络传播结构的存在，信息的多级传播模式在一定程度上被打破。从活动空间上看，这些意见领袖遍布于各种自媒体平台，不仅微信、微博有他们的踪影，当中的一些甚至成为可以在社会上呼风唤雨的"大V""网红"，有的是在垂直类的社交平台自媒体中，如知乎、领英等，不少意见领袖还在各平台之间不断迁徙、穿梭。从构成主体来看，意见领袖不断多元化，从政府官员、明星大腕、行业精英、网络写手、专业人士到草根领袖，各种社会角色不断参与到意见领袖的角斗场中。从关注领域观察，自媒体意见领袖广泛参与到时事政治、社会经济、文化娱乐等社会各领域，甚至活跃在大量现实社会并不存在的网络社区亚文化中，如耽美文化，A站、B站、C站、D站文化等。从话语影响来看，意见领袖往往能引导受众的话语走向。尤其在社会热点问题、突发事件中，意见领袖经常与大众媒介进行话语角力，争夺更多的话语权。他们往往通过发 与大众媒介不同的声音以吸引一般受众的注意力，通过提出疑问、发表评论并引导注意力来进行议程设置，与大众媒介的议程设置争夺公众的话语框架，进而引导公共舆论的走向以及进程。因此，自媒体意见领袖在话语生态中不再满足于充当话语中介，而主动走到前台，成为话语主题的发源地、影响流的扩散中心以及舆情的引领者，成为自媒体语境下与传统大众传媒平起平坐的话语竞争对手。

2. 公众参与对议程设置效果的批判与重构

麦克斯威尔－麦克姆斯和唐纳德－肖在当年美国大选期间，通过实证研究论证传播媒介报道内容与公众议题之间具有较强的联系，认为大众媒介在对影响公众议程设置的诸多因素中起着核心作用，通过报道数量的多少和观点倾向的强弱，大众媒介赋予各话语主题不同的重要性，从而决定或影响公众的关注。传统的议程设置理论关注大众媒介在形成舆论方面的重要作用，认定大众传媒是议程设置的唯一主体，单向地、从上而下地影响公众议程。广大受众作为沉默的一群，只能对此接受并做跟随，即使有相异的观点也没有渠道扩散其影响力。自媒体语境下，每个人都能将自己对议程设置的质疑进行扩散，形成"微议程"。当这个"微议程"成功吸引其他受众关注、转发、评论时，便有可能形成大面积的话语"共振"而形成"蝴蝶效应"，影响大众的公共议程，反过来影响大众媒介的议程设置，成为一种"逆袭"式的重构。

3. 先"出版"后"过滤"对把关流程的颠覆

传统大众媒介的传播具有两个理论以及实践前提：其一为稀缺的媒介资源；其二为较高的信息发布成本。由于媒介技术的限制，传统的广播、电视、印刷都是一种极其重要的公共资源。即使在技术先进、经济发达的美国，对于大众媒介的规制措施也是基于资源稀缺的考虑。因此，他们必须仔细考量节目制作费用、印刷费用、广播频率的占用等成本问题，以求更高的传播到受众的信息质量。这种基于投入产出比的出发点决定了必须严格监督节目的内容以及形式。"任何传统媒体制作人出于存活的考虑都要对内容作出取舍，出品之前就要把好的作品和平庸制作区分开来。由于出版的基本经济学给书籍总量封了顶，每个出版商或制作人也都不得不事先过滤内容。"这决定了传统媒介的话语生产只能通过层级组织的媒介集团进行，其运作模式是先"过滤"后"出版"。

在《自媒体：受众如何塑造新闻和信息的未来》中，谢因－波曼（Shayne Bowman）与克里斯·威利斯（Chris Willis）认为，大众媒介的信息生产方式为广播模式：话语信息必须受到媒体组织的控制，在媒体组织过滤后才传递给受众，是一种线性传播模式。而自媒体的话语实质上是一种公民新闻，其是由普通个体所生产的，强调平等对话与协作。以上两位学者将这种传播模式归纳为三种形式：点对点传播（peer to peer）、互播（intercast）和社会网络传播（social internet）。传播者并不从属于某一组织，而以个人身份参与话语传播，在传播过程中他能随时切换传播与接受的角色。此时，新闻可以无须通过媒体组织这个传统传播中介的过滤而直达受众。

由此可见，大众媒介与自媒体的最大区别是把关过滤的存在与否。大众媒介是"先过滤，后出版"的模式，经过层层过滤把关之后才把新闻呈现在受众面前。这些过滤的权力由专业的编辑、记者、制片人把控，这种模式是媒体资源稀缺状态下的无奈之举。自媒体时代媒介资源再也不稀缺，海量内容导致传统效率低下的信息过滤模式不合时宜——无法也没有必要通过专业人员过滤如此海量的内容。而自媒体话语资源自个体互动以及群体互动所激发的个体自主话语生产，话语生产之后直接进入传播环节，在受众、记者、出版商、广告商等组成的话语之网之间流动。通过每个个体的（点赞、共享、转发、再创作）话语行为所组成的话语社区协作之网决定某些话语信息的去留、形态以及影响力。那些有价值的信息将被筛选出来，并通过社区协作的方式放大影响力；那些低价值的话语信息将逐渐在话语的海洋中沉没，也许无声无息地消逝，也许某一天在合适的时机下又被打捞出来。

（三）微观：话语权控制的泛中心化

自媒体的语境之下，所有个体都在理论上可以通过平台发布话语，所有节点都可能是中心，这对于传统的话语中心控制模式是一个颠覆。然而，必须区分的是，话语表达是去中心化的，所有个体都可以平等表达并不意味着所有个体的表达都可以被平等地传播以及接收，话语传播具有显著的中心化特征，只有中心化的平台、中心化的任务、中心化的事件、中心化的能力在多种营造中心化的环境因素共同作用下才可能被大量地关注产生集聚效应。去中心化是媒介技术赋权的直接结果，但是内外因素在后天的博弈中决定了谁的声音可以被多少人听到。在去中心化的同时存在再中心化的现象，这种现象是后天通过长时间的博弈而"自发选择"的结果。去中心化与再中心化共同的合力就是话语控制的泛中心化，其本质上为话语控制中心的多元化。

泛中心化强调话语在传播过程中的中心多元化，不仅仅存在一个中心。去中心化是中心化向泛中心化发展过程中的一个过渡形态，中心化与泛中心虽然都存在中心，但是两种中心本质上是截然不同的。

中心化对应着去中心化，大众媒介在前互联网时代由于垄断了话语资源，所以在话语传播中位于中心。因为技术的不发达造成话语的稀缺性，更加巩固了大众媒介在话语资源分配之中的地位。自媒体的兴起颠覆了这种话语格局，所有个体的话语地位在理论上都一致，同时产生了海量内容，这两方面都终结了大众媒介的话语中心地位，这一过程就是去中心化。

泛中心化是去中心化过程中话语资源重新组合的一种结果。去中心化的过程中话语系统呈现出分布式的网络特征，在去中心化的过程中，每个节点都有可能成为区域性的阶段中心。但是这种中心不是像中心化的中心那样固化，本身缺乏强制性的中心控制功能，而且这种中心只在有限的空间以及时间范围内有效。与一个中心的垄断性不同，众多中心之间也存在竞争与协作关系。所以，中心化的中心是宏观层面上话语垄断的中枢地位；而泛中心化的中心是微观层面局部的中心控制功能。"中心化"演化至"去中心化"的过程不是线性的简单过程。

第八章 自媒体视域下话语权建构策略

信息社会尤其自媒体时代的到来为传统的话语权提出了空前的挑战,以习近平同志为核心的党中央立足于推进国家治理能力和治理体系的现代化,提出从"社会管理"向"社会治理"转变的治国理政新理念,并将其应用于互联网以及相关话语治理。网络治理系列思想包括如下几个方面:一是提出"国家治理新疆域"与"网络地球村"的"互联网时代全球化"网络空间观;二是建构"网络强国"以及"网络空间命运共同体"的网络安全观;三是网络民主观,认为网络应该走群众路线、发扬民主并接受网络监督,培育向上向善的网络文化。这些思想皆体现了党和国家对于建构网络社会话语和谐目标的决心。

第一节 推动话语平台良性发展

从组织权变的角度考虑,组织受其所在环境的诸多要素所建构,且与环境具有趋同趋势。一方面,组织建构是社会建构的反映,组织需要在自身结构中对环境要素进行仿效。另一方面,组织也需要在边界上与环境进行交易,实现自我改造与环境相匹配。迈耶和罗恩的《制度化的组织:作为神话与仪式的正式结构》曾设问:当制度环境多元化,且现代组织的不同部分已经从中吸收了不同的制度逻辑,组织如何解决这种结构性矛盾?在考察多种方案后,他们认为最应该采取"脱耦"策略,即将组织内部的强关联关系变为弱关联。对以大众传媒为代表的传统意识形态话语中介而言,面对自媒体多元环境下的脱媒困境,应该考虑如何将其内部组织模式进行"脱耦"式重构,以求适应意识形态话语中介的功能性需要,实现意识形态话语权的"再中介化"。

一、培育良性发展的外在条件

在自组织理论的理论体系之中,耗散结构理论、突变论、超循环理论以及协同学都力图解决系统如何从无序走向有序:系统如何在混乱无序的状态下,通过什么条件、以什么方式逐渐发展至有序状态。在自媒体的话语场之中,需要解决的是如何将混乱无章的话语生态系统引导至有序和谐的状态之中。普利高津的耗散结构理论对自组织理论体系所作出的最大贡献便是提出自组织形成的前提条件，包括系统开放、远离平衡态、非线性作用、涨落、突变等，其中前三者最为重要。其一，创造条件保持系统的开放性。这种开放性将保证系统外部对话语系统的信息以及能量输入平权化，保证系统中所有个体相对平等而不是处于显著的等级状态，同时保证信息以及能量输入超过一定阈值。其二，分析系统内部各要素，通过培育外部物质、能量以及信息的输入，导致内部各要素间差异性扩大，对这种差异的培育将导致系统呈现非线性发展，从而远离平衡状态。其三，构建系统发展的非线性机制，摒弃传统的线性发展观念。

（一）保护开放：维护话语系统的开放性

1. 话语系统开放的必要性

自组织形成的首要条件是系统的开放性。耗散结构理论利用熵度量系统有序程度的高低，熵的值越大则系统无序程度越高。耗散结构理论运用此意义分析开放系统与外界环境交换物质以及能量时所发生的系统有序程度变化，论证了系统形成有序结构的前提是系统具有开放性。一个系统如果意欲从无序状态或者低级的有序状态进化为有序状态或者高级有序状态，这个系统必须与外界交换物质和能量。系统只有保持开放性，才能从外界吸收负熵以抵消自身的正熵，从而减少系统的总熵，推动系统从无序到有序不断进化。

对于自媒体的话语系统而言，培育有序竞争的首要条件是维护其开放性，尽量减少对其话语系统的不必要的干预。自媒体话语系统的生命力在于其不受外部影响的自组织式生长。过多的外部干预，话语系统将会失去自身的活力而成为听命于外部指令的"他系统"。如此系统内部各个体的智慧、知识将无法在系统的动态发展中、在个体之间竞争与协作的博弈中被充分筛选与挖掘出来。约翰·密尔顿在《论出版自由》中提及"意见自由市场"的概念，他坚信真理是经过各种观点、思想以及意见的自由竞争后方可能获得，而不是简单的权力赐予。为了让个体有效发挥理性，便应不限制个体了解他人不同的观点、思想和意见。所以开放性至关重要，这与桑斯坦在《网络共和国》中所阐述的网络"意见市场"不谋而合。微博、微信上各种身份的用户在自媒体平台上平等、自由地对话，正是自由竞争的开放表现。

2. 自媒体话语系统的开放性

当下的自媒体平台以微博以及微信为代表。微博平台作为即时交流的大众化互动平台，准入零门槛、传播碎片化、信息公开化、传播效果裂变化，所以微博成为话语酝酿传播的摇篮，成为公众表达意见、态度、情感的开放巨型信息系统。每次有公众事件发生，微博的浏览量就如同"打了鸡血"一般急速上升。从这一层面观察，微博作为一个开放复杂的话语系统，外部事件将信息与能量传递给微博用户以及媒介，这些个体在交互式的媒介传播与人际传播之间构成观点的多重嵌套结构。这些结构在一次次社会热点话语事件的话语竞争中为个体提供了信息的黏合剂。媒体、信息以及用户之间形成多要素、多层次的相互作用，通过观点的多重置换，各要素之间信息和能量相互交流，为话语发展提供源源不断的动力，从而让微博话语从无序向有序演化提供了可能，这便是话语系统开放的功劳。事件信息以及话语主体关于观点和信息的及时性交换让话语系统时刻处于变化之中，某一偶然因素的介入都为话语系统提供了大量的话语能量，可以引发一场话语风暴，当事件得以解决或者被其他事件冲击而淡出公众视野时，话语场域又逐渐恢复平静。

微信作为基于泛熟人圈的自媒体平台，其话语向度似乎没有微博那样开放，但形成了立体的三维交流矩阵：一是文本维度，包括文字、语音、图片以及视频；二是社交维度，包括微信群、手机通讯录、微博、QQ、智能手机客户端、朋友圈邮箱等；三是应用维度，包括 LBS 定位、摇一摇、游戏、二维码、红包等。与微博相比较，微信更像可以累加众多功能的平台，这种开放性亦直接影响话语功能的实现。例如微信群里大体上大家都互相知晓甚至相互熟悉，用户对于群里发布消息的信任度远远高于微博陌生人发布的话语信息。如此功能性强、开放度高的媒介以及应用的集合平台，在当下是其他的自媒体平台以及其他即时通信工具无法匹敌的。

3. 保证自媒体话语系统开放性的要点

自媒体系统必须保持开放但有限度的状态。依据维基百科网站的"互联网审查"相关条目显示，对网络的必要性监督是世界各国通行的做法，世界上并不存在无"墙"之网。以美国的"棱镜计划"为例，各国一般对国家安全、侵权资料（侵犯包括商业机密、科研机密、版权以及个人隐私而获取的相关材料）、违法网站（以违法行为为主业的网站，如网上赌场、网络招嫖等）以及违反道德网站（如宣扬色情、暴力，反对伦理的网站）进行监督。美国开放网络促进会对此进行了相关研究，也许其研究因具有一定的倾向性而不那么公正，但是我们也可以从中获得一些启示。在该协会的研究报告里，"少量审查"（Some Censorship）一档包括加拿大、美国以及一些西欧国家，"监控之下"（Under Surveillance）一档包括澳大利亚和俄罗斯等，而中东一些国家以及中国被归入"全面审查"（Pervasive Censorship）一档。

鉴于我国当下的政治制度、文化背景以及所处的西方强势渗透的国际环境，我国采取较为严格的网络内容审查制度，这是必须而且必然的。针对网络内容的审查，我国已经形成包括网信办、国安局、网络警察、自媒体平台自我审查等有效的内容审查机制。但须注意的是，这种审查制度不能为了"官样"的和谐而扼杀包括自媒体在内的话语开放以及话语活力。可喜的是，近年来我国政府在话语监控上保持着"松紧有度"的状态，造就了我国互联网行业的蓬勃发展，甚至诞生了阿里巴巴、腾讯、小米等一批具有国际影响力以及竞争力的互联网公司。《人民日报》刊文《让信息自由安全流动》清楚表明了我国对于互联网开放利用的立场："信息化如同修路。修路是为了跑车，跑车是为了装东西，而且装的必须是安全的、健康的东西，一环扣一环。我们不仅要把路修得越来越好,让车跑得越来越快,还要确保车里人的安全、货的安全。"法治与开放是互不矛盾的,即如"确保安全"与"修好路"是相互依存的关系。习近平总书记在接受美国《华尔街日报》书面采访时强调,中国坚定维护网络安全,并表示互联网不是"法外之地",同样要讲法治,同样要维护国家主权、安全、发展利益。在乌镇召开的第二届世界互联网大会上,习近平主席在开幕式上发表主旨演讲,强调互联网是人类的共同家园,各国应该共同构建网络空间命运共同体,推动网络空间互联互通、共享共治,为开创人类发展更加美好的未来助力;并提出了互联网发展的"四项原则""五点主张"。尤其在四项原则中,习近平总书记强调尊重网络主权、维护和平安全、促进开放合作、构建良好秩序,将发展、安全、开放与秩序紧密结合成为一体。

为了维护这种状态,制度设计的目标就是寻找自媒体话语开放程度的规制平衡点。自媒体表达所必须把握的整体性原则为:一方面要保障公众话语表达的自由权,保证自媒体在智慧聚集、群体协作、反腐问政方面的正面作用,另一方面又必须有效抑制有可能对国家社会产生的不利影响,保证自媒体话语场良性健康发展。基于此原则,可以确立以下的基本路径:一是完善话语责任追究机制。话语表达自由是基本人权之一,生产以及传播合法话语内容是社会基本规范的需要,同时也是行为人对自身行为承担相关法律责任的公民义务。也许有人会反驳,话语的意见发表不是现实社会的具体行为,如果追究法律责任有"因言获罪"的意味。然而在虚拟世界中所有的话语行为都是具体的个体行为,而且在自媒体场域中因为不当话语言论所造成的连锁性后果,往往与现实世界中个体单独孤立的话语行为严重程度不可等量而语。二是必须尊重自媒体场域的自治特性,充分发挥平台运营商、广大网民自身的作用,才有可能对海量巨复杂的话语系统进行有效规制。

(二)提升活力:保持系统远离平衡状态

系统具有活力的标志在于系统是否成为耗散结构。唯物辩证法创立之后,物理学家普利高津在自己的哲学思考以及科学研究基础上,接受了唯物辩证法的"自然界历史发展"思想,创立了耗散结构自组织理论,而后获得诺贝尔物理学奖。1969年他在理论物理与生物学会议上正式提出此概念,认为开放系统在远离平衡状态且达到一定程度,系统内部机制将突变而进化成一种全新的、稳定的空间、时间或者功能结构,而维持这种状态又必须不断"耗散"信息、物质与能量等资源。普利高津将此状态命名为"耗散结构",又称其为非平衡系统自组织现象。耗散结构自组织理论源自理论物理学,而后发展成为现代系统科学,其主要研究系统从无序向有序演化的条件以及机制,以及如何通过"涨落"导致系统有序化。耗散结构自组织理论不仅开创了自然科学研究的新方向,而且扩展到社会研究之中,取得了众多重要理论以及实践成果。

在普利高津的理论中,系统分为平衡以及非平衡两类。平衡状态是指系统内各种要素在分布以及能量 小上皆为均匀,要素之间平衡而缺乏势能差。耗散结构理论表明势能差缺失的平衡性系统服从势能最小原则，其必然功能低下，系统因而处于一种"死"的静止结构平衡态。这种表面的平衡将对管理起到窒息作用，导致系统缺乏竞争而死气沉沉，进而导致官僚主义。非平衡状态则是在开放系统的外部不断介入的情况之下，系统内外要素不断进行能量与物质交换而导致的能量有落差、分布不均匀的状态。以我国的改革开放为例，在改革开放之前，我国实行"大锅饭"式绝对平均主义，国民经济长期处于一种封闭缺乏活力的平衡状态。改革开放之后，随着外部资金、技术、人才、信息的引入，为国内经济带来了活力。随着"先富"带动"后富"的不平衡状态的形成，多种经济体制并存，国民经济因此步入一种非平衡状态的市场经济。如此一来，不平衡的市场经济由于开放而吸收外部能量、改革而激活内部竞争与协同的非平衡态，终于形成经济上的耗散结构，最终带来我国改革开放在经济建设与社会发展上的辉煌成就。由此可见，意图维持充满活力的状态，必须要打破内部的平衡态，只有系统处于非平衡态，系统才有可能保持活力。

在教育领域，美国路易斯安那州州立大学教授多尔在《后现代课程观》首次将耗散结构理论及其自组织理论在课程改革中加以运用。在这种理论视野中，教育系统是处于一定环境中沿着一定路径向着教育目标演化的系统，这个系统具有开放性、非线性、非平衡性、动态性以及有序性。作为社会系统内的子系统之一，教育系统本质上亦为自组织的。普利高津的耗散结构理论为教育带来了观念上本质的革新。教育话语权从原本单一、封闭、线性的模式转为多元、开放、非线性的模式。社会媒介的话语系统本质上是复杂的、多元的、开放的、非线性的巨型耗散系统。其不仅仅需要在开放中发育，更要求在开放中维持以及发展。只有在与外界不断进行能量、物质等动态交换过程中形成非平衡的状态，才可能激发自身迸发出无穷活力，从无序进化到有序状态，进而促进系统跃进到效率更高、稳定性更好、功能性更强的崭新状态。在当前全球化的背景之下，我国处于社会转型的关键时期，意识形态多元化对我国教育话语权的建构提出了全新的课题。自媒体场域的开放为教育话语权带来了挑战，也为激发话语场域的活力带来了机遇。教育如果还停留于既往的封闭单一状态，便只能逐渐走向"热寂状态"。

1. 异质：维护自媒体话语的多样性
(1) 保护话语版图各部分之间的异质性，鼓励社会各阶层发声

因为国际形势以及自身执政理念的影响，我国传统话语系统十分封闭，且与外界缺乏交流。系统亦逐渐本能性地排斥以及抵制外来事物。因此，系统自组织功能、可塑性和适应性都较为低下。社会公共话语系统无论对于外部的刺激还是内部的变化都十分敏感。系统涨落以及演变的频率和速率都极大提高，话语系统从而远离了平衡态。具体而言，社会公共话语系统的演化可视为"应激"的刺激而后反应的过程，刺激源是国内外事件的发生，相关刺激信息在社会有机体的"神经网络"中传播，到达社会个体。这些刺激性信息在个体以及群体的有意识以及无意识的固有反馈系统作用下，公众将自身对

此刺激所反馈的意见、态度以及情绪进行输出。从耗散结构理论的角度，事件就是输入的信息性能量，公众的话语反馈便是能量输出。在信息化社会的语境下，信息系统难以自我封闭而"独善其身"。在自媒体技术迅猛发展的当下，各种全新的传播媒介不断涌现，极大便利了公众了解事件以及话语表达。所以，在自媒体语境之下话语系统的内外能量以及信息的交换也显得更为频繁。

自从微博、微信等自媒体平台被广泛应用之后，报刊、电视等传统大众媒介的话语权力急速下降。"两微一端"（微博、微信以及移动客户端）毫无争议地成为人们了解新闻事件的首要信息源。自媒体成为社会话语场的新引擎。尤其随着移动网络的普及以及以微信为首的自媒体平台的广泛应用，自媒体应用的低门槛让更多社会阶层的人们都成为其用户，网民结构与中国社会结构日趋重合，"网络鸿沟"被悄悄抹平。自媒体成为话语权趋于均等化的助推器：这意味着各阶层通过自媒体都可以发出自己的声音，这将是中国历史上前无古人的第一次。为促进话语场域的健康发展以及民主政治的全面覆盖，需要鼓励不同阶层、不同群体的人在自媒体话语场中发出自己的声音，表达利益诉求。只有话语场差异性的存在，才有广泛协商对话的可能性，才能繁荣话语场并为解决社会问题，缓解矛盾提供有效机制。

（2）必须保护个体面向异质性，消减群体极化现象，避免信息茧房

前文所论述的"群体极化"以及"信息茧房"现象便是当下个体面向同化的突出表现。群体极化现象常出现在同质程度较高的自媒体话语部落中，与该局部环境的主流意见不一致的言论往往招致炮轰、"拍砖"乃至围攻。因此，个体在这种话语权的"民主暴政"压迫之下，依然坚持"傲雪独立"需要极坚强的意识以及决心。一般而言，个体会选择话语不再发言而被传播学上"沉默的螺旋"效应所吞没，或者用脚投票逃逸到与自己观点相近的话语部落里参与活动以及表达意见，期望获得点赞以及支持。不少国外学者将其称为"赛博空间的巴尔干化"（CyberbalkarmizaLion），意为虚拟世界中爱好相似高甚至仅仅有一点类似的个体逐渐发展成为小团体，其内部交流的频率和强度大大高于外部，因此，类同的话语及其观点在封闭的小圈子中不断被固化。个体置身于如此的虚拟部落中，类同的声音不断反射并回荡、类同的观点逐渐反复并强化、类同的情绪逐渐发酵并升温。个体似乎寻得志同道合的"同志"，实际上却是让自己更孤立，陶醉于自我声音的回响之中无法自拔而听不到不同的意见。

群体极化现象亦与个人信息定制所导致的"信息茧房"密切相关。自媒体话语虽然多元、海量，个体虽然被赋予了充分选择信息的自主权，但是个体精力和时间的有限性导致自媒体用户不自觉地对自己关注的领域、信息源形成路径依赖。一般而言，这些自媒体公众号或者网站的内容、格调、倾向甚至链接都经过精心筛选以及过滤。桑斯坦通过实证研究发现，网站设定链接一般只会选择与自己观点、意见、领域相似甚至相同的网页或者网站，而极少设定与自己意见相左的网站。美国 20 世纪 90 年代中期，政党网

站提供对手网站链接的仅占 15%，其提供链接的目的通常为攻击对手的卑鄙、愚蠢乃至危险。这种链接不是为了融通而是为了分裂，话语传播的带宽在这个过程中被窄化，"信息茧房"便逐渐形成。这种缺乏异质竞争的话语传播将必然反过来导致群体极化。因此，技术上赋予了个体自由徜徉的权力，实际上却让其作茧自缚。

自媒体语境下两股推力导致了这种现象更为凸显。其一为社交网络的助力。社会化网络成为自媒体所赖以传播的基本载体，在社交网络协同过滤的效用作用下，我们正逐渐从公共话语空间中抽离。微博以及微信平台上，我们仅仅关注自己喜欢的话题以及领域，获取的信息是我们自己事先框定的内容。微信中，我们不仅基于地缘、亲缘、学缘等关系参与各种群组，同时还置身于若隐若现的各种群组之中。朋友圈的分享、群组的群发、个体间的转发所带来的话语信息都是经过自己设定的社交网络筛选的结果，这在无形中屏蔽了那些与自己相异、相反的内容。其二为智能算法的推动。以"今日头条"为例，其宗旨为"你关心的，才是头条"。该应用以用户的阅读行为、地理位置、年龄、职业、社交行为等进行数据挖掘，通过大数据建模分析用户兴趣，并为用户推荐其极为可能喜欢的信息。用户每次阅读行为都被跟踪和记录，其用户模型进行实时更新以便进一步为用户推送新闻信息。这种高度个性化的服务在迎合用户需求以及爱好的同时却将用户囚禁于算法所建构的"回音壁"之中而自我陶醉无法自拔，但这不利于用户接受多化的信息。

桑斯坦在其著作《网络共和国》中强调了话语异质性以及共有价值的必要性。他认为异质的社会需要共同的架构以及经验，而不是话语的各自割裂。在自媒体传播语境中，随着个人媒介的话语渗透以及媒介进一步细分，个体的信息接触愈加局限于自己所感兴趣的领域。在当下信息过剩的年代，个体却倾向于越来越躲在自己所关注的话题圈里，碎片化的时间被这些不同兴趣"黑洞"所吞噬而难以幸免，社会认知的版图却被分裂成无数细小的割据式的话语部落。各话语部落形成自我闭环而在彼此之间形成"老死不相往来"的局面。这种局面造成的负面效应也是显而易见的。如果社会整体在公共认知以及公共体验之上无法共享，那么运作良好的公共领域便无法建立，公民社会的发展便成了空谈。桑斯坦在此基础上重新诠释了自由：自由不应该仅仅满足某些特定爱好，而更应该置身于充分异质的信息以及多元广泛的选择中，人们才真正有机会追求自身的爱好乃至信仰。在公共议题上，如果人们被剥夺了接触不同观点或者反对意见的机会，甚至因此丧失了评判不同意见的能力，那么即使是其选择的，也不是真正意义上的自由。

在这方面，中国的类维基百科问答平台"知乎"作出了一些十分有益的尝试。其保证了平台信息的异质性以及理性化，从而为群体集思广益的知识拼图提供了一种有效智慧合作的机制。知乎的两种措施值得自媒体平台加以借鉴。

其一，界面设计保证用户对异质信息的可接触性。知乎在每一个议题之下，都采用提纲式地保留了几乎全部讨论内容，而不会因为用户预设的爱好以及身份标签屏蔽用户可能不感兴趣的内容。事实上，知乎也存在过滤机制，在个人首页为用户推送其个人关注的信息，在话题页面上根据用户关注的话题为用户推送其可能感兴趣的其他话题。但是难能可贵的是知乎保留了与推荐内容相平行的"发现页"，此页面显示公众性的不经过滤的信息。热门话题以及知乎圆桌等栏目都吸引用户参与到公众关注较高的话语主题中，而这些主题往往并非用户之关注。在每一个回答的评论区，大量的异质化评论都是没有经过过滤的，将不同观点置于一起推动讨论的发展。从这个角度而言，相对于微博的掐架以引人关注、微信的跪舔以讨人喜欢，知乎的理性为话语的自由提供了难能可贵的异质性。

其二，理性协商平台为重大应急事件提供多元化竞争的机会。当下各自媒体平台初步建立了基于用户举报的用户自我管理模式。但是，这种平面化的模式在重大、应激事件发生时，经常充斥着各种非理性的观点，往往导致形成过激的群体极化现象。此时应该将各种意见主体引导至理性协商的平台进行有效的、客观的对话。协商民主理论证明集结民众意见的有效路径只能是公共协商。微博虽然公开、便利、互动地让公众能够突破现实背景的约束以及时空限制而进行长期讨论，被认为较为接近哈贝马斯的"理想沟通情境"。但是其碎片化的话语割据现状导致重大、应激事件发生时信息冗余、观点分散、论述随意、绩效低下。这对自媒体平台的设计提出了更高的要求：不仅要真实呈现个体的真实声音，而且须帮助参与者有效把控协商过程中的核心信息以及整体境况，以便于公众对公共有具体清晰的判断进而进行理性分析与论证。知乎产品的设计模拟了真实世界中一群人围成一圈深入探讨一个话题的模式，对问答界面进行纲要式的展现。理想的协商需要强调讨论过程的主题性，对所有发言进行复议、修订、反对、赞同或者评论。知乎为了保证以上目标的实现设计了折叠以及举报的反馈机制：所有的回答都被折叠展示以便所有用户都可能触及，如果参与者违反以上协议，也将会被其他参与者折叠和举报，从而被讨论过程所排斥。这种设计是为了避免碎片化的信息以讹传讹，在此过程中大量平台的志愿者以及一般用户参与了自我管理，保证了平台的正常运营。

2. 涨落：适当引导系统演化

涨落指系统的变量或者指标对系统平均值的偏离。涨落在不同状态效果截然不同：在平衡状态或者平衡状态附近，涨落是消极的干扰，对稳定性起破坏效果；在远离平衡状态的时候，涨落是积极的建构，由系统的不稳定状态跃升到新的稳定有序状态。随机性的小涨落可以通过非线性作用以及蝴蝶效应的触发效果被迅速放大，在系统整体上形成"巨涨落"，导致系统突变而形成全新的有序稳定状态。由此，涨落触发和催化了耗散结构的形成。当然不一定所有的涨落都能诱发系统突变，但是涨落可能引起局部功能的改变。对于系统细小的涨落，如果缺乏适宜的调节机制，涨落将改原来的整体系统。改变后的系统又反过来决定未来的涨落。在话语权的建构过程中，我们必须主动引导系统的涨落,一方面主动创造话题,为话语系统注入新的能量;另一方面引导现有话题,把握系统方向。

(1) 话题创造为系统注入能量

在系统科学中,吸引子指的是系统本身具有朝着某个稳态发展的趋势,这个稳态便称为吸引子,有平庸吸引子和奇异吸引子两种类型。奇异吸引子是由茹勒(D.Rui-ie)于20世纪70年代提出,指代在非线性(混沌)运动的过程中,决定秩序或者运行轨迹的范式,即决定系统运行基本秩序的根本循环结构以及特征。作为非线性运动的主要特征,其内外运动模式截然不同:在奇异吸引粒子外部的所有系统运动都趋向于奇异吸引粒子,即系统看似杂乱无章,但是其运动最终的目标或者归宿都趋向于奇异吸引子本身,所以奇异吸引子是系统发展过程中关键的稳定要素,决定了系统内看似杂乱的运动在既定的秩序或者规律中运行。在奇异吸引粒子内部却是随时都有可能产生不稳定演化,这种不稳定有可能改变系统运动轨迹。以管理学做类比,在管理的复杂系统之中,其奇异吸引子可以区分为各种高低层次。较高层次的奇异吸引子包括终极目标、价值观、共同愿景、宗旨等,低层次的奇异吸引子包括服务或者产品的短期经营目标、市场定位等。管理系统中的奇异吸引子能保证系统中各种复杂行为在有限范围内稳定演化。系统成员在差异性以及变化性允许的有限范围内运动,它们的运动都趋向于奇异吸引子。系统成员通过不断自觉调整自身行为,确保对系统总体的发展方向不过多偏离。当外部环境变化较大时,系统成员以奇异吸引子为趋向目标进行积极应变,通过打破既往惯性思维从而迅速、自发地对个体行为以及群体组织模式进行调整,形成全新的组织模式。

利用奇异吸引子的原理,我们可以在复杂的话语系统中通过创建奇异吸引子以"吸附"各种话语能量,增加主流话语凝聚力,保证话语系统与话语目标的一致性。在研究2008~2019年的网络话语事件(2010年之后随着微博的兴起,自媒体才成为主要信息源)中发现话语系统中如下的规律:一般而言仅有怪异的、奇特的、负面的话语事件可以在极短时间内获得关注而吸收极大的话语能量,所以大部分的话语热点事件都是负面的。仅仅有一些与国家、民族等全民利益以及情感紧密相关的重大正面事件按照国家既定的议程发生时,才难能可贵地获得全民一致的话语能量。所以对话语权的建构而言,最高层次的话语奇异因子便为中华民族的伟大复兴以及中国梦的实现,并将其与较低层次的关系民众美好幸福生活切身利益的短期目标相结合起来。换言之,建构我国主流话语权最根本的一环即是我们必须"撸起袖子加油干",以中国梦的实现为目标,将人民群众的切身利益摆在首位,不断提高为人民服务的水平。

(2) 话题引导为系统把握方向

在复杂性系统发展过程中,当系统处于临界点的涨落超过一个临界点的时候,系统受不同涨落的影响便出现系统演化过程的分叉。此时,系统发展的方向将面临对称或者不对称的多种选择，系统此时依据自身的发展往往"左顾右盼"难以抉择，开放性的系统又为环境诱导提供了可能性。传统的管理以及思想政治教育采用直接干预的方式事实上是对系统自组织性的破坏。自媒体时代的话语生产传播可以通过外部信息流、能量供给的变化引导现有话语系统的演化，根据不同的情况可以采用不同的方法。

当需要对正面信息进行增援的时候，可以按照以下步骤进行话题引导。

首先，营造正面的舆论氛围引导大众。大部分自媒体话语事件之所以爆发，是因为其触动了对此类社会现象的普遍化情绪，这种情绪公约数在自媒体的人际传播以及媒介传播之中方可能取得热烈的共鸣，进而推动话语向着更广泛的范围以及更宽广的领域循序蔓延。因此，在平时以及自媒体话语热点事件发生之初，必须充分梳理大众可能存在的各种情绪，加以有针对性的疏导。在热点事件爆发之后，制定应对方案时必须考虑公众的情绪。在自媒体时代，大众媒介采用铺天盖地的正面宣传方式只能是欲盖弥彰。各级干部应对群众在自媒体平台上反映的具体问题，必须抱着对人民负责的态度即时彻查并加以处理，并即时公布事件真实情况以及处理结果，防止负面情绪被利用。所以，此处的正面舆论氛围主要的是公开、透明、公正面对事实的态度以及对人民负责的态度。

其次，建立及时有效、公开透明的政府信息公开制度。在自媒体热点事件发生后，经常出现事件对立的双方或者多方尖锐冲突、互不相让的局面，彼此都提高了话语的分贝，力图在冲突中取得优势。从事件发生到扩散形成热点事件，往往仅需要一个小时甚至更短。此时间段是危机处理以及话语引导的"黄金抢救时期"，如果错过了这个黄金时期，负面的话语信息极可能将成为主流，在"沉默的螺旋"效应之下，话语场将充斥着负面信息，再试图改变难度将大大增加。这便要求治理者必须及时掌握话语动态，密切跟踪，科学判断话语发展的趋势，精确拿捏当事人需求、传播脉动以及受众心理，及时调查事实真相并形成官方观点，第一时间发布权威信息，发布真相信息。被动、掩盖或者沉默都将加剧情绪对立以及公众猜疑，导致各种谣言横行，事态扩大。

再次，传统媒介与自媒体密切结合。随着近年来自媒体的普及性极大提高，话语事件的源头从大众媒介逐渐转移到自媒体手中。一位著名导演曾经感叹：以前发布信息必须要找一些记者过来，甚至还要给人家辛苦费，现在只需要动动手指，发个微博就可以了。自媒体经常成为独立的信息源，自媒体"爆料"甚至经常成为大众媒介的重要新闻来源，这也造就了自媒体"倒灌"大众媒体的现象。但是，大众媒体在话语场中依然占有一席之地，许多话语事件必须经过大众媒体传播才可能"点燃"使其成为社会热点。所以，要引导自媒体话语走向，可以通过大众媒体话语能量的外部冲击而使其改变走向。主流媒介必须增强与自媒体话语场对接的紧迫感并提升自媒体话语能力，提升在新话语传播领域的影响力，将大众媒介与自媒体紧密结合起来。

最后，发挥"意见领袖"作用，引导话语系统自我教育。在很多话语热点事件中，政　本身作为当事人一方，其所发布的观点意见难以得到公众的认同。此时作为话语系统内部组成要素的"意见领袖"可以起到意想不到的作用。在几乎所有自媒体热点事件中都活跃着大量意见领袖，这些民间观察家的观点往往能引导受众的判断以及话语的走向。而且，他们本身作为话语复杂系统中的要素之一，其观点容易被受众所接受。所以，在自媒体话语治理中充分重视与"意见领袖"的沟通，通过意见领袖引导系统内部要素的涨落，将其"收编"成为和谐话语环境中的建设性力量。

当系统发生负面信息，就必须设法引导信息流以及受众注意力的转向。马克思曾言，新闻报道是报纸的有机运动，因为受众对具体话语热点事件具有一定的兴趣周期。自媒体话语的碎片化、开放性、随机性加剧了这种话语生态系统的新陈代谢，在自媒体的话语海洋中某个话语浪潮不可能引起民众长期持续的关注。排除外部干扰，不同的议题在受众的视野中活跃周期各不相同，其本身具有出现、发展、高潮、消退的生命周期。基于社交网络的人际传播源自于大量用户的关注、点击、转发、点赞乃至模仿、狂欢。这一过程充满了不确定性，在话语事件持续的时间段中如果发生新的事件，将夺走受众有限的注意力而冲击原有事件的传播周期，加速事件从公众视野中的消亡。因此，当某一热点话语事件发生的时候，治理者可以利用甚至创造另一热点事件，在原有信息流中楔入新信息流，吸引公众注意力从而对热点事件的降温形成釜底抽薪的效果。

（三）重构机制：构建系统发展的非线性机制

线性思维是一种单向、直线、缺乏变化的思维方式。非线性思维则是由众多点相互连接，立体化、非平面、无边缘、无中心的网状结构的思维方式。非线性机制的范畴是相对于线性机制而言的。线性机制在数学上可以将系统动力学状态采用微分方程进行表达。各因素相互作用的总和等于单个作用叠加的代数之和，作用之间是相互独立的。非线性机制则是由多种相互作用耦合而形成的整体效应，在数学上用两次以上的函数项的方程式加以表示，而且多种相互作用的综合与每一个作用叠加的代数和是不相等的。线性相互作用与非线性相互作用具有明显的区别：其一，线性系统具有独立性，部分之和等于整体，遵从叠加原理。非线性作用具有相干性，相干的效果便是叠加失效，整体与部分之和不相等。其二，线性系统具有确定性和均匀性。非线性系统则体现出明显的非均匀性和不规则性。从数学的角度考虑，非线性方程式一般都有多重解，即体现为系统发展的分岔效应。

系统具有非线性特征意为系统内部各要素作用的关系是非线性的相互制衡关系，而非自上往下的线性关系。这两者的区别也正是自媒体语境下话语系统体现的非线性关系，传统思想政治教育与大众媒介的话语系统体现的就是线性关系。在自媒体话语形成以及发展的过程中，话语系统是各内部要素相互作用、相互调节的非线性自组织系统，各要素之间非线性的作用决定着话语系统的演化走向。这种非线性的作用具体表现为话语主体、话语事件、话语空间以及意见、态度、情绪、意愿之间竞争及其协同的作用。因为，公共事件的信息将刺激个体以及公众对某具体议程的意见、态度、意愿以及情绪，从而影响受众的反应；个体以及公众的意见、态度、意愿以及情绪将反过来影响公共事件的发展以及决策。这两个过程不是简单的叠加，而是复杂的、非线性的过程。

1. 线性机制向非线性机制转换的原因

线性思维适应的是传统科层式社会，非线性思维呈现网状结构，更适应自媒体的网状社会结构。话语系统是由自媒体话语的原子有机排列所组成的。话语或者语言的使用以及传播体现的是一定文化在传播过程中的倾向，其本质上是由社会文化心理以及文化背景所决定的。自媒体话语在很大程度上亦体现了后现代社会的文化心理以及文化背景，而这种文化心理以及文化背景的背后是技术变革所导致的生活方式变革。

随着原子能、激光、通信工程以及生物基因工程等新技术的突破，第三次技术革命不仅为人类带来了先进的生产工具、新的社会环境，更带来了全新的生活方式。随着个人电脑以及互联网技术的普及，尤其是移动互联网技术的全面应用，技术革新渗透到社会以及个人生活的每一个毛细血管。人类个体生活以及社会生活已经全面陷入虚拟的"泥潭"。以自媒体为代表的网络技术对信息传播按照跳跃式、非线性的非逻辑模式进行。这导致生存于其网状结构上的人类也不得不依照其网络思维模式处理信息。在虚拟世界中，个体之间的交往或者信息沟通都通过话语媒介进行。而话语在虚拟世界之中已经将现实世界中外在的物质制约属性冲刷，余下较为单纯的话语属性。物化的标准以及受现实制约的线性逻辑由此被网络的非线性思维所替代。

虚拟空间的心理因素也是导致非线性思维发展的重要原因。从心理学的角度进行分析，虚拟世界导致用户思维出现五个方面的变化：第一，从要素主义的思维向虚幻感受转换；第二，发展了情境化的批判思维技能；第三，元认知开始出现，其体现自我的同一性；第四，思维流畅性因为不受现实束缚而提升；第五，自我效能感增强。这种变化导致人们在交流时显得思维发散、跳跃以及不合逻辑。在自媒体空间的信息交流中个体倾向于运用表情、贴图等符号元素，力求再造一种虚拟话语情景，而这种情景没有现实空间的物质性逻辑关系。这些都导致了自媒体的虚拟空间思维方式区别于以往的特征。自媒体话语的虚拟化让个体的思考以及认知更加自主以及独立，这必将导致个体思维模式进一步摆脱线性化和简单化，而逐渐转向非线性化以及立体化。在"80后""90后"甚至"00后"的"网络新生代"身上，这种非线性的思维方式体现得更为显著。作为虚拟社会的"原住民"，他们在成长的过程中习惯于通过超文本链接进行阅读，通过网状结构建并处理信息。在这种超链接所构筑的生态环境中，他们也培育出非线性的、跳跃式的思维方式。

2. 构建非线性思维的启发机制

线性思维其实就是基于直观经验，沿着线型或者类线型的思路解决　的思维方式，其基本属于静态思维的范畴，特征为顺向思维和定向思维。定向思维和顺向思维最典型的表现便是迷信和盲从。

非线性思维是指除了线性思维之外的其他类型的思维，其特征是发散思维，包括模糊思维、系统思维、逆向思维、否定性思维、多视角思维等。因为事物发展的非线性表现有着众多的表现形式，例如跃变、突变、质变、分岔等，所以非线性就意味着不确定性，试图将非线性归结为若干种范式是徒劳的。但是，依照非线性思维的特点，科学家依然可以开发构建非线性思维的启发机制。这种机制对于突破线性思维的限制，建立非线性思维具有很强的建构意义。基于自媒体空间非线性机制的启发机制可以依照以下步骤进行。

第一步：确认事实，即搞清楚"是什么"。在面对间接事实（他人所告知的所谓事实），直观或者经验的时候，不能被假象、谣言或者骗局所迷惑，以逆向思维等众多发散思维的方式进行分析判断。在管理决策以及学术研究中，很多人囿于线性思维，在面对被假象掩盖的事实时，只是顺着错误的方向思考，所以得出错误结论，作出错误决策。在对自媒体话语进行分析的时候必须以发散思维挖掘话语及其实践的社会意义。在客观解读事件本身的事实之外，还应该挖掘其背后深层的社会意义，超越事件本身的框架性限制，以发展的眼光认识话语及其事件背后的矛盾以及原因。例如，在对富士康跳楼事件的报道中，一条微博被限制于140个字，为了吸引阅读以及转发，作者故意突出了其中一些容易引起关注的内容。如果止步于此，我们将无法获得更多的价值，而应该放宽视野，关注当事人所置身的生活环境、工作环境、学习环境等；由此再放眼社会，关注农民工在城市中的生存现状，那么对话语及其事件的思索便远远超越事件本身。话语以及相关事件的解读便得到了价值的升华。

第二步：分析原因，即弄清楚"为什么"。非线性思维要求质疑现有的所有解释，而不管这种思维是否有理论依据，是否权威论断。人类在认识世界过程中，只有不断质疑已有的论断并加以颠覆，才可能有新的发现。人类对于自然以及社会的认知都十分有限，所有当下的科学被冠以"定律"甚至"真理"的头衔，但是其也仅仅是人类认识道路上的一个小驿站而已。所以，我们都必须抱着质疑的态度加以分析。

自媒体话语场中众多的"躺着也中枪"的事件证明：再也不可以以传统线性思维的模式解读自媒体话语的背后原因。"躺着也中枪"源自周星驰的喜剧《逃学威龙》，此台词原意为：躺着保持极低的姿态，居然能被子弹击中。这种无可奈何的自嘲简称为"躺枪"。在自媒体时代这句话意指什么事情都没有做，没招谁惹谁却成为他人攻击的靶子。"躺着也中枪"成为网络流行语，甚至入选了网络流行语排行榜。这证明在自媒体的语境之下，这种非线性的关系并非个例，而是具有一定的普遍规律。从众多的自媒体事件中，被"中枪"的受害者包括备受关注的人或物。名人不仅包括现实空间中名望较高的人（如李开复），还包括在社会上或者虚拟空间中备受关注的人。备受关注的物品包括与日常生活息息相关的物品（如"蒜你狠""豆你玩"等事件中的大蒜和大豆）或者具有一定特殊性质的物品（如杜蕾斯系列广告）。

非线性思维在大数据时代还突出表现为传统的因果关系在某种程度上让位于相关关系——"要相关，不要因果"。相关关系的核心是将两个数据之间的关系进行量化，一个数据变化另外一个数据随之变化则相关关系强，反之则相关关系弱。如果将相关关系视为一个盒子，因果关系则为盒子里面的东西。从这个意义上分析，两个事物之间的因果关系必为相关关系，但是相关关系并不一定为因果关系，因果关系是相关关系的子集。众多学者在欢呼大数据到来的时候都认为，大数据只需要分析相关关系——在基于大数据所求得的相关关系足以解决实际问题时，可以不再探究因果关系。当然，笼统地认为"只要相关不要因果"是偏颇的，之所以当下强调相关关系而故意"冷落"因果关系，只是一种为了纠正既往用僵化的线性因果关系思维分析问题的交往过程。完全割裂因果关系而只重视相关关系便会造成以下的闹剧。

二、建构良性发展的动力机制

竞争与协同是复杂系统两种动力的方式。协同是系统相关性、整体性的内在体现，意为系统中各子系统之间相互合作、协调的集体联合作用。竞争是自组织的首要条件，其导致系统各要素相互平衡。协同则体现为在非平衡状态下系统中某些趋势联合起来并将之放大，使其占据系统支配地位，影响系统演化。在系统竞争和协同的过程中产生序参量，序参量一方面指挥各子系统如何运动，另一方面显示系统在宏观上有序的状态，从而反身支配整个系统，这便是系统运动的完整过程。以上即为协同学方法的主要内容，其在自组织方法论中居于动力学方法论的地位，它研究的是系统如何保持自组织活力。其原理表明，在系统演化过程中，制定规则，通过一定参量调节子系统演化，然后让子系统不受影响地自己互相作用，从而产生序参量运动模式，进而推动整个系统演变。这就是遵循系统自组织、非线性演化规律的最佳管理模式。

从一些通俗的例子可以证明尊重系统自组织、非线性演化规律管理模式的重要性。以教育为例，中国的父母习惯性地望子成龙、望女成凤，常常将自己的希望强加在儿女身上，自觉不自觉地越俎代庖为儿女设计或者选择成长的道路，而无视子女的意愿。这样经常造成两种后果：其子女或者失去了自主选择的能力而过度依赖父母，成为被组织者；或者对父母的过度干涉反感逆反甚至反抗，成为无组织者。自组织协同竞争动力学演化方法的管理学意义便是充分信任被管理者，实行自下而上的民主管理。这种管理模式与一般管理理论在人性假设上有所不同，既不片面地假设人性本善，也不过分强调人性本恶，而是客观地认为人性的善恶同时存在。它同时又尊重系统中所有个体的主观能动性，认为在市场竞争与协同的过程中，系统将自主走向有序。在本质上，它激励组织成员通过自组织的协同竞争过程建立系统的自发秩序。

(一) 鼓励竞争

我国自组织理论大师吴彤在总结协同竞争自组织动力学的技术要点时，认为首先必须鼓励竞争：第一，如果系统存在大量子系统，为鼓励竞争应该平权输入必要的能量、物质以及信息，从而激发子系统之间相互作用和影响；第二，竞争必须具有自己的规则，从而形成自我净化的能力，进而导致竞争规则不断进化；第三，不符合竞争规则的竞争者应该被淘汰出局，这是竞争规则中最为严厉的惩罚。第二以及第三点将在下文专门论述，此处主要涉及第一点。

为了鼓励竞争，必须保证竞争的平等性。在传统的科层结构中，成员之间呈条块结构分布：这种结构的信息传递是非平权的、纵向自上而下的指令。在网络结构里，成员大体上是平权的，整体约束个体的能力较弱，个体有较强的行为自主性，成员之间存在大量的现实或者潜在联系。在网络结构中，因为系统成员大体上是平等的，所以信息传递主要为横向。这种社会网络是社会自组织运动的主要载体，网络越发达，个体之间的能量、信息交换越频繁，他们之间的竞争也就越激烈，系统的自组织性也越强。客观存在的现实是，所有的社会网络不可能完全是平权的，网络结构也不可能没有他组织属性而是彻底的自组织。例如，在自媒体兴趣群体的网状结构中大家的关系是平等的，但也必然存在领袖人物，他们在群内具有较高的威望，乐于并且善于组织线上线下的活动，活跃群组气氛。所以，一般而言，网络结构中个体成员是相对较为平权的。

这种平权的信息能量交换所导致的平等化竞争事实上也存在缺点。自媒体的网状信息传播结构颠覆了传统链式传播模式，演化为多元传播的同心圆结构。这种结构在自媒体话语的传播过程中呈现出高效率、高连通性的特点，具有较高的传播随机性。传统话语传播模式下，依靠封闭管道传播的模式可以采取"堵"的方式。在随机性网络结构中因为其极高的结构弹性，如果某条传播路径被强行限制，其传播流向将瞬间改变，如同水流一般从其他渠道继续流动。

此外，自媒体的网状结构模式提升了信息传播效率，传统话语传播在社会中主要依靠媒介进行，而自媒体话语主要依靠社交网络的人际传播模式，其传播成本大大降低。但是这种"口口相传"的方式的确造成了较强的传播随机性以及较高的信息失真率，确实造成了一定的混乱——没有类似传统科层管理模式下那么整齐划一，给受众以及管理者造成较大的麻烦。但如同市场经济较之于计划经济，正是因为参差不齐的落差才让资源向着更加有效的竞争者流动，从而造就了我国社会主义建设的辉煌成就，不应因为必然的困扰而因噎废食舍弃这种难得的平权，而应该对其加以容忍，信任其能够自我纠错、自我进化。

（二）提倡协作

依据竞争与协作的原理，在鼓励竞争的同时应该提倡合作，这便是一种协同的关系。在竞争中发展交往以及合作关系，在合作中形成抗衡竞争的张力。在合作中让一些经由竞争形成的优势自主扩大，从而形成动力学的模式。这种合作即是竞争的，同时又是合作以及协作的，是它们共同作用的动力学模式，而不是某些子系统统治整体系统。

1. 促进人才与资本协作

人才是任何事业最重要的资源，也是系统里面最活跃、最有决定性的要素。在自组织的管理模式中，管理者应该将人的自主发展置于十分重要的位置。在当下复杂的社会经济环境下，让复杂的人担任管理主体管理复杂的管理对象，这便需要对管理者给予更多的信任以及授权。管理者必须培养、信任并授权下属，创造环境让他们自我管理、自我成长。但是充分信任的管理必须与制度管理充分结合，在缺乏制度的环境中让其自我管理无异于放虎归山，完全失控的混沌状态将威胁组织生存。在进行话语权建构的过程中，必须重视人才的培养与管理。在培养渠道上，必须构建条件为相关人才搭建职业发展的空间。更重要的是，必须建构可以笼络相关人才的自组织平台，采用类似"安卓市场""苹果应用商店""今日头条"等经营市场的模式，构筑社会力量与话语建构良性发展利益共享的平台。以"今日头条"为例，其笼络了大批自媒体内容生产者，在为他们提供购买版权、提供导流等服务的基础上与内容生产者进行广告分成，让内容生产者能安心地从事优质内容的生产。但是，"今日头条"在信息的推送上过于依赖人工智能，忽视了话语信息价值观、新闻价值的把控。2017年12月29日，"今日头条"被北京市互联网信息办公室约谈，责令企业立即停止相关违法行为。这次约谈主要涉及其违规提供互联网新闻信息服务、传播色情低俗信息。在此之后，为了打击标题党以及低俗内容，该平台进行了一系列整顿，其中包括在天津招聘内容审核编辑，岗位职责为审核相关信息内容是否违规，要求每天审核1000条左右相关信息。值得注意的是，职位招聘的要求是关心时事、热爱新闻，具有良好的政治敏感度和鉴别力，本科以上学历，尤其引人注意的是党员优先。关于党员优先的要求在国内媒体界引起了广泛关注。至2018年1月，"今日头条"内容审核团队已经超过4000人。其副总编辑徐一龙声称，这个数据将很快突破1万人。这次对相关平台的整顿活动，为相关人才的培养以及储备建立了体制之外的职业发展空间，也让相关企业思考如何平衡商业利益与社会责任的问题。当更多的公司、团队、个人可以从自媒体话语健康发展的过程中获益，而且这种获益大于其从负面话语（如谣言、水军、诈骗等）中得益的时候，自媒体话语建构相关人才发展的良性循环必将形成。

资本也是最重要的社会资源之一。资本是经济运作的命脉，也是媒介运作的血液。在自媒体运作的资本进入上，近年来我国已经有了众多有益的尝试。以南方新媒体产业基金以及南方媒体融合发展基金为例，它们为众多的自媒体平台发展注入了资金，这也意味着这些自媒体平台的发展具有了国家主旋律的血液以及基因。这种资金控股或者参与的方式比原先外部简单粗暴的行政命令更有效，也更尊重自媒体话语系统自组织发展的规律。规模为100亿的广东南方媒体融合发展基金正式投入运行，而后投资了第一期新媒体项目。由广东国有金融企业——粤科风险投资集团公司注资成立了规模100亿元的广东新媒体产业基金。广东省委宣传部的相关负责人表示："这两支基金各 侧重"，新媒体产业基金重点为政策引导，其主要关注媒体融合的基础性建设以及长远项目，确保媒介融合不仅仅是简单的"旧＋新"，而是努力促成其从简单的物理反应向非线性的化学反应转变，真真正正实现从"我就是我，你就是你"到"我中有你，你中有我"乃至"我就是你，你就是我"的质变；南方媒体融合发展基金则主要面向市场，侧重关注新媒体领域的最新技术以及前沿业态，为主流媒体在新媒体领域实现"弯道超车"提供支撑以及引导。这种资本融合的做法引起了学者的赞赏，暨南大学支庭荣教授认为：中国媒体人一直以来话语权较大，但是互联网普及之后，大量社交网站以及相关媒介在话语场的影响力越来越大，传统主流媒介的影响力受到极大冲击。尤其众多的"80后""90后""00后"大部分都从网上获取信息而不看主流媒体。对此习近平总书记的态度十分明确，他要求主流媒体尽快掌握话语场的主动权而不能被边缘化。这种资本参与的媒介运作行为便是积极响应总书记的号召而作出的回应。

北京市在这方面也尝试与企业进行资本与技术的合作。北京市相关部门与北京广播电视台一同出资设立北京新媒体集团，并与奇虎360合作，将奇虎360公司的渠道以及技术优势和北京电视台的内容优势结合起来，共同推出"北京时间"网站和APP，以此平台承载新媒体。同时为各类新媒体设立了宣传扶持资金和宣传义化引导基金，重点支持重大主题宣传、成就宣传和典型宣传。在人才支持上，北京市委市政府与中国人民大学共建首家"马克思主义新闻观研究中心"，在共建机构之间进行双向交流挂职，以及举办学习习近平总书记系列重要讲话精神培训班，举办"走转改"主题采访系列活动，在都市报中层骨干中组织基层挂职锻炼，壮大新闻舆论工作队伍；还加强了互联网从业人员的门槛管理，进行互联网信息服务行业从业资格认证，进行属地网站编辑实名以及工作代码页面标注。此外，北京市还加强重点网站、新闻客户端、重要平台、重点栏目、直播平台的日常监督和监管，建设微信新闻快速处置渠道，并建构多元异构的大数据处理平台，将数据支持作为一项重要工作来抓。

2. 促进媒介融合

习近平总书记在党的新闻舆论工作座谈会上强调："要推动融合发展，主动借助新媒体传播优势。要抓住时机、把握节奏、讲究策略，从时、度、效着力，体现时、度、效要求。"媒介融合的相关讨论自大众媒介时代已经开始，但是直到纸媒以及电视台等传统媒介在互联网自媒体时代陆续倒闭，媒介融合的紧迫性方才真正凸显。

不管是主流媒体还是自媒体都必须适应当下媒介融合的趋势，多种因素对这一趋势进行了驱动：一为受众需求的推动。受众需要对各种不同媒介形式以及内容进行集合式消费，而消费者个性化需求则相应要求推动媒介融合的发展。二为技术变革的推动。信息处理、传输技术以及相应的网络技术的发展促进了媒介技术更加细分的发展。三为政策法规的推动。包括我国在内的众多国家对传统媒介、电信产业以及信息产业从严格管控向逐步放宽迈进，从客观上促进了媒介形式的融合发展。四为产业竞争的推动。随着受众需求的推动，相关产业相应发展起来。相关媒介为了生存以及发展主动或者被动地采取并购或者联盟的发展方式进行发展，后果必然是媒介之间的整合。五为国际化潮流的推动。随着经济全球化的发展，信息流通速度加快，客观上促进了全球各种媒介形式互相交流与学习，并打通各种媒介形式之间的壁垒，从而推动了媒介融合。

当下话语权的困境在于传统载体——主流媒介面临自媒体的冲击，自媒体领域下的"主旋律"又淹没于多元话语之中。所以，对于主流话语而言更应该主动融合各种媒介形式，将传统大众媒介的话语信用背书以及自媒体的传播渗透功能相结合，主动融入日新月异的媒介发展进程，方可能掌握自媒体时代下的话语权。在这个过程中必须重视以下几个方面。

首先，必须在原有话语价值资源上进行延续性创新，在媒介模式上进行破坏式创新。克里坦森的"破坏式创新"被《哈佛商业评论》称为"既往80年最具影响力十大管理思想之首"。他将创新区分为延续性创新和破坏式创新。延续性创新在原价值网络中沿着既定的技术进化轨道，改进并强化产品性能以继续满足顾客需求，其产品定位于主流市场。延续性创新的缺点在于其"良好"的管理机制有可能因限制创新发展的空间而错失良机。破坏式创新在技术环境剧变的环境下诞生，是在颠覆原有管理模式基础上的创新，其提供了一种与原有主流产品相异的新价值。破坏式创新一般在两个领域发生：低端市场以及新开拓市场。所以，一方面，话语权的建构首先必须在原有价值资源的基础上进行延续性创新。因为主流市场是延续性创新的领域，而破坏式创新是对原有延续性创新的颠覆以及再定义。话语权目的在于强化既有的价值观念，当然只能在原有价值资源的基础上进行创新。另一方面，在媒介形式上必须大胆地进行破坏式创新：原有的媒介形式已经与当下的话语场域不相适应，应该在坚持"内容为王"的基础上，做好话语形式的"卖相"。在自媒体领域，用户体验基于用户黏性，是多种变量的共同效果，除了话语内容之外还包括界面形式、社区服务、媒介入口等。所以，片面强调内容为王有失偏颇。对于受众而言，受教化的、俯视的媒介形式应该受到颠覆，而采用受众易于接受的寓教于乐方式，以此达到规训的作用。

其次，重构独立的机构以及内部流程。原本大众媒介科层式的组织模式已经不能满足自媒体时代所需要的灵活多变的组织模式要求。需要建立的独立机构是否与母机构实现分离并不十分重要，关键在于必须拥有独立的媒介传播决策权以及独立的流程。这是因为两种机构在组织文化、成本结构以及盈利模式上都相距甚远。人民日报客户端、凤凰网客户端以及澎湃新闻客户端都建立了独立的自媒体团队，其编辑人员以及操作流程都与原来母媒体相独立。相对于成熟的传统媒介组织，自媒体团队在组织模式、决策体系上也许不那么正规和完善，但正是这种不成熟赋予了其灵活性以及生命力。

最后，建立针对性新品牌。受众对媒介品牌具有较为深刻的印象，如新的媒介品牌依然沿用原有品   ，将会对受众产生"保守""刻板"的印象。新媒介受众主要为年轻人，需要建立新的子品牌以适应受众的口味。众多的媒介在推出其新的媒介产品时都使用了全新的品牌。

(三) 培育权威 (参量) 支配话语系统

1. 基于自组织理论的后现代管理观

经典自然科学以及西方现代哲学都属于柏拉图主义传统。这一传统认定自然界以及人类社会都遵守某种具有确定性的规律，所以可被精确预测并控制。社会管理的目标在于精确地把握社会并有效对其进行控制。利奥塔在《后现代状况》中指明："如果承认社会是一个系统，那么对系统的控制就要求精细地确定它的初始状态，这种确定是无法实现的，所以这种控制不可能是有效的。"与自然科学一样，社会系统的控制必须有一个前提——精确测量系统的初始状态。但是依据量子力学的"测不准原理"，对初始状态各种参量的测量是不现实的，单独精确测量某个具体参量才具有可能性，但这也将耗费巨大的能量。所以，利奥塔在书中认同布里渊的观点，力图完全控制系统的目标与效果是南辕北辙的："它本来应该改善系统的性能，但它却降低了它所宣称要提高的性能。这种不一致性特别地解释了国家官僚机构或社会经济官僚机构的缺陷：官僚机构窒息了受其控制的系统或了系统，同时也窒息了自身。"

后现代科学和后现代哲学观点认为自然界和人类社会基本特性为不确定性以及不可操控性，自组织理论便是其表现之一。作为协同学的创始人哈肯将自组织定义为："如果系统在获得空间的、时间的或功能的结构过程中，没有外界的特定干预，我们便说系统是自组织的。这里的'特定'一词是指，那种结构和功能并非外界强加给系统的，而且外界是以非特定的方式作用于系统的。"形成于自组织理论之上的后现代管理观认为，协调而不是控制才是社会管理的基本任务。因为系统的自组织过程或者自组织状态是有序的、自我进化的、功能性更强的，所以，社会管理目标是促进社会自组织过程的形成，管理者不应强加确定性太强的目标给社会系统以控制社会，这便为外部的直接干预，而应该以"非特定"的间接方式作用于系统。普利高津的耗散结构论提醒我们，在自组织状态下，系统成员协同行为是系统内在环境支配的结果，而不是外在力量的控制。如果希望社会系统走上自组织发展的道路，那么管理者便应该致力于营造有利于系统成员间形成良性协作与竞争的环境。换言之，当管理者发现社会系统中出现危害自组织的冲突或者希望自组织系统往某一大致方向发展时，应该通过引入某种序参量 (orderparameter) 以破坏原相对平衡状态而造成对称性破损 (broken-symmetry)。

序参量是在系统自组织发展的过程中支配系统成员行为的因素，哈肯将其形容为一只"看不见的手"。序参量表现为系统成员的集体行为。一方面，系统成员的协同作用构成集体行为；另一方面，集体行为形成之后将反身支配系统成员的行为，形成一种正反馈的机制，这种机制促进形成了自组织过程。一个系统的自组织过程往往有若干集体行为同时共存，他们之间形成竞争的关系。如果在竞争中一个集体行为脱颖而出占据统治或者支配的地位，它将成为系统的序参量，引导系统演化出一种由其所决定的新秩序。但是，如果这些系统内集体行为中没有最终优胜者，存在势均力敌的两个乃至多个竞争者将会形成对称式的格局，这种对称格局将导致社会系统内的冲突而破坏自组织过程。如果希望建立或者维持自组织过程，就必须引入外部要素以打破对称格局（导致对称性破缺），促进系统形成最终的序参量，而这便是后现代治理的使命。法律、公共舆论、习俗以及传统都被哈肯视为社会系统中可能的序参量。

2. 组织中愿景以及权威序参量的重要性

"自组织"不等于无组织。其作为一种组织形态，在组织外部形态、内部控制以及运行机制上与传统的官僚科层组织有所区别，但是其本质追求没有改变。中国人民大学彭剑锋教授概括自组织管理的核心要素为共享、共治、共创。共享即自组织强调建立利益共同体，追求信息、资源的共享；共治强调个体共同参与形成共识，追求大家一同制定群体规则；共创就是所有成员都是价值创造的共同主体。

为了达到以上状态，自组织需要有共享的目标乃至愿景。自组织需要战略上的愿景引领，组织整体以及个体才可能在混沌之中寻得明灯，在迷惘之中觅得方向。从实践上观察，符合自组织特质的团队具有共享的愿景，既分工协作又单独自我运转。团队成员基于总体战略，按照自己的节奏朝着自己的目标独立发展。组织内部所有成员为团队愿景负责，他们都不是绝对的管理者但又都是团队的管理者，一起完成团队的任务。

基于自组织的组织模式，所有个体都可能成为系统的中心，人人都能成为管理者，这将自然呈现去中心化、去权威的态势。但是这种去中心化并不是全然否定中心的必要性，它只是颠覆了原来固态的中央集权科层制的中心模式，演化为多中心控制模式。组织内部的权威模式发生了变化，从单向的、自上而下的科层行政权威转变为分布式、多层次的权威体系。在这种全新的权威体系之下，自组织内部角色分工并不明确以及固定。这种角色是依据情境自动生成的，甚至有时一人承担多重角色。在这种权威序参量"无形的手"的作用下，自组织内部形成高度信任的授权体系，系统中所有个体都自动追求协同，自动承担职责。此时，权威并不体现于命令的压力以及惩罚的威吓，而像福柯所说的"生产性"一样将信任与授权作为无形的压力，共享与共治变为有效的管控，从而形成自组织共享、共治并共创的格局。

因此，自组织并非排斥权威以及目标、愿景——不要"领导"、不要"组织"。而是从更高的层次理解与把握权威以及愿景，通过高效的制度安排，让人尽其责、物尽其用，发挥所有个体最大的潜力以及积极性，进而使组织富有秩序、充满活力。

3. 自媒体话语系统权威序参量的识别与培育

（1）自媒体话语系统的权威序参量识别

哈肯在研究各种系统演化的过程中发现，各种参量对系统演化影响的效果是不均等的，有的作用大，有的作用 。各种参量中影响力的参量（序参量）不但决定了系统演变的性质以及特点，而且决定了其他参量的演变。哈肯得出以下结论：只要对这些序参量的变化规律分析清楚，便能随之掌握其他参量的化特点。因为序参量在整个系统演化过程中，主导并决定了系统内外相互作用，支配并规定着系统内各微观子系统的有序状态以及结构性能。总之，整个系统包括各子系统都是受序参量支配，在其作用下有序运动的。与传统组织模式绝对权威支配相区别的是，序参量支配作用是动态的、相对的。其他子系统及其参量对序参量具有反作用，这体现为：一方面序参量是在各子系统及其参量的集体运动中在共同作用下产生，受其他子系统及其参量制约；另一方面参量之间的地位关系是动态变化的，某些子系统及其参量可以成长而取代原来的序参量成为新的居于支配地位的序参量。系统中如果同时存在几个序参量，它们之间将既互相依存，又互相竞争，在共同的竞争与协调中决定系统演化的方向以及结构的变化。

开放系统在远离平衡态的前提下，如果外部参量的变化导致系统量变到达质变的临界点时，系统的结构或者能量的平衡状态将被打破。系统内各子系统及其参量的能量、作用、地位的分布格局将发生剧变，从而产生两类性质相异的系统参量。绝大部分系统参量犹如流星般稍纵即逝，它们临界阻尼较大，衰减速度较快，对系统的演化方向以及结构特征影响力极其有限。此类参量是快参量（或快弛豫参量）。有极少数的参量在系统演化的整个过程支配多数子系统并受到它们的影响，对系统发展的方向、速度起着决定性作用，它们就是慢变量（或慢弛豫参量）。这就是序参量支配原理：快参量的变化受少数慢参量支配，其变化不决定系统相变；慢参量支配快参量，慢参量的变化决定了系统的相变。

既然序参量在系统演化中具有如此重要的作用，那么如何识别序参量呢？哈肯的协同学序参量模型提供了一种微观、宏观相映照的方法。在比较简单的系统中，在各种变量中如果一个变量的变化速度明显慢于其他变量，那么它就是序参量。对于复杂的开放式巨系统，因为对其进行描述的参量太多，需要弄清并定量描述各种作用关系，已经超越了现在人类的能力，人类只能退而寻找模糊的方一著名自组织学者吴彤教授总结出了寻找支配系统演化的变量以及序参量的方法要点：

第一，通过比较系统各参量的寿命长短，将快、慢变量区分开来；

第二，通过各参量影响力的演变，区分重要以及非重要变量；

第三，围绕慢变量整合快变量的所有作用，作为总量之部分合理安置于总作用的框架之内；

第四，通过分析慢变量或重要变量的运动模式，筛选能反应系统演化模式有序程度的参量，它便为序参量；

第五，检查所挑选出来的参量是否与系统演化模式之间有支配与被支配关系，如果没有这种关系，则该变量不是序参量，如果有支配关系，则可能是序参量；

第六，如果通过以上方法或者哈肯的微观、宏观方法寻得同时存在若干个序参量，

-109-

那么还要进一步从中挑选其中居于主导地位的主序参量。

自媒体的话语系统是一个开放的复杂巨系统，虽发展的历史进程较短，但发展速度十分迅速，影响因子众多。对于整个系统而言，信息源的数量、话语生产数量、用户数量、用户受教育水平、话语质量、话语噪音、话语利用率、话语处理效率等因素都有可能成为自媒体话语系统的序参量。具体到某话语事件，与事件本身相关的当事方、第三方、事件的客观环境要素甚至事件的观众都可能成为参量，这些参量两两甚至两两以上结合将产生海量的可能性。因此，系统内部子系统之间、系统与外部环境之间的作用是非线性的，这种非线性又比线性因果关系复杂得多。综合以上因素，如果企图将各种相互作用关系都加以定量描述，大量的偏微分方程组是必需的，而现在科学家尚未能解决大量偏微分方程组的求解问题。所以，对于复杂系统，虽然确定其序参量在理论上可行，但确定其序参量确切具体的规范方法尚不存在。

无法把控的复杂性加上难以预料的随机性，意图采用传统管理学精确控制的"套路"把控自媒体话语系统的序参量是不可能的。但是关于复杂系统的参量支配定理依然具有极高的理论以及实践价值。所以，从后现代的治理观出发，我们在把握序参量的时候必须注意以下原则：

第一，在治理自媒体话语系统的时候必须与不确定性共舞，不要追求不切实际的整齐划一，必须容忍参差不齐，甚至"错漏百出"的情况出现。

第二，对于序参量的判断与筛选，也并非决然没有办法。以医学为例，西医还停留在以某项指标作为诊断主要依据的阶段。如果将人视为一个复杂的巨系统，中医则基于中国传统的模糊哲学，在生活以及医学实践积累的基础上，辅以"望、闻、问、切"的方法框架。所以，对于复杂的信息巨系统的判断应该在建立有效的方法框架基础上，随着话语系统大数据的积累而初步成熟。

第三，在面对已经超越可以把控的复杂性以及随机性时，化繁为简，采用哈肯所提倡的比较各变量快慢的方法是简单且有效的。复杂的方法难以解决，也许简单朴素的方式却十分有效。此方法给予我们启示——面对各种令人眼花缭乱的话语实践时，不用着急，最富有智慧的选择也许就是"走好自己的路""以不变应万变"。其一，必须自信，在面对多元多变的自媒体话语环境时，应该具有一份坚毅的自信——对于我们制度、理论、文化的自信，只有这样才能不自乱阵脚、摇摆不定。其二，以静制动，无论话语场风吹雨打、腥风血雨，坚韧、缓慢地坚持培育属于我们自己的慢变量。正如习近平总书记所说，我们要"面向未来，面对挑战""不忘初心、继续前进"，也许在某些时候曾经的"主流话语"不再受待见，没有关系，风起云涌的那些弄潮儿总会逝去，最终剩下的才是金子。其三，以不变应万变是变，有所变也有所不变。以不变应万变不是不变，而是一定要变，非变不可，但是要小心翼翼地应变，即"不可不变，不可乱变"。那么具体如何变呢？必须坚持"原则不可变，方法应该变"。话语规训的基本原则、基本内容不可变，但是自媒体话语规训的方法应该权变。

(2) 自媒体话语系统的权威序参量培育

自十八大以后，我国社会治理的思路以及方式都发生了重要的转型。以习近平同志为核心的党中央、国务院多次阐释治国理政的方针理念：制度自信、中国梦、美丽中国、社会主义核心价值观、依法治国、群众路线等。信息传播涉及话语领域的包括：强调社会主义核心价值观的宣传以及教育；倡导互联网良好生态建设、充分发挥网络反映民意、引导舆论的作用；坚持党媒姓党，强调党性和人民性的统一；讲好中国故事、阐述好中国特色等。习近平总书记在中央网络安全和信息化领导小组第一次会议上强调："做好网上舆论工作是一项长期任务，要创新改进网上宣传，运用网络传播规律，弘扬主旋律，激发正能量，大力培育和践行社会主义核心价值观，把握好网上舆论引导的时、度、效，使网络空间清朗起来。"在进行自媒体话语权建构的时候，我们必须坚持主流话语的权威序参量培育。近年来国家在自媒体领域培育主流话语方面取得了不俗的成绩。

第一，凝聚社会共识，塑造弘扬社会正能量以及树立社会主义核心价值观的主流话语。作为主流话语权的主要部分，国家主导的政治话语反映并建构了权力组织运作形式。不同时期的主导意识政治话语有效地推动了社会动员以及政治经济的转型。进入自媒体时代以后，在社会分化、群体利益鸿沟形成的前提下，社会话语断裂的现状反映到自媒体领域更加剧了自媒体话语分裂的局面。基于以上原因，十八大以来党中央将树立社会主义核心价值观以及弘扬社会正能量作为重要的议题着重强调。习近平总书记强调："有效整合社会意识，是社会系统得以正常运转、社会秩序得以有效维护的重要途径，也是国家治理体系和治理能力的重要方面。"对于社会主义核心价值观的推广和普及，成为各级党政机关的重要任务。与社会主义核心价值观一脉相承的是，在社会各领域掀起了一股弘扬"真、善、美"的社会正能量建设热潮。习近平总书记也在多个场合中强调弘扬"社会正能量"的重要性。这种社会共识的凝聚是必要的，在日后也必须"缓而用心"地坚持社会主义核心价值观的建设，培育符合主旋律要求的慢参量。以北京市委市政府为例，其围绕鲜明的主题如"党中央治国理政新理念新思想新战略"以及"十三五"规划等，打造"红色大V"队伍，组织微信、微博公众号以及头条号进行主题宣传，甚至还打造时政评论的品牌公众号"燕鸣"，在报道中充分利用动画、视频、图标等媒介形式进行报道。在日常的自媒体宣传工作中注意与公德建设与公益活动紧密结合，通过激励机制与评价体系激发个人以及企业创作自媒体内容。例如"争做中国好网民""网络中国节""乡贤文化""互联网公益联盟年度年会"等系列活动都为凝聚社会共识作出了十分有益的尝试。

第二，支持国家队力量的崛起。自媒体发展至今仅仅只有短暂的几年，在这几年时间里话语场域中各种意见领袖在充分行使"指点江山"的话语权的同时，也对话语场域造成较大的混乱。美国学者塞缪尔-亨廷顿曾经形容大众政治参与模式为"参与的爆炸",其可能导致社会冲突和两极分化的加剧,从而引起社会趋于崩溃。自媒体话语场中民粹主义盛行,如薛蛮子、韩寒等一些意见领袖为了哗众取宠,对公权力采取怀疑以及批判立场,却受到疯狂追捧。

第三,对负能量的转换。在系统之中,有许多参量犹如流星一般,出现以及发展的速度十分迅速,消逝的速度也很快。基于我们生活的常识经验,"来得快"的事物"去得也快",所以快参量从长期角度是难以影响系统的发展与质变的。在自媒体话语场中许多突发事件因为奇特、敏感而关注度急剧上升成为热点事件,虽然按照序参量支配原理长远来看不会造成系统的过大冲击,但是从历史发展截面上看依旧要防范其短期之内释放过多能量而导致系统崩溃,"阿拉伯之春"便是突出的例子。所以,在坚持正面参量培育的同时必须注意负面参量的影响。近年来自媒体舆论场中逐渐形成对负面话语的能量转换的有效经验。以前体制外意见领袖在进行话语评论时习惯采用"唯制度归因论"的视角,将所有的负面事件都归因于制度的不足,将受众引导至对体制进行诘问的思路上来。随着体制内意见领袖影响力的逐渐提升,他们不但直接传播正面的声音,而且在面对负面新闻时主动进行议程设置,引导受众转换关注视角,将从对体制的诘问转移到对公民自我的反省与激励,从而将负面能量一定程度上转换成正面能量。

三、建立良性发展的引导机制

引导与计划的区别就如同有引导的市场经济与计划经济之间的差异。从系统论的角度考量,其原因在于计划经济摧毁了经济系统的自组织性。自组织是系统不按照内部或者外部的直接命令,而是依据外部条件以及事物变化规律,按照内部的某种自发形成的规则(可将其俗称为"默契"),自动调节自身活动以及结构使其协同一致以适应环境变化,从而形成有序的功能和结构。市场经济中的价格、供求以及竞争机制被称为"看不见的手",便是其自组织性的表现。虽然这种自组织性并不完美,将可能造成大量损耗,但是这种不完美的自动调节过程是经济系统自动自觉完成的,不需要外在人为的干涉。计划经济越俎代庖企图用人工调节手段替代复杂经济系统精妙绝伦的自组织调节机制,其结果便是哈耶克所谓的"致命的自负"。其本质原因在于计划粗暴地摧毁了系统的自组织性,系统各要素自发自觉活动以及演化的原动力消逝了,系统的有机性以及伴随的活力便不复存在,于是系统的混乱以及瘫痪便是必然的结局。

将自组织理论上升至管理哲学层面便可以得出以下结论:管理或者治理本质上便是利用系统的自组织性实现目标,内在或者外在的人为措施应当以尊重或者不破坏系统自组织性为前提。因此,就如同"庖丁解牛",管理者应该恢复、保护并利用这种自组织的规律,方能得到事半功倍的后果,否则只能事与愿违。

当然,尊重自组织性并不等于放任自流。当出现市场失灵时,政府应该进行调控,但是这种调控必须有度,应局限于宏观调控而不是微观的直接干预,因为后者损害经济系统的自组织性。当企业绩效下滑时,管理层应该采用激励机制激发员工积极性与创造力,这便是利用自组织性的明智之举。相反,如果强行规定员工加班加点将适得其反。当家长急于望子成龙时,便倾向于过度干涉孩子行为,很可能导致孩子丧失自组织的积极性,其最终结果将是家长的干涉"加量",而孩子的主动性消解,形成一个恶性循环的死结。

自媒体时代下的思想教育话语权建构,一方面,必须朝着开放自主的方向改革,防止传播和说教与受众需求相脱节。另一方面,必须为自媒体话语场域树立较为科学的开放与自由度,防止出现漫无边界、自由散漫的无政府状态。英国控制论学者阿什比(Ashby)最早研究自组织的控制问题,他认为自组织系统与十几岁的青少年类似——他们有活力、富有激情且容易躁动,有自己的目标,不可能被牢牢地控制,只能通过影响他们的行为使其保持在某种边界的管辖范围内。国际知名自媒体龙头脸书过于注重所谓的自由与开放,长期以来放任假资讯泛滥、强化信息茧房现象以及助长持少数意见者受骚扰而备受外界指责。脸书全球政治与政府联络主管哈贝斯发表声明:"如今我们一如既往地坚决对抗负面影响,以确保我们的平台毫无疑问地成为民主之善的来源。"另一位脸书主管克拉巴蒂也在博客中发表声明:脸书"察觉不良用户如何滥用我们平台",因此目前正"努力消除这些风险"自媒体为话语的随时随地接入实现了平等性、便利性与开放性,为社会个体进行信息消费、生产与传播提供了便利,同时也为主流话语权建构的边界设置以及"松紧"度把握提出了新的课题——如何在保护话语自组织自我发展的条件下实现间接引导,即保证其按照希望的大致方向发展,又保护乃至培育其自组织性。

(一)需求满足

从传播学的角度观察,话语权所有者即为话语场域中的把关人。美国社会心理学家卢因(Kurt Lewin)提出"把关人"概念时便奠定了其渠道模式的基本框架:进入传播渠道的只有那些筛选或者过滤的信息内容。而后,众多学者对此理论进行了拓展与深化,将信息筛选的标准拓展到把关人个体价值标准(怀特)以及组织群体规范(吉伯)。随着传播学理论基础由心理学转向社会学,把关人理论的研究超越了个体的范畴,深入到整个社会体制中。如舒梅克(Shoemaker)指出了把关的5个层次:个人层面、行业规则层面、组织层面、媒介制度层面、社会体制层面。此时把关人理论突破了把关的个体局限,形成了多级层次结构,增强了其阐释力。大众传播的架构是中心化的,信息在非此即彼的信息渠道中流动,逃不出层层把关人的"五指山"。各层把关人处置消息的时候总带着某种组织的意识形态甚至个人的刻板成见。渠道的封闭性造就了把关人权力的垄断性,把关人不仅可以单方面决定进入渠道信息的数量、内容、流向,而且可以犹如烹饪般将各类信息原料进行加工,改变信息的内在结构、呈现方式。然而,这种理论进化依然在渠道模式的范畴内,在社交网络自媒体时代已经显得捉襟见肘。

当下自媒体时代的传播语境,已经从封闭的渠道模式转向开放式的市场模式,其传播特点符合自由市场的重要特性:其一为开放性。自媒体语境下个体接受以及发布信息都是对所有个体开放的,因此整个信息系统的信息与能量出入是平权且没有重大障碍的。在信息系统内部存在无数信息子系统——各种群组之间存在巨大的差异,这种差异让信息系统内部的信息与能量交换也呈现开放的非线性格局。其二为平等性。由于社交网络的去中心化结构,信息传播呈现网状点对点互动传播,中枢式的监管中心以及层层过滤的官僚式机构被散布式的立体传播网状矩阵所代替。自媒体语境下每一节点都可以原创内容(UGC),进一步强化了网状结构中所有节点的平等地位。自此大众不再是"沉默的一群",而是广泛参与并成为集传受于一体的主人。其三为竞争性。信息生产的低门槛导致了信息过剩,信息在信息系统内外、信息子系统之间可以自由流动,进一步加剧了信息的混乱。但这种不确定性又赋予各节点与群组相互竞争的关系格局,让其不得不在注意力稀缺的市场中优胜劣汰。他们既竞争又协同,共同造就了信息系统的繁荣与发展。

基于经济学角度,自媒体信息市场是以市场手段配置信息资源的场域,是信息配置的市场经济模式。市场里个体意图获得较大收益都必须符合市场的规律,满足消费者的需求,而这便是市场营销研究的主要对象。市场营销指通过市场交易以满足消费者的现实或者潜在需要的资源配置过程。从价值链的角度分析,市场营销是位于末端实现价值的环节,即满足消费者需要,实现市场交易的达成。但是市场营销不仅包括流通(传播)环节,也包括生产环节,其本质上也是以消费者为中心在生产、流通(传播)环节的资源优化配置。把关人理论中"把关"的本质是对信息资源加以筛选、加工的过程,在自媒体的信息自由市场中如果意欲扩大其市场占有率以增强其话语影响,也必须符合信息市场的规律,以受众为导向,而这便可以借鉴市场营销的理论与方法。因此,在自媒体信息市场中,我们应该考虑摒弃业已过时的渠道模式,采取营销模式。

把关理论的营销模式必须同时具备两个理论与实践支点:一个支点为满足受众需求以争夺注意力市场,因此时把关人与受众之间居高临下的地位落差已经消解,把关人不能再无视受众需求,而必须以受众为中心,这对应营销学上的消费者满意理论。另一个支点为在获取了受众注意力的同时,如何诱导受众行为以实现个体上的规训,从而实现把关的目标,而这对应营销学上的消费者行为理论。这两个支点相互支撑,第一个支点为第二个支点的必要前提和手段,第二个支点为第一个支点的最终目标。在满足受众需求的基础上方能引导受众行为,同时,引导受众行为也在对受众需求的满足中实现。

1. 需求满足:满足受众需求以争夺注意力市场

顾客满意理论起源于欧洲,由美国学者卡多索(Caradozo)完整提出,后逐渐在西方发达国家推广应用,成为 型企业管理哲学与文化。其代表理论为美国营销专家劳特朋（Lauteborn）1990年提出的4C理论，其设定了市场营销的消费者导向原则，并构筑了市场营销四个基本要素：消费者（Consumer）、成本（Cost）、便利（Convenience）和沟通（Communication）。此四个要素为探讨满足自媒体语境下的受众需求提供了良好的分析角度。

(1) 受众中心：考虑受众需求

显然，传统的把关人理论是"传者中心"，相应的效果理论为"魔弹理论"以及"皮下注射"理论，其断定大众传播强大且有力，足以将观念灌输至人们头脑中，就如枪手射击固定靶或者医生注射。自媒体时代真正步入了尼葛洛庞帝所指的后信息时代，其基本特征为"个人化"，信息为个人而制作、传输。信息实现了世界范围内所有个体的自由流动，受众终于也可以平等获取话语权。在话语竞争的丛林市场中，如果哪个媒介无视受众需求，将自己置于"布道者"的圣坛上等候受众朝拜，那么将受到受众的舍弃。而4C等营销理论强调把受众满意置于首位。同样，传播学的受众中心论指的是在传播系统的传播者、受众、传播内容、效果、反馈、传播环境中，一切媒介传播行为皆以受众为中心，受众为传播系统主体，传播系统所有要素均围绕受众展开。

(2) 降低成本：降低受众总支出

4C理论重视努力降低顾客的成本，顾客在购买商品时，资金、时间、精力与体力构成顾客总成本。降低受众的信息成本可以从宏观与微观两个方面着手。

宏观上培育信息源以节省受众信息查找成本，并同时达到把控信息源的效果。信息爆炸的当下，自媒体以社交网络为依托，所有个体都可以平等发言，造成舆论场主题失缺的众声喧哗，水平参差不齐的杂乱无章，导致信息成本的极大浪费。然而其依靠所有个体"用脚投票"的市场机制，良好的信息源逐渐在大浪淘沙中显露出来。当下在排行榜位居前列的众多公众号，都是在某个细分领域精耕细作而成为意见领袖，成为这些领域的把关人。这些把关人通过专业团队的策划与挖掘，为受众提供高价值的信息体验。对于这些把关人的培育，应采取与传统渠道模式把关人相区别的培养模式。传统模式下把关人采用的是类似于微软的工程师模式，力图将所有信息处理任务都在自己的体系中完成，这种模式吃力且不讨好，常被受众所诟病甚至抵制。当下，这种工程师模式已经被经营城市的平台模式所替代，类似于安卓市场以及苹果APP STORE，宏观把关人并不直接参与具体任务的处理，而只是制定平台的规则，通过平台竞争的机制挑选出众多的细分领域意见领袖作为具体微观把关人。通过对意见领袖的管理与引导实现对信息源的管理。这一方面节省了管理成本，另一方面有利于开发所有个体的智慧，将其吸引至自媒体平台所需要的导向上。

微观上把握传播技巧以节省受众接受信息的成本，达到信息被更好吸收的效果。首先，语言风格必须接地气。以人民日报的微博以及微信公众号（下文称其为@人民日报）为例，作为体制内影响力最大的媒体公众号，由于其摆脱了传统党报说教式话语、刻板的语调、古板的形象,受到了网民的热捧。@人民日报以接地气的草根化网络言语表达组织文字,以平等的姿态与网民进行交流。其在认真研究网络语言的基础上,大量采用"亲""给力""土豪"等网络热词,极大增加了文章的可读性,高度契合了网络流行文化的特点,获得良好的传播效果。其次,排版风格必须符合电子阅读习惯。在市场营销的实践中,超市的营销人员如何通过商品位置的调整提高商品销量是十分高深的学问。阅读工具的进化带来了阅读习惯的变迁。在自媒体时代,不管纸质媒介或者电子媒介,为了让受众"悦读"以减少阅读成本,必须在排版设计风格上迎合自媒体时代电子阅读的特点。自媒体时代排版变化的趋势在于:第一,条理清晰简洁明快,增加易读性;第二,厚题薄文,以图释文,合理使用多媒体,增加速读性;第三,大量使用表情以及符号,营造悦读性氛围。适应变化趋势必须通过数据反馈以及受众互动,不断探索适合读者阅读习惯的排版方式,应用新技术、新理念以进行更时尚、便利的版面设计。在此基础上不断创新,通过开发阅读硬件以及软件,不断为受众提供新体验,从而达到引领受众的效果。

2. 提供便利:顾及受众易接近性

市场营销强调应考虑消费者的"易接近性",最大限度便利消费者,如商店外部地理位置的选择必须考虑交通的便利,内部布局设计便利消费者参观、检索、挑选以及付款。自媒体时代下的把关人也必须考虑受众获取信息的便利性。自媒体语境下的信息分布是弥散状的,然而信息之间往往缺乏逻辑关系,因此按照某种逻辑关系为受众组织信息,优化信息的位置以及布局,从而便利受众。信息的外部位置即为信息的路牌——标题;内部布局即为与关于事件进程以及深度方面的信息结构。

首先,重视标题的引导力量。自媒体语境下的所有信息都是通过标题的链接所关联的,受众对信息的索取是受标题所驱动的,只有点击了标题之后,下层的信息方得以呈现。正是由于对标题重视的"用力过猛",自媒体时代才出现"标题党"横行的局面。然而这也从侧面反映了自媒体时代的标题在与以往标题一致的扼要、简明、精准、深刻等要求外,对创新性以及由此而产生的引导力量更为重视。

其次,引导受众对事件进程及深度的关注。近年来在重大新闻事件中,受众对新闻即时进程及深度原因的渴望愈加强烈。自媒体以即时的速度、多元的视角、广泛的参与进行报道与评论,逐渐取代传统媒介以及新闻网站成为个体主要的舆情信息来源。自媒体把关人在把握进程的过程中,除了充分利用其本身所固有的快捷与灵活的特点外,还应该特别注意:第一应筛选并突出重点。新闻信息在进程中往往在极短时间内急速爆炸,这给把关人既造成了信息挑选的难度,同时也提供了海量的信息素材。信息的空前多元为事件提供了前所未有的全息图像,从根本上解决了传统媒介环境下的"信息匮乏"难题。把关人只要从容地选取适当的角度、合适的标准便可以挖掘出符合本身价值观立场的信息素材,从而给受众提供一个"似乎"完整的故事链,突出把关人意图传

第八章 自媒体视域下话语权建构策略

达的重点。第二应合理设置事件发展的脉络布局。微信、微博等自媒体信息发布的特点是单条信息发布，以时间轴为线索平行排列，难以与传统新闻网站类似——以专题报道的形式呈现系列信息，而呈短小精悍的特点。在有限的屏幕信息里如何把握事件发展的脉络，是对把关人极大的挑战。采用 html5 等技术对新闻进行可视化处理是当下较为可行之道，大量公众号每天推送的"一张图读懂ｘｘｘ"便为此类型新闻产品。成功的新闻可视化产品并非简单地将数据或者信息堆砌在一张或者系列图片上，而是通过有目的的选取信息素材，加以解构并以可视化的形式重构。有图片有真相、有数据有说服力、有趣味有可读性，配以音乐乃至动画，不仅为受众吸收信息提供了极大的便利，而且为受众在信息碎片的汪洋大海中提供了知识导图，无形中为受众指明了方向。

3. 用户驱动：鼓励受众沟通、互动及参与

4C 理论强调企业必须与消费者不断沟通，方能构筑竞争优势。传统把关人受限于媒介工具的低效，无法与受众有效沟通。在自媒体语境下信息技术的进步让即时沟通与互动具备了可能性。以微博为例，受众的留言与互动赋予了博主"批阅奏章"式的快感，与受众的进一步互动构成双向传播，这成为信息生产源源不断的动力。受众转发、话题参与形成受众与博主、受众与受众之间的多向传播，让更多个体被裹挟进入话语的狂欢中。处于狂欢状态的个体陷入夸张游戏、插科打诨、互相模仿的状态中。这种信息冲动如果不加以引导，容易由狂欢转变为无可收拾的混乱乃至暴乱。此时更需要把关者作为意见领袖在混乱状态中的把控能力，让话题逐步脱离混沌，建构话语的有效自组织状态。

受众不会满足于被动式的反馈，而是更主动地生产内容（UGC），让每个个体都成为传受一体的节点。传统媒介时代的"受众"在自媒体时代下需求更为多元，将其称为"用户"更为贴切。当下不仅微信、微博等自媒体平台鼓励用户共同参与内容的生产，众多的互联网软件硬件生产商，如小米手机、苹果 APP STORE 也加入用户参与产品生产设计的潮流中。在新闻领域，以 CNN 的 iReport 为代表的参与式新闻报道平台发展迅猛。iReport 于 2006 年推出，鼓励全球民众将与新闻事件相关的稿件、图片、视频上传至其网站。CNN 着重将传统新闻与参与式新闻相互融合，既吸收参与式新闻的新生力量，作为把关人又尽力将参与式新闻纳入传统新闻生产的逻辑中：播出模式上，参与式新闻与传统新闻一视同仁，在网站上拥有专区，更在传统频道中播出；业务培训上，对非专业记者通过虚拟课堂进行专业培训，让其最大限度接近专业水平；奖励机制上，专门设奖以鼓励民众参与；审核体系上，将其与传统新闻统一标准，以实现两者融为一体。

（二）行为引导——诱导受众行为以实现个体规训

消费者行为理论研究消费者在各种商品以及劳务的可选项间如何分配其收入，以最大化满足自身需求，亦称为效用理论。其研究目标为消费者购买时的心理以及行为特

-117-

征，其中涉及消费者行为的影响因素理论、信息处理以及决策理论、终端购买行为理论对研究受众在信息的自由市场中如何选择、吸收信息具有启示意义。消费者行为影响因素的理论中最具代表性的有三要素说，该理论认为消费者行为的主要影响因素有三点：消费者的内在因素、外在环境因素及商品市场营销因素。通过以上三方面，我们可以诱导受众的信息消费行为，从而实现对网络自媒体语境下信息的把关。

1. 把握内在因素：通过生理及心理因素引导用户欲望

在三要素理论中，消费者内部要素包含个体个性与自我概念、知觉、社会阶层、家族和生活形态四个子要素，此四要素共同构成霍金斯所指的消费者内在欲望。以上四要素中知觉更具普遍性及规律性，由此可从个体对信息的知觉入手对个体的信息欲望进行引导，从而把握信息把关主动权。而影响知觉的要素包括生理及心理两方面。

第一，从生理入手做好信息界面设计。认知心理学表明，产品使用过程中形成的对人机界面直观认识，是人脑加工后（认知）的产物。因此，视觉界面设计得当便可强化用户对目标信息的积极认知，通过知觉原理提高人机交互信息界面的认知效率，从而取得信息把关的效果。知觉包括空间知觉、时间知觉、运动知觉、错觉、幻觉等。以空间知觉的视觉为例，其在人机界面的影响力最为显著。其一，利用视觉元素的分布和布局原理让信息适应受众视觉的生理特点。

如根据格式塔知觉相似原则，将内涵上或功能上逻辑关系相近的信息元素布局在一起，逻辑距离较远甚至对立的信息元素则采用远距离分割，强色彩对比布局。对需要重视和强调的信息元素，宜将其置于界面的中上部最佳视域。其二，掌握视觉元素的属性提高视觉元素信息单位容积，节省受众寻找时间。视觉信息查找的影响因素包括视觉元素的数量属性、形状属性以及颜色属性。以数量属性中的容积规律为例，在信息界面的视觉元素数量不宜过多，不能超过人注意的广度 7+2 个，如果过多会增加用户寻找信息时间成本。如果非要使用较多元素，则应先按照易接受的标准进行分组，在每组内视觉元素数量也不应超过上限。

第二，从心理入手引导受众动机。动机是个体为实现一定目的而从事活动的内部动力。在营销实践中，超市里面往往刻意设计出路径，将顾客意图购买的商品置于路径的末端，让消费者将琳琅满目的商品浏览完毕后方可到达自己的目标商品，而且还常在商品周围放置顾客有可能购买的商品，由此诱导顾客消费动机。在信息纷繁的自媒体平台上，用户的动机也经常被诱导。各种APP以及自媒体平台设计的目标都是让用户尽可能长时间的逗留，所以诱导受众进行额外的信息消费是其设计初衷。经常出现这样的情形，用户仅仅意图查一点资料或者发表一篇短文，然而登录平台之后，各种精美的图片、诱人的标题、闪耀的动画、滚动的新闻无时无刻不诱惑着用户去点击、浏览、点赞、转发、评论。当用户想起来原来要干什么的时候，时间已经从指尖无声无息地流失了，受众 动机，便悄悄地被"劫持"了。

-118-

2. 利用外在因素：营造群体环境激励或压制行为

三要素理论中外部环境因素包含文化及亚文化、社会消费机构、家庭、参照群体等要素。自媒体融合了媒介传播与人际传播，形成与现实世界不同的亚文化圈子。个体在这种亚文化环境中的信息消费与个体行为，将受到这种亚文化的影响。这种既虚拟又真实的群体环境便可用于对信息的把关。

（1）通过社会化肯定的途径进行鼓励

作为重要的传播学受众理论，"使用与满足"将媒介行为的因果连锁过程概括为"社会因素—心理因素—媒介期待—媒介接触—需求满足"的模式。社会因素中对社会化肯定的诉求源自渴望获得认可、欣赏以及归属感。当下信息泛滥，在这种群体情境下能被"关注"本身便是一种存在价值的彰显，能给"点赞"更是一种对个体行为的嘉许。也许用户知道那仅仅是礼貌性的回应，甚至只是随手无意识的行为，但依旧能为用户带来"打鸡血"般的快感。

（2）通过沉默的螺旋效应进行压制

沉默的螺旋效应是指意见表达和沉默的扩散作为社会心理过程，是螺旋式的社会心理传播过程，强势观点将更加强势，弱势观点将少人理会并逐渐消亡。人们在舆情环境压力下害怕孤立，于是趋向于向优势意见沉默乃至接受。媒介传播可借助营造意见环境影响舆情乃至个体意见。网络媒介环境下沉默的螺旋效应的适应性虽然有所争议，但是依然被理论以及实证证明具有较强的阐释力，可适用于一定程度上的信息把关。

3. 采取信息营销：施行营销行为培育用户忠诚度

市场营销的三要素理论较之二要素理论更加重视市场营销因素的作用，可见在激烈的市场竞争中，营销行为对消费者的影响效果愈加明显。Web3.0时代，自媒体传播与大众媒介迥然不同而呈现个性化、自主性、实时性、互动性及社区化等特征。大众传播呈现的是单向线性的伞状传播模式，而自媒体传播呈现的是网状互动模式，与自由市场更为类似。个体在市场要获取更多关注，"吆喝"是必需的。在开放的观点市场中争取更多的注意力资源即为把关之目的。这就必须采取符合自媒体语境的营销行为，实现以传播者为主导向受众为主导的转变，让用户产生一定程度的成瘾性依赖，培育对把关信息的忠诚度。这种转变主要体现在以下方面。

（1）精准营销：从大众传播到个性化传播

不管是"魔弹"还是"皮下注射"理论，大众化传播的信息是"块状"的，意图"砸晕"所有个体。而当下的自媒体往往以社交网络为传播基础，"大块头"的宏观叙事难以通过社会关系的过滤网，符合个体特质的个性化信息方可以得到社会化传播的青睐而获得良好的效果。自媒体平台生成并积累了海量用户数据，为勾勒个体的偏好、习惯及行为轮廓提供了可能，奠定了精准营销的基础。基于大数据技术的精确制导，信息与用户的匹配度极大提高。因此，基于大数据进行的个性化推送精准营销信息，由于这些信息并非传播者强制灌注给受众的，而是为用户"量身定做"的，是用户自己关注、自己喜欢的，所以信息的被接受度极大提高。新闻客户端"今日头条"正努力做到"你关心就是头条"，为所有用户呈现的新闻都不尽相同，正是基于用户关注的数据预测并为用户推送信息，所以取得了巨大的成功。

(2) 小众营销：从大众文化到小众文化

与经济领域的生产与销售一致，大众传播遵循的是"二八定律"，20%高忠诚度的主要用户常带来80%销售业绩。生产者、信息传播者格外重视此20%的重点用户，生产与传播（销售）以他们为中心而展开。剩余80%用户的20%需求被有意无意地忽略了。因此传统的唱片公司可以发行一张唱片，而里面也许只有一两首主打的歌曲。以往的电视、广播只有在黄金时段才播出基于大众需求的"黄金档"节目，而其他时段"搭售"的是大量低质节目。信息技术的普及、传播成本的降低、供给相对于消费的过剩都推动了信息生产与传播突破传播模式局限。技术升级让超越"二八定律"成为可能。在需求曲线中长长的尾巴，这部分以往被忽略的"小众"需求累积起来将产生比肩80%畅销品的业绩，这就是《连线》杂志主编安德森所指的长尾现象。与传统传播语境下的大众传播相比较，自媒体语境下的传播具有更明显的小众传播特点。此时，信息的生产与传播等把关行为更应该重视的是分众传播下的融合营销。以《小时代》系列电影为例，在大众传播年代，此类小众群体的小众"幼稚"需求都会被忽略，而且更不可能通过把关而被生产。郭敬明对于其处于青春期读者的年龄段需求十分了解，他们需要什么就给予什么。所以即使电影内容空洞、叙事逻辑缺失、情节编造随意、演员表演粗糙、宣传拜金主义，然而丝毫不影响粉丝群体对电影的热捧。《小时代》系列电影的营销手段整合了明星品牌营销、粉丝营销、档期营销、网络营销、线下营销、传统媒介营销、口碑营销、话题营销、植入广告等众多营销方式，正是其精准的定位以及营销方成就了其传播上的成功。

(3) 社区营销：从灌输式填鸭到营造社区文化

传统把关是一种灌输式的填鸭，受众以及受众个体之间的关系往往被忽略，受众个体的孤立状态以及无可逃逸使无视受众的灌输成为可能。这种情境发生的前提是时空的断裂，而自媒体语境下所有传受个体都在一张社交网络中即时互动，当个体之间的互动达致一定频率成为一种常态时，社区便形成了。因此，把关人不仅仅要"推销"自己的信息产品，更须促进社区文化的形成，以便信息产品能够在社区文化的土壤里生根发芽。社区文化不仅让粉丝互相认同，而且产生群体归属甚至一致行动，从而进一步强化对传播把关者的信息忠诚度。只有当传播者的文化与粉丝社区文化充分互动，这种文化的共同体才可能形成。这样的文化共同体是在信息的生产、传播、消费的过程中积累、培育的。所以，可以将营销行全链条铺开，在信息产品的设计生产阶段、传播阶段、消费阶段都鼓励用户参与，让其成为过程的主动推动者而非被动消费者。这种共同体会将强化用户的"主人"情感,将把关人的信息品牌内化为自身荣誉,从而信赖并推动信息产品的再生产、再传播。

(三)手段再造——重构流程以实现规训目的

自媒体为代表的新媒体突破了时间以及空间的诸多局限,再造了虚拟空间以及虚拟时间体验,极大拓展了话语规训的手段范畴。

1. 算法+

在当下众多的自媒体公众号以及自媒体平台中,其内容生产的目的在于获取更多用户并保持用户黏性,从而在激烈的商业竞争中生存以及发展,所以核心理念便是以用户为核心,解决用户个性化的需求。随着技术进步,传统议程设置中所面向的"公众"逐渐被"受众"(个体用户)所替代,而这种技术的桥梁就是算法。算法作为一种编码程序,将输入数据通过特定运算转化为输出结果。有学者将其与食物做了比较,如果数据是食材,算法便为食谱,按照食谱所指定的步骤和要求筛选、搭配食材并按照程序制作,才可以做出指定口味的食物。在 3As(AI, Algorithm, Agenda-setting, 即人工智能、算法、议程设置)的视野中,自媒体最大的特征在于基于用户需求筛选话语内容。通过人工智能以及算法的结合可以实现以上目标,其核心为将用户个体特征和话语以及商品的特征进行量化统计并采用矩阵进行描述,并以此为基础在两者之间进行匹配,从而为用户推荐符合其特征的话语或者商品。其算法主要包含两种:一为从用户个体出发,将其定位于相似度高的用户群中,然后为目标用户推荐用户群选择概率高的话语或者商品;二为从话语或者商品出发,建立其特征库,然后基于用户个体已经选择的话语或者商品推荐类似产品。

自媒体时代,大数据体量的逐步庞大赋予了算法巨大的权力。大卫·比尔(David Beer)将此冠名为"算法的权力"(power through the algorithm),并认为算法所发挥的分类、搜索、判定、过滤、有限、推荐等功能常被视为是高效、理性、中立的从而值得信赖。也有学者对此持不同意见,尼兰(Ney-land)和丹尼尔(Daniel)等认为算法本身是不具备社会权力的,拥有算法权力的应该是算法联合(algorithmic associations),应该考虑算法的情境性,因为算法运作是"人、规则、关系、过程"相互作用的过程,是一种人与非人因素相作用影响的结果。姜红和鲁曼指出,用户、算法与专业机构共同编制了这张传播之网。因此,算法并不仅仅是中性的技术术语,而是一个具有文化内涵的概念。既然具有文化内涵,便具有强烈的价值倾向,可以作为实现话语目标的入口甚至方法。

价值观实现是新闻主体用以选择并衡量新闻价值客体的过程。在传统媒介中其主要体现在新闻从业人员的具体新闻实践中。而自媒体平台算法能自动化选择以及衡量新闻客体价值,其价值观标准往往内嵌于代码设计与编写过程中,实现于算法分发的实际过程中。其价值观主要包含以下要素。

(1) 场景

自媒体基于移动通信设备进行传播，其场景性十分强，算法推送很大一部分是基于服务场景的感知而进行信息服务的匹配的。基于用户使用场景的定位，自媒体常常为用户推送基于本地新闻或者身份新闻。例如，基于某师范类大学的地理位置，今日头条可能为用户推送与其学校相关、与周边社会生活相关，或者与其学生身份相关的新闻。LBS (Location Based Services) 以及物联网技术为精准的信息匹配提供了强大的技术保障。

(2) 流行度

一般而言，具有较强冲突性以及重要性的新闻流行程度较高。这些话语信息更容易通过算法的筛选推送给用户。移动 APP 一点资讯副总裁、著名媒体人吴晨光认为，当新闻重大程度较高时，可以从不同角度 PUSH 多条，形成持续关注度。詹姆斯－韦伯斯特 (James G.Webster) 的研究也发现，基于搜索引擎以及社交网络的协同过滤系统在推荐信息时都倾向于将"流行度"（popularity）作为重要指标。

(3) 用户偏好

今日头条在其 APP 启动时便显示其宗旨"你关心的，才是头条"，这凸显了其对用户偏好的重视。用户偏好一般可以分为两种类型：一种为显性偏好，即用户在话语行为过程中所显示出来的偏好，例如用户在阅读、点击、点赞、收藏、评论、关注、转发、搜索过程中所表现出来的兴趣偏好。另一种为潜在偏好，主要为系统在搜集以及分析用户数据而推断出来的偏好。这些数据包括社交账号、LBS 地理信息（GPS 定位、手机基站定位，IP 地址信息）、手机型号等。随着用户数据的积累，自媒体平台对用户的了解程度日益加深。有学者仅仅通过解读 5.8 万名志愿者在脸书上面"点赞"的行为，便分析推测出具有强烈个人性质的大量隐私信息，如种族、性别、年龄、性取向、个性特点、智力水平、上瘾物品、父母是否离异等。

(4) 平台优先等级。

因为平台希望用户在平台上逗留较多时间，因此都着力打造一个所谓的"闭环"，平台优先等级是影响自媒体平台推荐给用户的重要因素之一。例如，脸书将优先推荐自己平台上面的信息而并非其他平台，例如 YOUTUBE 上面的视频。

CNNIC 的报告显示，依赖手机推送关注新闻的网民占比 26.7%。今日头条有 1.4 亿活跃的用户，这意味着其发挥了实质上的自媒体话语信息把关人的作用，行使话语筛选的话语权。虽然其总裁张一鸣强调："传统媒体是把观点告诉别人，今日头条是提供实用信息，比如给养猪专业户提供更好的养猪信息，告诉强直性脊柱炎病人如何治疗。传统媒体是传递价值观，我们只是让有益的信息到达个体"。与此相关，今日头条也一直被诟病过于强调算法造成了信息茧房，而且因为强调阅读量被草根文化"挤走"了审美的意趣。但是，从以上的若干价值观因素可以看出，只要在所有的因素中加以人工因素进行干预或者干脆在算法中渗透进入价值观加权筛选的因素，便可以进行价值观的筛选与推荐。这便是话语权通过算法实现的路径。

以"今日头条"为例,当下诸多的自媒体平台都在不约而同地通过算法为用户提供话语资讯,同时为平台上面的自媒体公众号(今日头条称其为"头条号")提供大数据算法服务。今日头条公司之前虽然声称只做"新闻搬运工",只有程序员、工程师和运营人员,就如上文所分析,现在其已经采用编审人工对敏感文章进行审核以及过滤。我们暂且抛开人工审核的"手工"因素,认定其算法的个性化推荐充当了"把关人"的作用,分析其实现过程。

第一,技术运用为基础。算法把关作为一种全新的话语把控方式,是由数据结构以及算法技术共同作用的结果。今日头条总裁张一鸣介绍:今日头条是一款基于数据挖掘的推荐引擎产品,结合了搜索引擎、数据挖掘、机器学习等技术。机器学习是指数据系统在算法的基础上自我进行数据学习并形成判断。数据挖掘是指计算机分析海量原始数据,从中筛选出具有潜在价值的信息。由此,今日头条便如同自媒体领域中的百度,将用户阅读行为所体现出的兴趣以及需求作为搜索关键词,将系统推荐的内容作为机器算法帮其搜索而得出的结果机器学习、数据发掘以及搜索引擎技术的紧密结合实现了今日头条作为自媒体信息推荐引擎的技术基础。

第二,内容分析为储备。以以上技术为基础,今日头条将搜集的自媒体公众号信息源源不断地发布至自媒体聚合平台,在获取大量内容之后,数据挖掘以及算法开始工作,对信息进行分析。通过各个话语信息分析的结果对信息属性进行判断,为它们贴上各种属性标签以进行分类,并结合用户点击数、转发数、阅读量等数值得出当下热门话语事件的资讯,为内容推送做好准备。

第三,个体追踪为靶向。用户使用今日头条的过程中,每一次点击、阅读、上下滑动、收藏、评论、转发、阅读时间长短、阅读地点等行为都产生数据,都被自媒体平台忠实地记录着。此外,用户使用QQ、微信、微博等社交账号登录自媒体平台的时候,其发布的内容、关注对象以及粉丝群体等诸多内容都被"一网打尽"。所有这些数据都作为后台识别、记忆以及判断的基础,通过对以上数据的分析,用户不断被标签化。系统由此判断用户对哪些类别的话语资讯感兴趣。将以上过程相结合,今日头条平台将用户标签与话语信息的标签相匹配,选择合适的相关内容个性化推送,实现话语把关的过程。依据用户对推荐信息使用情况的即时反馈,系统将对个人兴趣图谱进行不断更新和完善,并及时调整推送内容。所以,用户使用平台次数越多、时间越长,将留下更多的数据足迹让系统追踪,系统对用户的信息推送更加精准,从而极大降低了信噪比,提高用户获取信息的效率。

2. 游戏+

(1) 自媒体语境下的游戏化生存

作为人类社会与生俱来的生命现象,游戏伴随着整个人类文明的进程。但是传统社会中的游戏大都被局限于游戏本身的时空领域,与现实的社会生活有着明显的界限。随着媒介发展,这种界限逐渐模糊起来。美国的威廉·斯蒂芬森作为传播学者、心理学家以及物理学家,在大众媒介时代已经意识到这种变化:"大众传播之最妙者,当是允许阅者沉浸于主观性游戏之中。"自媒体时代的移动社交语境之下,这种界限完全被打破。虚拟空间已经成为现实空间完全对接难以分割的一部分,原仅存于游戏中的游戏行为渗透到人类个体以及社会生活的各个角落。从淘宝的"亲,给五星好评返现哦",到滴滴打车的"老板,给个好评吧!";从朋友圈晒步数、背单词及其排行榜,到微信小游戏中"跳一跳"的PK;从全民疯狂答题的热潮,到节日朋友圈抢红包的疯狂,人类进入了一个数字化生存的时代,其同时亦为游戏化生存的时代。

简单而言,游戏化即游戏规则、游戏行为、游戏精神、游戏思维、游戏设计技术等游戏元素在非游戏情境中的应用,其实质上就是设置一个场景,并赋予这个场景以意义。英国游戏开发者开始正式运用游戏设计元素设计电子设备的游戏界面,而后游戏化作为一种思维模式以及设计路线被广泛应用于教育研究实践以及商业开发。凯文-韦巴赫将这种现象总结成为著作《游戏化思维:改变未来商业的新力量》。游戏化生存再也不仅是躲在人类社会一个角落里的自娱自乐,而且进入了人类社会政治经济生活的主要舞台。

(2) 游戏化生存下的秩序与守护

对于传统游戏者而言,进入游戏便如同进入另外一个截然不同的时空,在这个另类的时空中扮演与现实世界不同的角色。在Web 1.0时代网络作为虚拟空间逐步形成"亚文化"的游戏化时空,那是因为虚拟世界入口并不十分便捷。Web 2.0时代下所有用户随时随地都可以进入虚拟世界,之前的"亚文化"成为人类事实上生活的主体。著名社会学者鲍德里亚在其著作《拟像与仿真》(Simulacra and Simidation)中认为,拟像作为一种没有本源的摹本,却看起来比真实更为真实,它成为受众"先验"(prior)的存在而影响着现实。因此,虚拟世界不再是人造的虚拟空间,它就是现实,是一种游戏化的拟真现实。

随着自媒体时代的到来,各种移动终端将个体生活对接进入虚拟空间。虚拟的游戏化现实无限延伸了人类生活的时空。网络游戏中的"大神""大虾"等用语已经延续到现实世界的交流,网络用语已经登上《人民日报》的纸质版头版头条,马路上经常可见男生女生穿戴着各式各样的"卖萌神器",美图秀秀成为吃饭睡觉一般个体生活的标配。自2012年开始各类网络选秀、真人秀表演带火不少二、三线明星甚至草根,到当下火热的随时随地自媒体直播造就的无数"网红",都不知道是游戏改变了现实,还是现实已经是游戏本身。

有游戏便必定有规则,规则缺失的游戏必定很快崩溃。当人们进入游戏时空的时候,意味着他已经默认接受了游戏规则。一般而言,所有游戏参与者都自觉遵守游戏规则，小到捉迷藏，大到奥运会，小部分破坏规则者必定受到严惩。在自媒体时代，由于个体相对较为平等，个体对于公平公正的秩序更为注重，这种规则必须是通过社会成员普遍认可的。正因为这种注重，社会成员对于违反规则者的反应更为激烈，对于社会贪腐以及不良行为网络曝光的压倒性舆论便为明证。这种舆论的话语力量又进一步促进相关秩序的逐步进化与完善，让遵守秩序与规则逐渐成为社会常态。

采用"游戏+"的自媒体话语规训，因为具有自媒体参与度高、互动性强、（时空）渗透率高的特点，必然呈现出与传播教育"苦行僧"式的修行不一样的面相。"游戏+"的规训，肯定是欢乐的、温情的，参与者不仅能在不知不觉、愉悦甚至上瘾的状态下完成被引导，而且将主动参与到游戏式规训的再生产中，通过社交网络甚至现实社交的方式引导更多亲友进入游戏。

（3）自媒体语境下的游戏规训。

微观话语权理论认为："由于有了这种监督技术，权力'物理学'对肉体的控制遵循着光学和力学法则而运作，即玩弄一整套空间、线条、格网、波段、程度的游戏，绝不或在原则上不诉诸滥施淫威和暴力。这是一种更微妙的'物理'权力，因此似乎是不那么'肉体性'的权力。"可见规训在其理论视野中也被视为一种游戏化的规则。这种微观权力"无所不在，无时不警醒着"，"纪律使一种关联性的权力得以运作，这种关联性的权力是自我维系的。它用不间断的精心策划的监视游戏取代了公共事件的展示"。在微观的权力规训过程中，最重要的是对游戏规则的合理性修改、调整，让其逐步朝着规训的目的演进。

在自媒体时代，微观话语权规训的三大要素中，监视与记录都被大数据的技术进步所解决，重要的是如何形成纪律，因此，如何让教育对象的行为遵守一定的秩序以形成纪律成为最重要的要素。个体是具有自然性与社会性的生物体，大数据时代成为实验各种"游戏"的秩序是否有效的试验场，心理学、社会学、管理学等涉及人类个体以及群体行为管理的知识都能在一定的范围内被实验，并加以调整以及推广。

关于虚拟行为的规训，实际上在各种商业中已经初见端倪。每天我们浏览网络信息，各种网页广告以及弹窗广告无时无刻不引导着我们的行为。因为较为敏感，此类实验乃至政策的舆论风险较大——毕竟所有人都不愿意别人将自己作为实验的小白鼠。事实上类似的实验很多，政府、科技公司以及研究机构都在悄悄地推行着实验，只不过实验以及执行实验结果的过程十分隐秘而已。事实上，大数据已经成为众多互联网公司最宝贵的财产，对大数据的开发以及应用成了这些科技公司最核心的商业竞争阵地。为了达成某种商业假设或者解决某个商业问题，这些公司利用大量的数据集分析、整合、建模，进而确定方案的可行性，而后优化流程，再验证流程的效度进行重新试验，这些已经成为其日常的核心任务。亚马逊公司每天为不同顾客推荐商品内容乃至动态定价信息，并时刻依据用户购买行为的反馈数据进行调整。脸书每天所进行的数据实验达到上万次，让一组用户所看到的内容与其他用户有所不同，并对比这种改变的效果而不断进行调整。其最终研究成果必定在其平台上进行推广并不断进化迭代。这种话语权掌控的全新方式比以往的任何方式更加让受众防不胜防。你购买了一件商品，认为是自己发挥主观能动性选择的结果，而事实上这种行为是经过千万次"巴甫洛夫实验"的结果。巴甫洛夫实验是心理学上的著名实验，在每次摇铃铛的时候就给小狗喂食可口的肉，重复十几次之后如果再听到铃铛响，即使没有再给小狗喂食，小狗也一样会流口水。由此，经过不断的试验修正，通过对受众不断刺激而形成条件反射以形成"巴甫洛夫"条件反射的反射弧，最终达到规训的效果。这种尝试已经超越了商业应用的范畴，在政治领域亦已经开始逐步推行。2018年3月，因为脸书数据泄露事件而暴露出特朗普竞选团队利用民众自媒体数据隐私进行广告推广。为了取得竞选胜利，特朗普团每天进行17.5万次实验，根据不同选民推送针对性的广告，许下不同的竞选承诺！由此可以得出结论，特朗普的出格言行以及举止是经过精心设计的，因这样更容易在自媒体平台上获得传播、赢得关注，从而引导公众议程。我们可以这样认为，特朗普最终取得竞选成功在某种程度上是因为其竞选方式契合了自媒体话语场的规律。特朗普与传统政客不同的风格迎合了数量众多的美国中下层白人民众，符合自媒体时代草根文化的审美。从特朗普与CNN等众多大众媒体的敌对关系可以推断，他这种类型的竞选者在大众传播时代是不可能的。脸书将用户作为"小白鼠"进行实验事实上已经不是什么新近事件了，例如2012年始脸书就不断对用户进行"情绪感染"等系列实验，还将相关实验结果作为论文公开发表，惹怒了大批公众以及人权保护人士。

  实质上，脸书利用用户做研究以及实验并非仅有上述个案，相关的学术以及商业研究不计其数。因为社交网络以及自媒体的数据研究以及实验与传统社会实验相比具有采样方便、数据对象数量庞大、实验即时可追踪、成本低廉等特点。脸书研究团队的负责人马洛认为：脸书是史上研究人类社会最强大的工具。脸书的实验室自身做了大量的数据实验，其目的根本上是为了获取用户信息用以进行广告销售，甚至用于政治选举。

  具体到个人话语行为的规训上，一个风靡全球的网络游戏《英雄联盟》为我们做出了大胆的探索。作为拥有6700万玩家的游戏，RIOT公司聘请行为心理学专家基于大数据、人工智能的机器学习技术规训玩家行为。因为在游戏进行的过程中，许多年轻的玩家因匿名且竞争强度的上升，会不断发出污秽下流的言语，这将严重损害游戏的体验。

  这个研究团队每天的工作便是抽取并研究数千场对抗中的聊天日志，从最开始的人工抽样发展至通过大数据代码判　玩家的言语属于"正面""中性"抑或"负面"。研究团队从经典心理学知识中获得灵感，他们尝试在恶意行为发生之前推送某些信息或者图像给予玩家以警示。这些信息一共有24条，其中一些是进行正面行为激励的，例如"如果你能在队友犯错之后提供一些建设性建议，那么你获胜的概率就会大大提升"；一些是警告恶意行为的，例如"如果队友犯错之后你不停地骚扰他们，那么你的队友有可能表现得更糟"。这些提示以三种颜色标注,分别在游戏不同时间段进行展示。在此之后,他们将推送提示的实验对象与没有推送提示的实验对象进行多达 216 次的对照实验,并依据试验结果不断比较、不断调整提示的策略。随后,RIOT 公司引入"审判团"机制到游戏中,这个机制让玩家作为志愿者有机会进入具有裁判权力的组织,得以裁定其他玩家的言行性质。玩家志愿者可以在后台查看被提交的聊天记录,判定是否恶意之后进行集体投票,决定被投诉者是否应受处罚,这在实质上是一种自治机制。《英雄联盟》的众多措施在与用户互动以及试验的基础上不断迭代。例如,该研究团队开发了悔过卡片,将信息提示由人工升级为系统自动实施,将海量聊天记录导入系统以训练其判断恶意行为的能力。经过不断努力,改过自新的玩家比例上升至 92%。在"英雄联盟"的排位赛中,言语谩骂的比例下降了 40%。

第二节 引导话语主体自我教育

自我教育法即自己教育自己,自己对自己做思想工作,是受教育者依照话语规训的要求及目标,主动改正自己错误行为和思想,自觉提升自我道德水平和思想认识的手段、方法,具体体现为自我教育和群体自我教育两种类型。本节涉及的自我教育主要为群体自我教育。群体自我教育是集体内部成员的相互交叉教育,一个人在教育他人的时候自己也正在接受教育,即所谓"育人者自育"。群众性的自我教育让人民群体在不断交流、比较、学习中改正错误的思想,树立正确的观念,实际上达到话语场自我净化的效果。群体自我管理是正式或者非正式群体(如微信群、朋友圈、微博话题)按照一定共识性规则相互制约、相互监督、共同守护规范,抵制违反规范的行为。这些规范包括内部的共识性约定、道德、纪律、法律等。

自媒体语境下,随着受众地位的崛起,受众不再需要仰视传统大众媒介的布道,可以不受把关人约束地以自我为话语中介——自媒化,从而导致个体对于传统组织的游离。这一过程犹如新教徒脱离传统宗教组织的约束而取得了直接与上帝沟通的权力。但是这种自媒化的过程并不是自我封闭的"自说自话",自媒体场域是一个自由竞争的开放话语市场。在话语市场中,每一个个体必须通过自主性选择与其他话语主体进行博弈,从而推动话语系统的自我进化,这一进化过程实质上就是话语主体的群体自我教育。话语系统自我进化的过程与其自我净化的过程是同步的,一方面话语系统结构上、功能上的自我进化促进了话语的自我净化;另一方面话语的自我净化是话语系统进化的必然结果。而系统自我进化以及话语进化在实质上就是自我教育功能的实现。

自媒体话语系统的进化是话语主体反思其话语行为并逐渐达成道德共识的过程,这实质上是以形成共识为核心的自组织演变。以成员共识为基础所形成的道德性公约是系统内部形成互动、系统运行所不可或缺的要素。社交网络话语系统与之前所有话语系统相区别正是在于所有个体都有独立的话语权，他们能独立产生、扩散、转发信息。因此，话语系统的进化必须依赖个体按照一定的共识性规则进行运转，这本质上就是一种话语系统自我教育的自治过程。

一、自我教育机制的建构原则

1. 包容的心态

对于自媒体话语权的有序建构，各方必须有包容的心态。当下中国正处于高速发展的转型期，各种社会矛盾层出不穷，各种利益群体分化，各种利益诉求纷繁复杂，在现实空间又缺乏比较畅顺的发声渠道。众多网民只能在虚拟世界中进行发泄情绪。作为成熟社会以及自媒体话语虚拟空间的管理者，应该能较为宽容地理解各类声音以及立场，不强求同一个声音。话语空间的问题不应该简单地采取禁言和删帖，单一粗暴的行政管控手段在自媒体场域不仅效果十分有限，而且将适得其反地激起民众的抵触心理。自媒体话语的治理，不能依靠以往的垄断方式、权威强制，而必须适应自媒体话语发展的特点，依靠话语系统的自我协同以及互相竞争所导致的自我净化效应达到目标效果。因此，自媒体应追求话语场的最大公约数，团结一切力量。在不同的价值观与立场的话语主体之间尽量就事论事、理性对话，尽量减少"站队"乃至"约架"的分裂局面。

2. 理性讨论的过程

如果自媒体空间的政治讨论是一种理性商讨的决策过程，那么这个话语空间便是真正成熟的公共空间（public sphere）。这便是政治传播学上"商讨决策"（deliberation）的范畴。"商讨决策"指达到理性讨论结果为目的的开放性讨论过程。从政治传播学的角度来看，理性中立的舆论是比较适宜的，对话语环境的健康发展十分有利。所以，如果自媒体话语空间在其自身因素影响下其话语传播达到了较为中立且理性的话语效果，那么我们可以认为，它已经自我完成了一种净化的功能——从碎片化、无序、偏激的混沌状态自我净化出了理性中立的话语自组织秩序。这种秩序状态不可能是一蹴而就的，完全依赖自我演化的自发过程速度太慢、概率较小。我们可以为其营造适合自组织秩序形成的外部规则环境，设定商讨等内部运动的路线。这样可以间接为其子系统以及内部个体的运作搭建秩序框架，将它们的行为限制于一定的幅度之内，既有利于防止系统的崩溃，也有利于行为秩序的形成。

3. 及时的引导

作为新型的媒介平台，自媒体既可能是谣言的温床，也可能是辟谣的有效工具。单纯将自媒体视为谣言的"罪魁祸首"或者简单将其捧为"自我净化器"都过于简单。人民网研究院的相关研究表明：对于不同种类的谣言，在网络中的净化能力各有不同，自我净化能力最强的是科普类谣言，有些谣言例如涉及富人、警察、官员类的往往越来为极端；而有些谣言的自我净化能力需要依靠外部诸多条件，如涉及公共安全类的谣言，它们属于"可控型"谣言。可控型谣言的自我净化能力取决于以下因素：与公众利益的相关度（动机是求真还是求利）、公众的刻板意见是否存在（求真的可能是否存在）、信息是否多元（求真的能力是否具备）。谣言被揭发的即时性十分重要，只要第一时间能指出谣言的漏洞，包括政府、大众媒体、意见领袖以及当事人提供多方信息进行证实或者佐证，谣言的自我净化能力方才明显。

二、底线伦理及法律规制机制

1. 底线伦理规制机制

以往我国的宣传战线习惯于命令式的管理模式，造成"一统就死、一放就乱"的局面。这种命令式的管理模式醉心于形式上的整齐划一，效率上的一呼百应，其实质上是管理的惰性使然。在自媒体以及相关的网络、媒介技术日新月异的背景下，这种命令低效且结果适得其反。我们需要一种能自主调节个体规则，让成员自觉履行社会规范以及义务的社会规范模式。而任何一个社会，无论现实还是虚拟，基本道德共识是其维系良性发展的前提。作为一种媒介传播工具，自媒体本身并不产生以及传播谣言，造成话语失范的是自媒体的使用者，所以有必要对自媒体使用者进行伦理规制。这就要求管理者重视底线伦理，将其作为自媒体用户的自觉行为底线，并与法律相配合共同营造良好的自媒体话语秩序。

20世纪90年代北京大学哲学教授何怀宏的底线伦理学说具有较为深远的影响。底线伦理作为基本规范或者道德底线，与高高在上的道德有所不同，它是每位社会成员所必须自觉遵守的最低限度的道德规范。他强调，个体可以追求自我的生活方式和价值目标，但必须遵守一些基本的社会规则，不能逾越起码的界限。在多元化的自媒体话语场域中，从"底线伦理"出发以形成基本共识是较为现实可行的做法，据此寻求自媒体话语规训的信心以及动力。何怀宏教授将"底线伦理"划分为三个层次：第一层是最基本的自然义务，即人之为人的义务，如不伤害和侮辱生命、不欺诈他人；第二层是与制度、法律密切相关的公民义务，如奉公守法，捍卫法律尊严，抵制对公民权利的侵犯，同时也履行自己的公民义务；第三层是各种行业的职责或特殊领域内的道德，如官德、师德、生命伦理、环境伦理、网络伦理等。以上三个层次，越为前者越为根本。另外他还强调，权力越大，责任越重。

在自媒体空间里，无论是普通用户、平台的管理者抑或社会管理者都必须坚守无害、公平以及诚信的底线伦理。由网信办倡导的"七条底线"得到了中国互联网协会与众多网民、名人积极响应。这"七条底线"包括："一是法律法规底线；二是社会主义制度底线；三是国家利益底线；四是公民合法权益底线；五是社会公共秩序底线；六是道德风尚底线；七是信息真实性底线。"这"七条底线"对自媒体话语场中的各角色提出了要求：其一，对于网络运营商而言，由于掌握了基础设置以及基础数据，比监管者更了解自媒体的运行特点以及规律，所以政府应采用政策扶持、税收减免等诸多措施鼓励其在自我发展的同时，自我约束诚信经营，积极承担自媒体信息流识别、预警以及正能量话语引导的社会责任。运营商可以通过人力、物力以及技术构建用户诚信体系，完善不良信息处理系统，为各参与者在自媒体空间的负责任表达创建良好的基础设施。其二，对于平台管理者，应鼓励其加强自身平台的管理，运用政策杠杆、约谈等治理方式引导其保证自媒体空间公共意识的真实性和理性，自觉减少不良以及虚假信息的生产与传播，引导自媒体成为正能量的话语场。其三，对于广大的自媒体用户，要教育他们"己所不欲，勿施于人"，对自己的每次话语行为负责任，尽量做到发布信息准确、理性、不造谣传谣。遇到可疑、有害的信息时自觉防范并与平台以及监管者相配合，为健康的话语场的建立尽自己的义务。

底线责任的重要性体现在"没有底线、互联网就没有未来；没有底线，结果只有一个，就是在混乱中走向自我毁灭"。如果要责任有效，其必须明确且有限度。底线责任便是一种明确且有限度的责任。当然，"七条底线"的责任表述还是较为原则性的，需要后续制度的继续完善。

2. 底线法律规制机制

自媒体话语场域话语权的建构在本质上是自媒体话语的治理，涉及社会公共安全以及公民个体言论自由之间的平衡。目前，我国立法在摸索、借鉴经验的过程中逐渐形成具有我国特色的法律规制体系，基本上兼顾了两者的平衡。

当前涉及自媒体话语治理的法律规定主要分为两大种类：一部分为传统法律在自媒体治理领域的延伸使用；另一部分为网络安全领域相关的专门法律。其

三、宏观约谈引导机制

行政约谈作为一种灵活新颖的行政手段，近年来在宏观管理上得到广泛的应用。一方面，政府的行政约谈符合社会管理手段的创新，达到执法手段柔性化、多样化的目的；另一方面，行政约谈可以有效弥补执法过程中管理者与被管理者沟通不足的问题，引导被管理者加强自我管理、自我约束。但是近年来约谈制度在一定程度上被质疑，有人认为其制定程序缺乏科学性、民主性、约谈内容缺乏明确性与严谨性、需要完善约谈的救济方式等。这种质疑确实具有一定的合理性，但其依据还停留在传统的理性抽象行政执法的思路上。

当下是一个充满着不确定与风险的时代，在风云变幻的自媒体场域更是如此，令我们目不暇接的同时为社会的稳定和发展带来了极大的不确定性。这种风险为包括行政法在内的传统法律带来了极大的挑战。首要的是，不确定性的风险为传统法律所依赖的理性合法性标准的确立造成了极大的困难。法律是一种普遍适用的抽象行为，法律行为的

认定以及法律责任的归结都要求事实认定的客观准确，实体法依据的明确并要求行为手段、目的、后果与责任之间进行比例界定须但是，在当下以自媒体空间为代表的社会中，事实并不确定、证据较难获得、行为与行为后果难以很清楚地进行界定。

面对这种以自媒体话语为代表的不确定性与复杂性，如果现代国家的治理遵循复杂化的路径往下推导，将导致国家治理最终成为一套人类无法把控的体系而无法善治。在面对日益复杂多变、难以驾驭的治理格局时，西方现代法治逐渐倾向祭起"奥卡姆剃刀"——欧洲中世纪哲学家奥卡姆的简约主义。简约主义在法治上的应用将导致现代国家的治理理念、制度去向与措施安排都必须为简约明了的，从而在国家治理中体现出简约、高效的特点。

简约并不等同于简单生硬，在此背景下"回应型法"产生了。作为美国现实主义法律进程的一部分，其具有以下四个特征：在法律推理中目的的支配性地位，法律应降低对服从的要求，法律权威应被广泛地分享，法律的主要任务是保证机构拥有实现自我使命的意志和能力。尤其从后面的两个特征中，可以推断出当下治理对于被治理对象自治的重视。行政约谈制度与回应型法的理念相暗含，成为现代行政以及法律对风险社会予以"回应"的重要手段。行政约谈并不拘泥于法律规则的形式主义，而是通过沟通与协商，以法律目标为终极愿景，采用灵活的方式进行法律适用，从而在具有不确定的风险社会中把握确定的治理目标。在这种背景下，我国也发展了具有中国特色的网络政策约谈制度。

我国调整了互联网监管方针，将"加强管理"的表述调整为"依法管理"。党的十八届四中全会进一步要求深入推进依法行政，加快法治政府建设，依法规范网络行为。在这样的背景下，成立、重组的互联网信息内容监管机构——国家互联网信息办公室（以下简称国家网信办）而言，当务之急是有效规范互联网信息传播秩序，提升互联网信息内容监管的依法行政水平。国家网信办发布《互联网新闻信息服务单位约谈工作规定》（业界简称为"约谈十条"），正式建立了互联网信息内容监管领域的约谈制度。在这一规定推出之前，国家网信办和北京网信办已经约谈了网易、新浪等互联网企业负责人，并且取得了明显的成效。

"约谈十条"对约谈的行政主体、行政相对人、实施条件、方式、程序等作了明确规定。实施约谈的9种具体情形包括：未及时处理公民、法人和其他组织关于互联网新闻信息服务的投诉、举报情节严重的；通过采编、发布、转载、删除新闻信息等谋取不正当利益的；违反互联网用户账号名称注册、使用、管理相关规定情节严重的；未及时处置违法信息情节严重的；未及时落实监管措施情节严重的；内容管理和网络安全制度不健全、不落实的；网站日常考核中问题突出的；年检中问题突出的；以及其他违反相关法律法规规定需要约谈的情形。

此次确立的约谈制度受到社会各界的积极评价，认为该制度将依法办网和依法治网相结合，不仅对互联网信息内容监管机构的权力边界和程序作了规定，而且通过行政主体（网信办）和行政相对人之间的柔性沟通交流，推动互联网信息内容监管法治化、常态化、程序化。"约谈十条"公布之后，先后约谈了新浪、腾讯、金山公司、百度、今日头条、优酷、爱奇艺等众多互联网媒介公司，柔性的约谈取得了良好的效果，在网民中取得了较高的赞誉。

四、中观行业自治机制

媒介一直都有行业自律的传统。自媒体自律包括各类行业协会，也包括各种自律联盟。从长远看，这些组织有助于监管者净化行业生态，维护自媒体行业共同利益。目前，世界主要网络国家的自媒体运营者基本上都加入了自律组织，这些组织通过内部沟通、行业内部分工、行业规范制定、公众投诉治理、媒介素质教育等方式，在维护行业利益以及社会利益上发挥了重要作用。不少国家对于行业自律采取了奖惩结合的方法进行引导，例如美国的网络免税法，给予自律效果良好的网络经营商两年新税免征的待遇。尤其需要提及的是英国互联网自律的"互联网监看基金会"。作为世界互联网自律的楷模，其成立于1996年，其基本文本是政府相关部门与主要互联网服务商共同制定的《R3网络安全协议》，R3即为分级（Rate）、报告（Repert）和责任（Responsibility）。它们很好地概括了该基金会的工作模式。第一，各家网络服务商作为该基金会的会员，负有对所提供的服务内容审查的责任，并依据法规对色情等不适合青少年的内容分级标注。第二，基金会主要职责为处理用户关于不良信息的举报，基金会在调查评估的基础上认定被举报的内容是否非法，是则通知相应服务商将该内容从服务器上删除。经过该基金会与政府部门的通力协作，英国网络上的网络色情内容几乎完全消失。

我国自媒体自律的探索也与世界基本同步。在博客时代，方东兴等"大V"便呼吁博客必须自律。在相关主管部门组织之下，我国互联网行业发起了多次自律公约签署活动，并且成立了中国互联网协会作为行业自律组织。从该协会的章程上看，其基本任务为："①团结互联网行业相关企业、事业单位和社会团体，向政府主管部门反映会员和业界的愿望及合理要求，向会员宣传国家相关政策、法律、法规。②制订并实施互联网行业规范和自律公约，协调会员之间的关系，促进会员之间的沟通与协作，充分发挥行业自律作用，维护国家信息安全，维护行业整体利益和用户利益，促进行业服务质量的提高。③开展我国互联网行业发展状况的调查与研究工作，促进互联网的发展和普及应用，向政府有关部门提出行业发展的政策建议。④组织开展有益于互联网发展的研讨、论坛等活动，促进互联网行业内的交流与合作，发挥互联网对我国社会、经济、文化发展的积极作用。⑤积极开展国际交流与合作，组织国内互联网相关企事业单位参与国际互联网有关组织的活动，在国际互联网事务中发挥积极作用。⑥办好协会网站、刊物，组织编撰出版中国互联网发展状况年度报告，为业界提供互联网信息　务。⑦承担会员单位或政府有关部门委托的其他事项。"可见，其任务基本为宣传、协调、研究、论坛、国际合作等，在地位上还是作为行政硬管理的附庸，互联网内容监管以及引导等自律功能还是由传统的网络警察、国安等行政部门履行。

我们必须从治理能力提升的角度，将自媒体自律机制的建构作为自媒体监管以及治理的战略手段，在某种程度上，必须将其上升到比行政监管等硬手段更重要的位置上，改变以往重行政、轻自律的心态。现代治理制度的治理主体是多元的，对于自媒体话语的治理也应该如此。我们应该以自媒体自律机制建构为基本目标，逐步独立从而摆脱依赖行政监管的局面，建构有机、协同、互动的多元共治结构。行政监管部门必须充分意识到行业协会、自媒体平台以及网民个体在自治以及自律机制中的主体地位；必须放下身段、尊重多种主体在自治中的作用；与其他治理主体平等协作、分担责任，将自身精力更多致力于长期战略目标的制定以及配套设施建设上，而不是深陷于琐碎的日常具体监管事务。行业主管部门必须以国家网信办成立、管理机制得以理顺为契机，在《网络安全法》的基础上通过政策、立法推进自媒体自律机制以及互联网管理自治的法治化进程。相关法律法规必须保证行业自治机构的自治权，通过行业机构的自我管理、自我净化实现行业生态的自我净化。

行业自律组织必须逐渐淡化官方色彩与行政权力脱钩，其地位从行政权力的附庸，逐渐过渡到真正行业自治组织上来。在社会组织与行政权力脱钩的大背景下，培育多层次、多种类的行业自律组织，赋予行业组织独立地位以及自主空间，提高协会决策自主权，引导其发展自我管理能力。在这个过程中不能过急地"望子成龙"而越俎代庖，需要耐心地允许失误、给予其时间以及空间试错成长。

五、微观平台自律机制

作为自媒体生态的承载者以及缔造者，平台当然成为自媒体自律最主要的主体之一。它们是自媒体法律以及政策的日常实施者，缺少了它们的参与，自媒体生态无法形成，自媒体自律更无从谈起。较为可喜的是，在主管部门的指导之下，大型自媒体平台在自我管理方面不断进化，自律效果不断提升。以新浪微博为例，其率先进行自媒体平台自律，在征求众多网友的基础上制定了《新浪微博社区公约（试行）》《新浪微博社区管理规定（试行）》《新浪微博社区委员会制度（试行）》，将自媒体平台的自律作为一项日常的重要工作。新浪微博随后在用户中招募了大量社区委员作为微博社区管理志愿者，参与社区日常管理与自治。在志愿者管理以及上文所述的辟谣制度共同努力下，微博社区的治理取得了较好的效果。

微信与微博相比较为私密，除了公众号的传播之外，更多的是在熟人或者准熟人的圈子里面传播信息，人际传播的特点较为明显。从不良信息传播的角度观察，有人认为微博信息的"碎片化""非理性"的弊端将于微信中有所缓解，微信更加有可能在熟人的圈子里面实现谣言的自我净化。也有学者认为微信谣言是不可避免的，但是将会以一种新的形态存在。微信作为当下中国影响力最大的社交网络以及自媒体平台，具有较高的社会责任意识，在平台净化上面已经履行了大量的义务，保证微信整个系统运作良好。在逐步摸索的过程中，微信建立了微信的"生态安全宏观法则"。

(1) 对于公众号运营和朋友圈应用的生态原则：划定"高压线"并进行阶梯式处罚

该方面主要是以上宏观法则在公众号运营以及朋友圈运用的落地规则。微信安全团队为此推出了《微信朋友圈使用规范》，并与此相配套进行举报申诉机制与阶梯式处罚机制。微信为履行话语社会责任，在生态安全上重点治理以下行为：首先为违法犯罪行为（包括非法行为、非法物品交易、非法分享以及欺诈等）；其次为治理淫秽色情低俗信息（包括传播、贩卖淫秽色情内容、利用低俗标题和图片诱导点击）；再次为整顿散布谣言的行为；最后为严惩破坏微信传播规则的相关投机行为（如诱导用户分享、骗取用户隐私、违规互推等）。为了鼓励用户举报，微信特地开发了方便用户举报的程序，只需要用户长按相关内容，在弹出的窗口中点击"投诉"或者"举报"便可以了。对于以上的若干重点区域，微信平台采用了"阶梯式处罚"的方法：第一为梯度封号，将公众号在不同时间段暂时封冻；第二为内容删除，将违规内容删除，并依据情节进行警告；第三为功能封闭，将部分或全部功能禁止或限制，严重的封禁账号乃至注销；第四为惩罚公示，将相关惩罚执行并将结果进行公告。

(2) 保护并鼓励原创，打击侵权行为

为了治理微信公众号相互抄袭转发的野蛮生长状态，微信平台逐步保护并鼓励原创，并推出众多可执行的细化功能和制度。为减少抢发内容，微信团队将"原创"与"首发"的概念加以区分，"首发"只有是"原创"的才受保护。同时明确以下内容的文章不能申请原创保护：①法律、法规，国家机关的决议、决定、命令和其他具有立法、行政、司法性质的文件，及其官方正式译文；②时事新闻；③历法、通用数表、通用表格和公式；④纯粹用于营销的文章等。此外，在打击侵权的具体措施上，微信团队设立了五级阶梯处罚规范，并设立了便利的电脑端以及微信端投诉举报渠道。

自媒体平台具有数据优势以及技术优势，是自媒体自律的首要把关人，同时又是平台利益的直接受益者。自媒体对于平台话语的健康发展不能抱着置身事外的态度——将自己的责任仅限定于维护平台正常运转，而对平台上非自己生产传播的内容不予理会。对于平台的管理责任，《网络安全法》在法律上明确了"谁接入、谁负责""谁运营、谁负责"的主体责任，将自媒体运营者的信息安全义务以及责任法定化。《网络安全法》第9条对网络运营者的信息安全义务做了总括性的规定：必须遵守法律、行政法规，尊重社会公德，遵守商业道德，诚实信用，履行网络安全保护义务，接受政府和社会的监督，承担社会责任。在分则章节中对相关义务进行了细化，其主要包括：第一，建立信息安全管理制度的义务（第　　条）；第二，建立用户身份信息审核义务（第24

条）；第三，建立用户发布信息管理义务（第 47 条）；第四，保障个人信息安全义务（第 40~44 条）；第五，违法信息处置义务（第 47 条）；第六，信息记录义务（第 21 条）；第七，投诉处理义务（第 49 条）；第八，报告义务（第 47-48 条）；第九，配合监督检查的义务（第 49 条）。

《网络安全法》所规定的以上义务，必须经过相关法律法规的进一步具体细化才能落地。而以上相关规定明确之后，《刑法》第 286 条第 1 款规定的"拒不履行网络安全管理义务罪"方具有可操性。当然，法律的规定只能是从自治要求的最低要求出发，我们不希望也不可能将每一个网络运营者都作为宣传部来履行主流话语权建构的职能，作为运营商的首要推动力依然是市场以及盈利。因此，营造良好的市场环境，通过上文所论述的人才以及资本的掌控，才有可能让自媒体平台实现更高水平的自治，实现自媒体话语上的自我教育。

第三节 促进话语时空有序演化

在话语秩序的建构以及演化过程中，人们经常围绕时空的公共意义进行争夺以及斗争。对于话语权的争夺常常体现在话语时空掌控权的争夺上。规训的最终目的是让个体的时间以及空间与占统治地位的公共意义自动保持一致。

自媒体时代由于话语空间的泛化，导致了自媒体话语形成过程的失序，话语权形成的封闭格局被瓦解，话语权中心控制形式已经消亡。这是因为话语中介的过度泛媒介化导致话语封闭空间解体，一方面泛媒化引起私人领域公众化，另一方面则导致公共领域私人化。从自媒体时代话语权的本质上看，它具有协同动力学的特质，协同动力学具有客观规律性，这种规律性通过微观权力演化的宏观有序性加以体现，以微观对话求得的"协同性"取代经典理论中真理和知识的客观性，这与后现代哲学的基本观点不谋而合。既然自媒体话语演变具有客观规律性，那么我们必须把握其话语有序演化的规律，才能有效建构其话语权。

一、促进话语时间有序演化

在自媒体时代，建构话语权过程的同时也必须掌握自媒体话语的时间规律。马克思在《资本论》第一卷第八章《工作日》中，对于生产和价值创造的时间意义争夺进行了具有预见性的说明，并催生了大量关于时间以及空间的研究以及评论。马克思认为，从不同阶级视角出发支配着对时间的不同理解，对于工作日、工作周、工作年和工作生涯的斗争史占据了阶级斗争历史的显著位置。在这方面，马克思比福柯更早意识到时间在话语权形成与演变过程中的重要性。

在马克思之后，福柯也十分重视时间的规训技术，并将其命名为创生性技术，他研究了戈布兰工厂和学校的做法后，认为时间规训技术的核心在于把每个人有用的时间组织起来，以便充分地利用每个人的时间以及发挥他们的效率。第一，必须将时间分割成独立的或者连续的片段，要求每个人必须在规定的时间内结束一个片段。这样做的目的是将事件分解为细微但是各自独立的过程，再由浅入深逐级训练。第二，将分解拆散的时间由简到繁依照一定原则进行组合而成为序列。第三，确定每个片段的持续时间，并通过考核结束每个片段。第四，依据个人的水平、级别、资历等将每个人分层训练。在教育和训练机制之中引入这种时间规训技术，便形成分解但是完整的细致入微的教育。于是，这种教育机制将各种因素以及各训练时间片段整合到时间序列的整体之中，从而使权力能干预并控制时间。这种时间规训技术的目的在于：一是每个人能在单位时间内将自己的能力发挥至极限；二是可以综合评估每个人的表现和能力，从而能更好发挥其潜力。

（一）自媒体时代微观时间规训的核心

在工业化时代，福柯的这种时间规训技术是十分有效的，封闭的工业生产空间以及教育空间保证了其实施的有效性，极大提高了资本主义生产的效率。在信息化时代，尤其自媒体时代，这种时间规训技术由于空间的开放性而难以施行。以学生的课堂教育为例，虽然似乎他坐在课堂里面听讲，但是实质上他在课桌下面刷微博、刷朋友圈。以前被视为"垃圾时间"的等公交、等电梯、坐地铁的碎片化时间反而成为最有效获取信息以及资讯的时间，"整块"的学习以及工作时间被各种弹出广告、微博信息、微信聊天以及朋友圈所肢解，也成为碎片化的了。因此，如何有效整合各种碎片化时间，成为时间规训技术所必须面对的新课题，同时也是自媒体时代时间规训的核心。

1. 碎片化时代的策略：以碎片对碎片

不可否认，当下我们已经进入了"碎片化"时代，各种微信、微博等带来的微内容、微创新弥漫在我们日常生活的点滴之中。微博之前因为短小而容易被阅读、被传播，微信朋友圈里面也许有长文，但是更受青睐的还是被严格控制在3分钟内的"轻阅读"文章。碎片化之所以在这个时代受到青睐，还是与社会深层需求相关。生活节奏的加快让大多数人失去了大块时间进行阅读以及思考，在各种交通工具上的碎片化时间往往成了难得的"独享"时刻。碎片化是媒介适应这种需求为大众提供的快餐式策略。碎片化阅读策略在手机屏幕上的成功迅速蔓延至其他阅读界面，其他种类的媒介也纷纷效仿，这导致各种文化产品都呈现出或者典型或者非典型的"碎片化"趋势。在各种碎片化文化产品的"训练"之下，作为消费者的我们也被驯化而习惯接受各种碎片，从而对于"大部头"的静默阅读以及思考的能力逐渐退化。

在各种碎片化的浪潮里，许多以往不那么碎片的文化产品也 应了这种需求，诞生了不少新类型的"经典"。例如商业科幻电影《云图》，在获得口碑与票房双丰收的同时,被文化界、学术界公认为具有思考人类、思考宇宙的"相当"哲学深度。2小时44分钟的放映时间中居然有六条叙事线索交叉推进情节的发展。如果用数学公式进行计算,六条线索所相互交叉切割而成的故事片段达到了60之多。类似采用碎片化叙事策略的还有《舌尖上的中国》系列和《美丽中国》,亦取得了商业上与口碑上的双丰收。这两部纪录片所采取的碎片化叙事方式具有相当的话语生产以及传播优势。

(1) 生产内容上碎片化提高了信息量

这两部纪录片脱离了我国传统《经济与法》为代表的情节直叙型创作模式,采用了国际纪录片"碎片化叙事"的创作习惯。为了提高知识普及的"干货"含量,将矛盾冲突、人物情感以及情节转折相对淡化。与《动物世界》一样,《舌尖上的中国》一个"碎片"片段中的主角,将随着"碎片"结束而退出,而由下一个"碎片"与其新主角取而代之。这种手段大大增加了节目的信息量。

(2) 生产过程上碎片化提高了对创作者的要求

碎片因为短小,所以不得不"精悍",创作者对于一个个独立的片段不得不精雕细琢。《舌尖上的中国》中的食物让观众隔着屏幕口水欲滴,不管是冰皮月饼的剔透如玉,还是毛豆腐的整齐如棋子,这些富有质感的镜头正是创作人员前期起早摸黑、精细采光,后期小心剪辑、不断调色等苦心制作之后方可达到以上效果。在前期拍摄时,采访中希望没有杂音,必须要等到天完全黑且室外很少车辆经过的时候;画面质感效果的取得,通常必须等到早、晚各一个小时才开始拍摄;后期制作被戏称为"工程",镜头、配乐的选取、节奏的把握、情感的渲染都是必须呕心沥血才能得到精妙的效果。当下思想政治教育者或者宣传工作者不断抱怨工作难做是因为环境不好,受众不听话,却很少有人反思自己的工作是否真的精益求精。所以,自媒体语境下话语生产传播的碎片化对于建立起慢功夫、求细节、重品质的风气,提升话语规训的整体品质是大有裨益的。

(3) 传播过程上碎片化提高了传播的灵活度

《舌尖上的中国》每一集都由若干独立的碎片所组成,可以拆分成几分钟的传播单元,这极大提高了传播的灵活度。不仅可以在电视、电脑上播放,也可以在手机等移动终端灵活传播。不仅如此,由于相关美食的介绍容易与受众的乡愁、旅游经历、好友宴请等诸多情景相关联,这些独立的碎片化片段可以通过社交网络进行方便快捷的传播。由于相关美食的介绍与众多饮食商家有所关联,众多商家便在门口显眼处树立大屏幕重复播放相关片段。所以,碎片化反而容易取得传播效果的最大化。

2. 碎片化整合营销传播关键:围绕关键元素产生"溃坝效应"

如上文所论述,在自媒体时代的话语规训过程中,话语生产传播者作为新型的把关者应该将自我定位与受众地位相平等,采用营销的方式获取受众的信任,取得市场份额。在碎片化整合传播的过程中,我们也应该采用整合营销的方法。在进行整合营销的过程中,传播内容中的传播碎片应围绕着传播关键元素。

首先，创造传播关键元素。传播关键元素是可用来进行传播营销的人物或者事件。它贯穿于话语生产、传播以及受众关联三个完整营销环节。因为必须与传播对象产生良好关联，所以设定传播元素的时候必须考虑被传播的产品与传播对象即消费者两者之间的关系，在两者之间形成联通的桥梁。传播关键元素是营销传播的关键，它具有可重复性，其效用不会因为使用次数的增加而减少，反而会随着使用而逐渐递增。一般而言，作为营销的传播关键元素在自媒体传播过程中必须考虑以下三种元素。

第一，互联网代词。互联网代词是首选的传播元素。自媒体在社交网络中进行碎片化传播的过程中，最初始的完整信息在传播过程中会逐渐发生解体，许多信息将被逐渐剥离。这一原理，与日常生活中的"以讹传讹"类似。这时，短小精悍的文字传播中的关键词汇最容易被保存、传播、记忆且保持不变形。我们姑且将其称为互联网代词。互联网代词就如同话语事件在互联网上的代名词，容易被传播而且记忆。互联网代词有许多成功的案例，例如"油条哥""表叔""房叔""非诚勿扰""奔跑吧兄弟""囧"等。这些词汇在产生良好的传播效果的同时，能保证在多次传播中不变形，在受众中容易被记忆。

第二，互联网形象元素。互联网形象元素不仅仅局限于文本，往往以图片、动画配以声音或者音乐的形式出现。这种形象元素所包含的内容较互联网词汇丰富得多，包含更多的细节。互联网形象元素一方面因为内容丰富更能给受众带来更多的感官刺激，另一方面较互联网代词的传播效果稍差。这种相对劣势的传播性成为其较为笨重的缺点。例如，北京奥运会吉祥物"贝贝""晶晶""欢欢""迎迎""妮妮"在奥运会结束之后并没有留给我们很深刻的印象，中国联通推出的卡通形象——优帕（U-Power）至今并没有多少人知晓，其所代表的联通新势力业务却成为家喻户晓的代词。互联网形象元素亦有不少成功的案例，例如"凤姐""芙蓉姐姐""姚明囧"等。

第三，复合型元素。这类元素往往是互联网代词与互联网形象元素的组合。例如日本熊本县地方吉祥物熊本熊，由日本著名设计师水野学设计并经过一系列的营销运作，居然将一个默默无闻的熊本县变成了世界闻名的熊本熊之县城。

其次，碎片化信息必须紧紧围绕传播关键元素。用户对于传播关键元素的记忆与英语单词背诵十分相似，单词背诵需要记忆大量的词根、词缀、词性等众多碎片化的记忆单元。为了让用户能对众多碎片化的信息产生深刻印象并形成记忆，所有的碎片化内容必须围绕传播关键元素本身。在传播的过程中，所有内容碎片必须围绕核心传播关键元素进行，不能分散。如果分散则可传播关键元素也就分崩离析了。传播核心在传播之始便须定位清楚且不能发生改变。如果改变则将导致话语消费者印象模糊，导致传播效果大打折扣。例如，在塑造"油条哥"的形象过程中，传播的碎片内容有其网络歌曲MV、网络话剧、央视《焦点访谈》、微电影等，都围绕"诚信经营，质量为本"这一核心传播关键元素进行，产生良好的正能量效应。

第八章　自媒体视域下话语权建构策略

再次，碎片化内容与传播关键元素之间不一定需要形成强烈的逻辑关系，更重要的是形成记忆上的关联关系。在商业营销上，最成功的营销是让客户对品牌产生直接的非理性联想，例如看到洋酒"人头马"马上联想到的上流精英的生活，想到碧桂园马上联想到"给你一个五星级的家"。但是也有不自觉形成的失败的案例，例如一看到撞人的报道，即刻联想到的很有可能是宝马干的，是蛮横的土豪对弱势群体造成的伤害；看到红色宝马里面坐着一个美女便马上对此美女进行非理性的定位——很有可能是被包养的。传统话语模式内容过于强调内容与主题的逻辑关系，在网络传播时代，大数据已经证明逻辑关系在相当程度上并不是十分之重要的，重要的是碎片化信息与传播关键元素之间形成相关关系。对于用户的话语消费而言则是用户能从碎片化信息中联想到传播关键元素所要表达的主题，背后的逻辑关系对于绝大部分的消费行为而言是次要的——毕竟，便利并取悦消费者才是最重要的，让消费者每次消费行为都考察背后逻辑关联是否紧密并做相关论证是笨重且没有必要的。

最后，整合与控制碎片化传播内容的关键在于促使用户产生对传播内容尤其关键元素的消费，这就必须让消费者产生信息消费上的"溃坝效应"。"溃坝效应"意为水坝蓄水达到一定水位的时候将发生崩溃。在碎片化传播过程中，我们可以将传播关键元素视为水库里的水，话语营销行为对碎片化话语内容的投放视为蓄水行为，用户对内容消费视为水坝。当话语营销行为让用户对可传播关键元素的接触、认知和记忆达到一定阈值后，"溃坝效应"便会产生。就如同堤坝崩塌，用户此时不仅将消费话语内容，而且在话语环境的裹挟下将传播关键元素的内容信息分享出去，从而产生自扩散、自传播、自推广的效果。

关于碎片化信息的整合营销，此处必须进行一些说明：其一，碎片化信息整合营销与传统隐形教育具有姿态上的区别。隐形教育毕竟是教育，依旧是从上而下的布道的姿态。在经济界有这样的实例，微软公司在其强盛时期，其内部负责与客户沟通的部门名为"客户教育中心"。在受到谷歌、苹果等众多真正意义上的互联网公司冲击之后，他们方将其更名为"客户体验中心"。从姿态上将客户视为营销行为的中心，是真正意义上将客户视为"上帝"。其二，传统"大块头"的话语宣传模式犹如阵地战，必须有正规的场合、合适的时间传播正儿八经的内容；碎片化的话语营销犹如游击战，不那么正规甚至不那么正经，经常还会打一些擦边球。但是，传统阵地战的模式被自媒体时代所抛弃是必然的，毕竟当大家以游击战的方式传播碎片化内容的时候，传统话语曲高和寡地进行阵地战是很难有胜算的。其三，从时空相互转换的角度上分析，碎片化整合营销传播从某种意义上犹如国民政府抗战时的策略——"以空间换取时间"，利用碎片化内容空间占领碎片化时间，对其进行有机整合形成围绕传播关键元素的弥散状内容"星云"，从而达到有效整合用户时间的根本目的。

3. 碎片化整合营销传播的灵魂：故事即品牌

碎片化的营销并不是满足于碎片化，而是将众多的碎片中的品牌以及产品诉求十分巧妙地融合于一个良好的故事中，形成让人较为难忘的故事，从而突出传播的主体。以熊本熊为例，熊本县政府在卡通形象的设计外，启动了一系列疯狂的营销活动。例如，县政府正式聘任熊本熊为临时县长，并在大阪发放 1 万张卡通名片；熊本熊在大阪出差过程中，由于被大都市的魅力所吸引居然下落不明，县政府居然召开记者招待会寻找熊本熊；熊本熊遗失了自己的两个腮红，县政府居然一本正经地去警察局进行报案。所以，碎片化的内容不仅仅是传播短小信息，而是通过信息传播某种价值观。在营销过程中，文化产品力求让品牌在市场上的受关注度最大化，并试图触动消费者的情绪，让其感受到品牌的内涵以及价值。例如，在熊本熊厚大的皮套里客串的演员，无论是一开始县政府的工作人员，还是后来由专业演员进行踩单车、从新干线列车上摔下、骑摩托车、炒菜起火受惊吓、蹦极等高难度表演，甚至 T 台走秀、在天皇面前跳舞等，都让人感受到其"呆萌"甚至"贱萌"的可爱，让受众感受到其是活生生存在的。

将传播内容中所蕴含的价值观以及信念泛化，甚至内化为某一阶层甚至整体社会的价值追求或者理想生活方式是话语权建构成功的关键所在。在整合碎片化信息的过程中渗透式的传递文化内容的核心价值观，让内在精神感动受众、影响社会，而不仅仅是主角或者形象的自我标榜。以央视的系列专题《中国好人》为例，其塑造的好人形象"油条哥"从一个普通人的角度进行描绘：以前也会重复使用食用油，后来认识到废油重复使用的危害，决定从行动上改变这种现状，更后来发现"不用复炸油，一点儿不吃亏"，高品质才会有高收益——最后感触"我卖的不是油条，而是生活"。故事平凡，话语朴实却能触动观众，树立了良好的形象，传播了正能量而达到良好的话语规训效果。

(二) 微观时间规训的节奏

在传播关键元素确定之后，由于用户是以非线性的方式对信息进行感知，因此营销话语资源必须按照其感知规律进行有节奏的投放。人类对传播内容的认知是循序渐进的，这种渐进方式并非通过不断重复传播取得效果，而是逐步让传播关键元素渗透式地影响用户，从而一边让用户理解传播元素，一边让用户加深认识、印象和情感。人类认知的规律告诉我们，用户无法一次性吸收过多信息，需要一定的节奏和时间。因此，话语营销的资源投放必须按照一定的节奏，给予用户足够时间，以便其吸收传播内容。一般而言，进行有节奏的投放必须按照以下步骤进行。

第一步，确定投放资源。投放资源可以分为两类：一为强制推广内容资源或广告资源，所谓干的传播资源。强制推广的资源具有必要性，碎片式传播的不完整性缺陷需要大量的广告资源让用户对传播关键元素形成宏观完整的认知，这种 告资源的投放同时也有利于用户将传播关键元素与其他干扰信息相区分。因此，必须针对传播关键元素进行一定数量级的广告资源投放。二为与用户兴趣相关联的传播资源，所谓湿的传播资源。互联网技术社会学专家克莱·舍基认为，工业化时代的组织方式是干巴巴的，人与人之间通过硬性的组织方式建立联系，缺乏弹性情感沟通。后工业化时代的组织方式是通过社会性工具进行组织的，是有情感、有温度、有趣味，是"湿漉漉"的。资源传播的原则是，一定要在重要的流量入口进行投放。这些入口包括门户网站的首页、SNS社交平台中活跃程度高的游戏，或者粉丝较多的博客或者微博，甚至微信、支付宝等类似的流量入口等。通过这种方式确保可传播元素获得较高的关注度，而且容易进入社交网络传播渠道。

第二步，确定投放节奏。依据用户对传播关键元素的认知规律曲线以及传播者所拥有的节奏投放资源确定节奏投放的时间。用户一般对某个传播关键元素的认知在三个时间段会达到高潮，传播者应在这三个用户能集中关注的时间点上进行关键性营销资源投放，从而让更多受众接触到传播关键元素。

第三步，机动调节投放节奏。用户关于自媒体传播关键元素的感知是一个动态的过程，其认知曲线同时也是随着内外因素影响而变化的。在投放节奏的把握上，电影《小时代》可谓作出了教科书版的演示。用户感知的动态过程随着传播元素的质量以及传播资源投放的数量而发生变化。因此，根据以下两点可以确定机动投放的时间：其一，用户对信息的自我传播状况。自媒体是基于社交网络而进行人际传播，这种人际传播的情况与用户对该主题信息的关注度、信息本身的传染性以及信息传播的环境有关。例如前文所举的"天价虾"事件，刚好发生在国庆假期期间，是大家对此类事件较为关注的时候，容易在此时间点上发生人际传播。其二，门户网站、传统大众媒介等具有公信力的媒体对信息的扩散程度。这些大众媒介毕竟具有专业性、真实性、可靠性的信息公信权威，这些信源因为具有较强大的信用作为背书，具有强大的媒介传播能力，能对各个群组进行直接的信息投送。

(三) 微观时间规训的整合营销策略

微观时间规训的重要策略在于如何将用户的碎片化时间有效进行整合，在自媒体的平等化时代，必须以客户——受众为中心，与受众进行多渠道的沟通。其基本思路在于：首先，必须关注受众所关注或者受众时刻变化的价值取向。其次，思考如何将不同传播手段进行协调，将不同传播工具的优势发挥出来。最后，在深刻理解受众价值取向的基础上，将需要传播的价值观融入品牌或者传播关键元素中，通过品牌感受引导消费者产生相应价值取向的心理体验，通过价值取向心理体验将品牌或者传播关键元素植入消费者脑海，从而建立品牌体验，最终达成品牌传播、口碑营销的效果。依据近年来网络公关的经验，适用于自媒体整合营销的有以下六大策略模型。

(1) F4话题整合营销模型

话题整合营销的一般思路为从新闻话题出发，形成热门话题的效应，从而达到推广品牌以及产品的目的。其中F指的是"Focus"，即为营销焦点，4意为四项指标，分别为：第一，相关媒介的覆盖量与传播量、重要媒体推荐的发布位置；第二，相关推广内容创意的质量、吸引力所产生的品牌传播能力；第三，目标受众的浏览量、参与互动的数量；第四，搜索引擎的搜索表现或者社交网络关键词的热门表现。所以，F4话题整合营销模型指的是通过具有营销价值的新闻事件进行品牌建构，进而通过重点内容的推广活动进行整合营销的方式。简单而言，就是通过具有创意的点子引起营销话题，通过媒介投放产生品牌传播能力，引导目标受众浏览并参与互动，并在搜索引擎以及社交网络上达到一定热度，从而达到品牌塑造的效果。

(2) FEA 整合营销模型

FEA 整合营销传播模型中 Focus，Event，Ac-tivity 分别代表着话题、事件与活动。通过分析产品和品牌的价值，组合应用多种话题、事件以及活动，持续性多层次展开整合营销。首先为多元化创造与传播关键元素相关的内容；其次通过文字、图片、动画、声音、食品等多种形式，依托以自媒体为依托的多种网络传播平台，进行海量投递；进而引发互动式参与并导致病毒式传播；从而最大化地扩大产品与品牌的目标受众辐射范围，在活动中能进一步与目标受众达成深度沟通，加深目标消费者对品牌的信任。

(3) FEAVA 整合营销模型，即俗称的"飞舞"整合营销传播

FEAVA 为"Focus"（话题）、"Event"（事件）、"Activity"（活动）、"Video"（视频）、"Animation"（动漫），所以 FEAVA 整合营销模型即为以上五种营销模式的结合。以上任何一种传播手段都可以单独制作完整的营销计划，再将五个营销计划完整整合到一个品牌营销计划之中。网络营销经过几年的发展，逐渐摸索出创意引爆、精准投放、整合资源的路线，通过微博、微信等自媒体平台作为其主要的媒介载体，从而达到推广内容的多样化整合。以《我是歌手》官方微博为例，该平台已经熟练运用了 FEAVA 整合营销模型，整合了其他专业视频网站内容、官方微博内容、音乐电台官方微博的音乐等。"@我是歌手"主页为受众简单明了地呈现了节目便捷全面的信息，包括最新漫画、视频、明星动向、官方以及民间的活动等，给粉丝带来极致体验的同时也为他们留下了活动参与的人口，同时树立了品牌形象。

(4) FM 模型

FM 模型一般从微博或者微信等具有较大的自媒体平台进行发动，通过微博或者微信"大V"主推，官方微博微信发布，其他加"V"的公众号进行佐证，意见领袖微博分享，然后由一群具有较大影响力的公众号进一步发散，通过一步步扩散的形式，将某个事件逐渐捧红且具有较高关注度。其最终的目的是不仅在自媒体平台上形成热议的话题，而且辐射到更多媒介，如大众媒介、视频平台、网络论坛、音频平台等的进一步跟进。

(5) FV 模型

FV 模型是以视频作为出发点的网络整合营销，例如视频的病毒传播、视频征集大

赛、系列微电影等，良好的轰动效应需要较好的创意、精良的拍摄以及制作水平。如果需要达到更好的效果，还需要在多种媒介平台上购买给予充分展示的位置，通过自媒体的转发或者其他活动进行造势。当下是视频等信息大爆炸的时代，受众的关注力已经被极大分散，即使是十分精良的名家制作，如果仅仅依靠自身力量的传播而没有借助外部的力量或者某一背景事件的推波助澜，很难在短时间内获得大量的关注。所以有针对性的营销必须借助其他辅助性媒介进行传播推动，方有可能形成较大规模的影响。

(6) FA 模型

FA 模型是从漫画作为出发点而开始的网络整合营销，以某个主题的系列漫画或者连续多组四格漫画作为传播源头，揭示一种现象或者传播科普一种知识，引起人们的共鸣。例如，著名的公众号"混子曰"将众多的历史以及科普知识以漫画的方式进行知识娱乐推广，居然达到粉丝量 140 万，阅读量过千万，单条广告 30 万的水平。

二、促进话语空间有序演化

空间与时间一同构成人类社会的基本要素。马克思在《1857~1858 经济学手稿》中便认为"用时间消灭空间"，开创了阐释空间与媒介话语之间关系的先河。1970 年以后，法国学者列斐伏尔的"空间的社会生产"理论更是开启了西方学术界中从时间到空间的理论转向。他认为，空间不是社会的反映，而是社会的表现；空间就是社会本身，而不是社会的镜像。从话语角度观察，空间理论是人们对人在当下环境中生存状态进行阐释的理论模型。而后在全球化、信息化的浪潮中，关于空间的描绘出现了大量的学术研究成果，例如信息城市理论、全球城市理论、比特之城理论、媒体城市理论等。关于以自媒体为代表的互联网所带来的社会空间复杂关系的理论研究也成为近来理论研究的热点，例如"流动空间"理论、媒介空间理论、关联空间理论、传播地理学理论等。

空间规训技术在微观话语权理论的思想理论体系中占据着重要的位置，空间不仅是权力实施的场所，而且是权力施行的实践。但在自媒体"过度分享"的趋势中，其空间出现了泛化的现象，这种现象与福柯所假设的封闭化的规训前提有所冲突。因此，传统的空间规训方式效果被极大消解。自媒体语境下的空间规训所面临的境况已经超越福柯空间规训的理论阐释范畴，针对自媒体的碎片化、开放性、流动化生产的空间，我们必须超越福柯的空间观，掌握其话语演化的实际规律。

为了便于分析，下面从列斐伏尔的空间形式分类出发，分析自媒体场域下话语演化过程的规律。列斐伏尔在《在场与缺场》中将空间区分为三类：第一，物理空间，即以物质形式存在的空间形态，强调其物质属性，例如自然与宇宙；第二，精神空间，即以概念形式存在的空间形态，强调其精神属性，例如逻辑抽象以及形式抽象；第三，社会空间，即社会实践的空间，由社会所生产，同时也生产社会。

（一）物理空间——再造意义场景

1. 场景定义自媒体物理空间

作为以物质形态存在的空间形式，在传统社会中是以自然环境以及社会环境的形态呈现的。自媒体场域颠覆了传统的物理空间存在模式，诱发了虚拟物理空间这一全新的空间存在形式。传统社会中人们总是基于特定地理空间，进行生产、交往等经济以及社会活动的。以社会交往为例，"在场交往和在场经验是贯穿在游牧社会、农业社会乃至工业社会的基本形式，自上而下的控制模式是权力运行的基本结构"。即使书信、语音等方式勉强能跨越地理场所，然而依然受地理位置坐标清晰的环境、地理等相关生活习惯以及习俗所制约。自媒体对生活渗透的意义在于第一次于在实体空间之外再造了一个虚拟空间。虚拟空间在相当程度上消解了环境、地理、身份等束缚，人类的经济活动以及社会活动从此从清晰的地域性关系中挣脱出来，实现对空间乃至时间的穿越。不同地域、不同阶层的个体可以无须面对面而在虚拟空间中一起生产、一起生活。在自媒体场域中，地理空间的隔阂被消解了，可以随时随地进行话语生产与传播以及关系的建构与维系。这导致固有基于传统空间建构的社会权力结构以及阶层关系加速分解，新的利益以及兴趣因素成为组织新社会关系的要素，跨越地理属性的生产与生活逐渐在人类存在方式中占据越来越重要的位置。

在这样的虚拟社会中，全新的社会运行规则决定着个体社会角色和社会行为。而当下我们的传统规训发源并适用于传统现实空间。在传统空间架构中，固定的空间环境决定了个体稳定的行为模式。从社会学的角度进行考量，戈夫曼视社会生活为多幕的戏剧，每个人带着面具在不同情景中扮演不同角色。不同场所的区隔决定了社会行为角色的标准。在自媒体的移动互联网虚拟世界中，各种社会角色如阶层、身份、职业等所依赖的物理空间不再固定不变，信息的充分流动消解了所有角色之间的界限。因此，我们必须抛弃对在固定的物理空间中发生的社会生产、生活与交往所产生的传统认知，不能再局限于以静态眼光看待并影响人们的行为以及关系，而必须在适应信息即时流动以及相应的虚拟环境生成、演变过程中对它们进行解读。美国作家梅罗维茨被视为戈尔曼和麦克卢汉的合体，他提出"场景"的概念用以解释日益电子化的媒介社会现象。他认为，场景实质上是一个信息系统，由媒介所构成的信息环境已经与人类以往行为时所处的物质化环境如公园、礼堂、卧室等一样重要。他并且"相信社会现实并不是存在于人们行为的总和中，而是存在与所有场景行为模式的总体之中"。

场景这一概念原指电影、戏剧中的场面，而后被引入社会学。"描述人与周围景物关系的总和，其最为核心的要素是场所与景物等硬要素。"这一场景概念多被学者所认同，随着信息技术的发展，场景不仅包括有形的物理场所，还包括由数字信息技术所建构的虚拟场景，以及控制这些场景的规则。虚 场景的构成要素包括虚拟环境、用户在线状态、用户使用情况、用户群体社交环境等。因此，场景不再受限制于某一具体地理坐标，可能是跨区域的甚至是现实世界中完全不存在的。所以，梅罗维茨将场景视为建构人们全新交往模式的信息系统。电子媒介赋予个体在不同时空轻松共享同一场景的能力。以电子媒介为中介的生产、社交以及生活行为已经与物质地理环境相脱离。场景解构了传统采用地理位置逻辑的空间观念，重构了以媒介技术为基础的虚拟空间。梅罗维茨甚至认为"电子媒介最根本的不是通过其内容还影响我们，而在自媒体语境下，如果还是像传统规训一样以固定封闭的地域划分空间并进行规训行为，无疑是刻舟求剑。所以，自媒体场域中的话语权建构必须符合虚拟场景的空间逻辑。

2. 场景与自媒体话语规训

互联网时代的场景一般包括虚拟场景以及应用场景。虚拟场景例如网络游戏、QQ秀、社交聊天等，应用场景是用户使用互联网产品时所进入的情境。随着互联网产品的社交化趋势越来越明显，这种区分越来越不明显。例如滴滴打车的支付场景中包含分享群发红包的功能，将这两种场景融合在一起。

场景有以下几层意思：第一，场景的构成类似于现实物理空间，包括时间、地点、任务、事件以及连接方式，例如钉钉的多人会议，哪些人在什么时间介入，讨论什么议题，描绘了一个会议的场景，又例如一个人早上7点佩戴手环公园跑步，而后分享到朋友圈引起点赞，激励了他继续坚持，这就是一个"跑步+社交"的场景。第二，场景是一种个体连接方式，就如同自媒体并不是自说自话，重要的是对外传播，场景的意义也在于不断连接不同个体，通过二维码扫描、微信转发、朋友圈转发、分享滴滴红包都是连接形式。第三，场景是以被连接的个体的体验所感知，个体在阅读、聊天、群组、游戏、支付中感受场景的亚文化。第四，场景通过个体细节体验的感知给予个体意义上的刺激，进而完成意义的内化。第五，场景是价值交换形式以及新生活方式的表现形态。在微信公众号里获得了阅读的快感，通过微信支付打赏，在直播平台上为一位唱歌的美女献花，这便是典型的价值交换。通过小米路由控制家里的小米空气净化器、通过VR眼镜观看TFBOYS的演唱会，这是一种全新方式的场景展现。

因此，构建什么样的社群将成就什么样的亚文化，选择什么样的场景便决定了自我与周围环境什么样的连接方式。没有场景，社交便没有展开的场所而无法更新；没有场景，个体间便没有话语情境而无法交流。场景在商业上定义了用户的付费规则，在文化上定义了人们的生活方式，最终建构了人们存在的意义。

与Web 1.0 PC时代的互联网传播相比较，自媒体移动时代场景意义被极大强化，腾讯总裁马化腾多次表示，在未来互联网的发展中，更重要的一个要素是"场景"。彭兰教授断定，移动传播的本质是基于场景的服务，也就是对场景感知并进行服务适配。移动互联网的进化推动着媒介竞争从PC时代的渠道之争到当下的媒介融合，媒介融合的关键在于场景的开发和应用。如果说传统媒介时代争夺的是眼球，Web 1.0时代争夺的是流量，那么，Web 2.0时代以后争夺的是场景。媒介场景也从传统大众媒介的受众场景向自媒体媒介融合与人际传播相结合的用户场景转变。媒介融合对于自媒体用户而言表面上让人们的选择无穷无尽，可以选择喜欢的场景以及场景承载的媒介形式，似乎自由以及解放近在咫尺，但其依然无法逃脱消费主义以及各种话语权力结构的包围。在这种背景之下，自媒体时代的话语权必须牢牢把握住场景的建构，利用场景进行空间的规训。

3. 场景空间规训的方法

自媒体时代，用户对于场景也是以一种消费的姿态进行的。马克思认为，消费者的需要、愿望和意志"根本不是一种赋予你支配我的产品的权力的手段，倒是一种赋予我支配你的权力的手段"。自媒体融合的多种媒介形式已经将各个领域的文化形态和各种消费策略组合起来，利用传播的技术优势，迅速创造或再现各种场景，复制各种拟态符号，将消费者置于无孔不入的消费意识形态控制之下。著名学者刘同舫教授也认为，"正是凭借符号编码的巨大作用，消费代替了一切意识形态，承担了'社会驯化'的作用和功能，成为实施社会控制的有力手段"。

从反抗的角度考虑，当下用户所感受到的都是经过编码的拟真世界，即数码场景，它不是客体的再现，而是否定和超越自身的真实，即超真实。超真实可以挣脱真实的自然以及社会规律，而受特定目的以及模式的调制，在其场景语境中获得不容置疑的存在意义——这种意义在商业社会里是消费文化，同时也可以被主流话语所收编。这种模式到底扮演什么角色，是作为消费社会的训导者，甚至恐怖主义的帮凶，或者作为为社会发展服务、为个人自由全面发展服务的辅助者都是可能的，这种角色定位十分重要。从这个意义上，将这种场景的调整模式服务于消费意识形态原罪的救赎，批判并反思其虚假的主体意识，塑造良好的社会风尚导向，为所有个体提供自由发展，为社会服务的虚拟环境氛围是十分重要的。

(1) 场景营销策略

当下，不仅传统规训模式，传统的广告模式也逐渐失效——毕竟我们每天端坐着看书、看电视的时间寥寥可数。我们每天奔波在各种场所之间的时间越来越多，地铁、公交站牌的广告越来越吸引我们的眼球，它们越来越多地进行场景营销。这些场景营销比较成功的有"三生三世""许你十里桃花"的地铁通道、专属"桃花列车"。在这些场景中，用户在这些布满电视场景的专属车厢里面听歌、自拍、合影、分享照片、与朋友互动，从而增加用户对品牌的记忆。自媒体语境之下，用户是从消费的角度进入场景的，所以必须深入了解用户的需求。可以从时间、地点、人物、目标、情感五个角度挖掘用户需求，即用户在什么时间、什么地点、什么情况下，为了达成什么目标需要使用产品。从策略上，场景营销可以采用"故事+场景+互动"三个相互连接的步骤。

第一，挖掘故事，让用户触景生情。每一句日常心情的表达、每一句引发伤感的歌词都连接着众多用户类似的经历，将心情、故事、歌词等内容置于产品之上，从而实现品牌情感的建立。为了让品牌与用户产生情感连接，可以让用户自己产生内容，征集用户故事，在自媒体空间传告话题引发评论，或将用户产生的内容放置于相关产品中便获得了良好的效果。

第二，营造产品氛围。场景包括文案场景以及环境场景两种。文案场景是通过文本引发阅读者的想象，例如经典广告词"碧桂园，给你一个五星级的家"，网易云音乐的乐评区里的广告词"愿所有晚安都有人回应"。环境场景指的是虚拟或者现实营造的给用户的直接感官感受，例如"三生三世"在地铁通道中营造的桃花场景氛围便让人与电视里的美丽世界产生联想。

第三，产生趣味互动。这种互动包括产品与用户之间的互动以及用户之间的互动。产品与用户之间的互动是广告带动用户产生行动或者心理感受上的互动效应。例如，起初味全每日 C 的瓶身上印了很多句生活场景，例如"加班辛苦了。""你要喝果汁听身体的""你要喝果汁世界在你身上""你要喝果汁听妈妈的话""你要喝果汁你朝五晚九""你要喝果汁做个好爸爸""你要喝果汁不爱晒太阳""你要喝果汁不会削苹果""你要喝果汁"。后来，为了加强与用户互动，将 M X X X X X X，你要喝果汁"的前半句改为用户自己可以随意修改的形式，用户可以根据自己的心情或者想表达的话写在上面，增加用户和产品的互动。最后，他们第三次改包装推出 42 款拼字瓶，用户可以将多个瓶子摆放于一起拼成一句话。

另一种为互动式用户群体之间的互动，例如著名的冰桶挑战的活动规则：被邀请者要么在 24 小时内接受挑战，在社交网络上发布自己被冰水浇遍全身的视频，要么为"渐冻症"患者捐款 100 美元，或者两者都做，完成后还可以指定 3 名挑战者。这实际成功地建构了一个场景，并将场景延伸形成互动，将意义性、趣味性与互动性融于一体，堪称话语公益传播的经典。

(2) 再造仪式强化场景。

自媒体作为一种社会化媒体，个人的行为以及思维方式、社会的运作模式都发生了巨大改变，而作为人际交往方式以及社会组织模式的仪式也经历着解构与重构的过程。一方面众多的仪式逐渐被解构，例如过年上门拜年的少了；另一方面媒介空间正经历着一种"再仪式化"的过程，例如在大众媒介时代，央视"春晚"便成功地成为具有强烈空间规训意味的媒介仪式，自媒体时代一样可以再造"春晚"的辉煌。汶川赈灾期间，大量中国用户的 QQ、MSN 头像都更新为"中国心"头像。这种自媒体语境下的"再仪式化"本质上是一种空间的"再生产"。自媒体通过空间的压缩与再造虚拟场景，不断生产新的社会空间。新的社会空间在全新的网状结构中产生出全新的仪式，例如重大的节日，群主不发红包是有压力的，这便是自媒体仪式性需求使然。

再仪式化主要有两种类型：一种是传统仪式的媒介化。例如传统的发红包变成了群里"抢"红包，清明节的祭奠变成了网上扫墓或者朋友圈点蜡烛。这两年支付宝的网上凑五福亦成为全民参与的游戏型仪式。另一种是现实生活的媒介仪式化。例如美食上桌首先必须拍照发朋友圈，朋友的联系演变为点赞与评论，在观看网络直播的时候，有些用户已经认为没有参与或者弹幕吐槽，观看便显得索然无味。新型的仪式依托自媒体的社会化功能逐渐成为人们在虚拟场景中社会化生活的重要组织形式。人们在虚拟仪式中塑造自我形象、维护社会关系，组织在虚拟仪式中也获得了新的凝聚力。这种效应应该在话语权的建构过程中加以充分利用。在此方面，已经有一些研究对此做了实证关注，例如中国青年政治学院的李华伟对《人民的名义》粉丝社群采用参与式观察法，对其"弹幕"进行研究，基于柯林斯的互动仪式链理论进行解读。研究发现：受众的互动以及反馈奠定了互动仪式的基础，粉丝群体的运转由观影仪式和讨论仪式的交替进行维系，群体团结则由相互关注以及情感连带所催生。这种互动链接作用于社会现实并促进其改变。

按照柯林斯的理论，互动仪式具有四种构成元素。

其一，两个或两个以上个体必须聚集于同一场所，身体在场且能互相影响。自媒体时代移动互联所带来的持续性在线服务为所有个体营造出了真实空间在场感受，媒介融合带来了更多的感官互动元素。在网络亚文化群体仪式中，互动仪式多数时候被认为带有一定娱乐性质，但是其依然实实在在地为亚文化群体带来了仪式的感受乃至群体的狂欢，成就了亚文化群体的凝聚力。

其二，对局外人设限。社会学家萨拉-桑顿认为亚文化资本使用最近的装扮、行话，或者具有标识性的物品将亚文化形式具体化，例如某一种发型、唱片等多在网络亚文化中也同样呈现出不同的表现形式。例如在青少年群体中流行的"火星文"，各种A站（AcFun弹幕视频网）、B站（Bilibili弹幕视频站）、C站（吐槽视频站）、D站（原画站）、F站（福利区）、O站（动漫社交网站）。在他们之中也存在互不通约的行话和俚语，例如二次元和三次元之间的壁垒就难以逾越。局外人如果想逾越，除了进行迎合亚文化的自我改变之外还必须进行一段时间的学习。

其三，对共同关注焦点产生交流并产生共同符号。柯斯林认为，如果人群具有共同的关注焦点，往往能获得共同的符号，这导致群体延长团结感。网络亚文化群体从一开始便是由具有共同旨趣的个体所组成，在参加群体活动的过程中由于信息茧房效应而加强了群体的凝聚力以及关注焦点。与现实仪式不同的是，在自媒体交往的过程中，共同的焦点必须通过共同的话语进行表达，所以共同符号的产生几乎成为必然，文字、图片、声音甚至特殊的场景都可能成为共同的符号。符号系统自诞生之日起便被再次纳入群体交流的话语循环，不断演化并在这一过程中不断自我强化。

其四，共同情感或情绪体验的分享。柯林斯认为此四个要素之间相互影响，尤其第三点和第四点之间关系更为紧密。当仪式场内个体具有共同的关注焦点时，容易与其他成员产生同频共振，气氛也会因此越来越浓，气氛又促进了 体情绪激动或者悲愤。自媒体语境较现实语境的话语行为更加突出了互动性，更加容易形成这种情感的共享。

利用以上四个构成元素，将促进我们更好地分析虚拟场景的仪式并加以改造和建构。

(二) 精神空间——把握话题规律

列斐伏尔认为空间除了物质属性之外，同时具有精神属性。他的精神空间没有具体概念限定，只是含糊地认为其作为抽象的形式源自头脑的想象和思辨。但是他同时强调，空间的形式并非完全客观，它不仅为各种自然以及历史因素的结果，而且是社会意识形态的结果。他说道："精神空间意味着逻辑上的连贯性、实践上的一致性、规范上的自觉性，它还表现为以下的关系：部分以及整体的关系、局部序列相似性的形成，还有形式的逻辑以及内容的逻辑等。"所以即使精神空间是一种构想的概念化空间，它不是飘忽不定的，其活动是具有主体性的、自省的、个性化的、具有自相似性以及实践上和形式上的规律性。

如果将场景视为自媒体空间的物理空间，那么在虚拟物理场景中所进行的话语交流便具有精神空间的特质，其具体体现为话题的组织形式以及话题的内容等。在自媒体语境之下，话语传播方式呈现出碎片化、多元化、复合化的特征。传统简单的层次结构、扁平结构以及线性传播结构的机械连接逻辑已经无法解释自媒体传播的特征，因此，对于这种精神空间是否具有逻辑上的连贯性、实践上的一致性、规范上的自觉性，以及它们整体与部分的关系，局部之间的规律都需要一种新的方法或者思路进行研究。

自媒体既然在精神空间具有分形特征以及自循环特征，那么在把握其话语发展的过程中我们必须重视这种现象，对于分形现象所引发的蝴蝶效应更应该重视。蝴蝶效应正是通过原始激发点不断进行的分形裂变，最后才出现涌现效应。所以，在自媒体话语发育发展的各个阶段应该从其演化演变的规律入手，在其转化的关键点上进行"点穴"，自媒体话语的构筑才能达到事半功倍的效果。

(1) 源头把控，降低初始条件敏感性

任何一个大规模自媒体话语事件的发生都是源自于最初始某个种子的自相似发育与迭代。初始信息最为微小的变化都很有可能带来最后灾难性的后果，产生蝴蝶效应。例如"皮鞋很忙"的谣言事件源自赵某的"不要再吃老酸奶和果冻了"的微博。正因为自媒体话语事件对初始条件在一定条件下具有极高的敏感性，因此在日常中必须努力降低话语事件的燃点，将可能的负面事件扼杀于萌芽状态。这需要日常保证自媒体信息的公开透明以及公正。具体做法包括：首先在时间上必须及时发布事件相关信息并持续跟进，对舆论高地必须抢占；其次在传播渠道上充分建立各种媒介的权威信用，利用它们的信用背书提高话语信息的可信度。

(2) 过程把脉，降低二次发酵概率

从近年来众多自媒体话语事件发展的脉络来看，很多事件都是由于官方或者当事人态度的不诚恳引起不满从而导致事件的二次发酵。自媒体话语场景重视互动，强调细节，要求平等，所给予受众的体验或感受在某种意义上就是真相本身。好的态度可以赢得受众的宽容与谅解；隐瞒、忽略、无视乃至傲慢将会"火上浇油"引发受众群体的不满情绪，让受众不仅打破砂锅问到底，而且在最后面对真相时情绪尚未消解而不善罢甘休。所以，在面对自媒体话语事件的时候，官方或者当事人务必本着"实事求是"的态度，有则改之无则加勉，不遮掩、不含糊，对质疑反应要迅速诚恳，从过程上减少谣言以及情绪发酵的概率。

(3) 利益入手，切入事件发展关键因子

分形与具有超循环特征的系统最大特征是部分与整体有着某种相似性，而且这种相似性具有嵌套性，这为我们提供了一个全新的视角，在进行自媒体话语事件分析的时候，利用分形方法可以迅速发现不同时间的耦合点，寻找事件中的分形演变或者超循环效应中最根本的单位，然后寻求微观层面上各种社会关系的利益对应关系，从而追踪随机时间或者多种形态发展至最终结构的多种推动力，从源头发现事件的起因。

在具体的事件中，只要从众多事件表现形态中分离出事件原型之后，可以将当事人以政府为限分为内部当事人以及外部当事人。外部当事人指的是参与到话语事件中的意见领袖、网民等众多个体。各方当事人的利益诉求千差万别，有的希望通过自媒体维权，有的希望发泄，有的为了自我表现。因此，我们必须对各种分形的演化最终状态加以分类，寻求各种类型相同与不同的奇异因子，进行分类引导。

(4) 因果连接，构建循环耦合环节

在具体系统的联系中注意构建循环耦合环节；构建因果关系链，特别注意在不同层次之间构建因果关系链条。客观上讲，自媒体作为人类最便利的信息沟通渠道，只要保证了信息沟通系统的开放性，并保证在广泛合作的基础上建立信息的协同竞争机制，网络信息的耦合十分畅顺，海量网民在相互碰撞将产生无限丰富想象力，不需要进行过多干预与操作。但是过度想象经常会将话语复杂系统发展的路径"带偏"。所以，需要在把握相关联系的节点上建立因果关系，协助打通耦合环节，引导自媒体话语事件向目标方向发展，从而建构自媒体话语权。

(5) 联结控制，建立或者切断循环链条

社会学依据网络节点之间联系的紧密程度可以将关系划分为弱关系以及强关系。强关系即联系较为紧密的关系；如亲戚、好友之间的关系，弱关系即联系较为稀疏的关系，如久未谋面的朋友，甚至从未见面的网友。社会学研究表明，社会网络的强壮性与强关系的关系并不明显，将强关系移除并不影响社会网络的存续。相反，社会网络对弱关系的依靠性十分高，移除弱关系将引起整个社会网络崩溃，而且这种崩溃影响较为深远。自组织方法也强调必须注意远缘关系以及相关关联（对应弱关系），因为这将诱导超循环得以发生以及延续。同时，当需要的时候将这种循环锁链打开，可以由打开的缺口处演化出更多发展链条或者路径。所以，自媒体话语朝着我们不希望的方向发展的时候，必须注意不能火上浇油，而必须通过减少它们之间可能的关联进行釜底抽薪。此时，需要切断关联的并非强关系，而是对整个话语系统存续至关重要的弱关系。这样，话语系统内部各子系统之间缺乏联系而互相孤立，从而拆解循环发展的关系链条，在系统内部无法形成分形。

（三）社会空间——重构空间关系

列斐伏尔在对物质、精神、社会三种空间的分析中，最为钟爱社会空间。他在辨析"生产"概念的基础上企图对三个空间之间的分野进行描绘，以证明并阐释社会空间包罗万象，对其的阐释必须一并考虑自然、历史和生产力发展。所以社会空间的构成不仅是事物，更是一种关系。按照他的推演，对于社会空间不仅仅指代某个事物，而是不但包容了空间的事物，同时容纳了事物同时共存的，无序或者有序的各种相互关系。

自媒体的空间社会化生产最突出的后果在于对空间的重组。在社会关系上，自媒体擅长通过激活空间的社会化功能、发现并构建新的人际网络关系。例如，微信的周边的人、"摇一摇"，陌陌的地理空间交友等都是依靠 LBS 地理位置定位服务建立个体之间的社交联系。自媒体公众号通过朋友文章推荐，从而发生关注并阅读的行为，这都是空间对另外空间的发现、识别与联接。他们原先存在于其他的关系网络中，经过新的连接过程相互融入对方的空间关系网络，导致空间关系的重组，这一过程便是空间的社会化生产、是一种流动的，动态的生产关系。

福柯的空间规训术发生的前提是对空间进行封闭化、静态化、栅格化处理，将教育对象置于被抽离真空的隔离空间之中。自媒体所带来的流动空间让这种空间技术一时之间似乎无用武之地。然而，正如俗语所云"分久必合、合久必分"，世界范围内的互联网版图正经历着一场从开放到逐渐封闭的发展过程。以中国为例，逐渐形成以 BAT 为代表的多个具有产链闭环的互联网集团。在自媒体空间也同样存在这样一种相对封闭化发展的过程。自媒体平台在经过初始发展的无序混战状态之后，各种基于兴趣、地缘、利益等结成的群组较先前相对稳定，也因此形成各自的亚文化而趋于封闭。自媒体新闻平台逐渐形成今日头条、腾讯新闻、凤凰新闻客户端、网易新闻客户端等几大寡头。在同一自媒体平台上，内部生态逐渐成熟，群组虽然时刻动态变化，但处于基本稳定状态之中。如果没有外部短时间内大量的事件或者信息输入，其将保持一种相对稳定的状态。所以，微观权力的空间规训技术在一定程度上仍具有应用价值。在空间规训技术中，除了相对较封闭的空间之外，必须对空间进行分割并加以分类，对每个人加以定位并为其分配确定的位置。每一个因素的身份以及权力是由其所在系列的位置，以及与其他因素的间隔规定的。因此，对于自媒体空间的规训，我们可以尝试通过分割、分级的方式对其进行空间关系的重构。

1. 建立互联网内容分级制度

关于我国互联网内容分级制度的呼吁，多年来在各个层面上一直没有停止，出于诸多因素的考虑，互联网内容分级制度并未真正铺开，仅在小范围内进行了试验。笔者认为建立包括游戏在内的互联网内容分级制度具有必要性。其一，未成年人健康成长需要分级制度对其加以保护。其二，兼顾成人权力需要内容分级制度。在建设社会主义道德的过程中对一些"低级趣味"的内容一禁了之并不能真正解决问题，人的基本需要、商业的擦边球是无法用一纸禁令堵住的。其三，建设多元道德生态系统的需要。一个健康具有活力的道德生态必定是多层、多元的。雅俗共存、百花齐放对于主旋律文化而言并非坏事。丰富有活力的道德生态系统对于上层的主旋律道德子系统往往是有利的。现在"只做不说""只堵不疏"的做法，往往让大众无所适从。建立互联网内容分级制度，为社会建立了内容分级的显性标准，在丰富多元内容生态的同时能将非主流的信息置于阳光之下，从而也不必担心其不良影响的扩大。其四，面对海量的自媒体和互联网内容，采用直接行政审查的方式不仅浪费行政资源，而且效率十分低下。

互联网内容分级制度已经成为世界各国较为通行的做法，例如德国按照年龄组分级、韩国的内容审查制度、美国的间接监管方式、英国的协会自治式，这些做法的成功以及失败的经验都值得我们借鉴。基于我国国情，相关监管制度宜采用间接监管、多元主体共治、行业标准自治的方法进行。首先，间接监管制度。分级标准、过滤标准不直接由政府制定。政府对相关标准进行备案、公示，并组织第三方机构对相应标准进行评估以及监督；采用奖惩兼用的原则对相关行业、机构以及公司进行引导。其次，多元主体共治。治理的主体应该充分发动各种有利于治理的主体，例如信息服务提供商、行业协会、未成年人保护组织、教育机构、未成年人以及家长、公众以及政府主管部门。多元主体参与共同治理方有利于利用多种力量共同治理。最后，标准自治。互联网内容分级制度的核心是其标准的制定流程以　内容。分级标准的合理性、方法的有效性具有高度专业性，往往只有行业内部人员才可能熟悉，政府往往无法事无巨细地对其进行把控。所以，这种标准自治权力的下放既是一种权力，同时也是一种责任。只要内容透明化、过程透明化、监督社会化，这种行业标准的自治应该是十分有效的。

2. 建立主体分级制度

我国对包括自媒体的互联网主体制度开始实行一系列的分级管理制度。国家网信办公布《互联网跟帖评论服务管理规定》，被称为跟帖评论"史上最严"13条新规。该规定除了规定相关提供商8条义务、弹幕相关规定外，要求跟帖评论服务提供商建立用户分级管理制度，并对用户跟帖评论行为进行信用评估，依据信用等级确定服务范围以及功能，对严重失信的用户列入黑名单，停止被列入黑名单用户的服务，且禁止其重新注册使用跟帖评论服务，并要求提供商提供必要的数据、技术以及资料支持。这些措施都一一对应着微观话语权理论的空间规训技术的要求。国家网信办印发《互联网群组信息服务管理规定》，明确指出互联网群组信息服务提供者应当对互联网群组信息服务使用者进行真实身份信息认证，建立信用等级管理体系，合理设定群组规模，实施分级分类

第八章 自媒体视域下话语权建构策略

管理，建立黑名单制度，并采取必要措施保护使用者个人信息安全。

以上的分级制度，是对空间规训的有益尝试。利用大数据时代所有个体行为可见性的原理，采用信用档案的方式将个体定位在一个具体的层级位置之上，在具体层级位置赋予其相应位置的身份以及权力——信用高的网络用户使用权限高，信用低的权限低，列入黑名单的禁止其使用，用分级的方法重构了个体身份以及空间关系，是空间规训技术的有益尝试。

第九章 自媒体伦理的内涵与特征

第一节 自媒体伦理

在了解自媒体伦理之前,当然得先弄清楚什么是伦理。

一、什么是伦理

"伦理"一词在中国最早出现于《礼记·乐记》中,"乐者,通伦理者也"。东汉郑玄注:"伦,犹类也;理,分也。"东汉许慎在《说文解字》中对"伦理"的解释为:"伦,从人,辈也,明道也;理,从玉,治玉也。"可见,"伦"主要指人伦,是人与人之间的关系。"理"也就是治理、整理,引申为条理、原理或规则。所以,"伦理"主要是指人伦之理,伦常之理,因而也就是指人与人关系中所需要的准则、原则和规定。

在西方文化中,"伦理"Ethics源于拉丁文Ethica,而Ethica的最早词形是希腊文Ethos,其含义为"本质""人格"或"风俗""习惯"。与我们上面所讲的基本是一致的。

对于什么是伦理,虽然古今中外有各种不同的定义,但综合来说,大家普遍认为:"伦理是指在处理人与人、人与社会、人与自然之间相互关系时应当遵循的道理的规范。"所以,简单地说,伦理就是指人如何做人,如何对待他人,如何对待自然,如何对待社会,以及如何生活才更有意义、更有价值。

人们经常把"伦理"与"道德"放在一起理解。所以,谈到伦理,必然说到道德。什么是道德呢?"道,犹路也。""道"即道路,引申为事物运动变化的规律或人们必须遵循的社会行为的准则、规矩、规范。"德者,得也。"内得于己,外施与人。所谓道德,简单地说,就是指人们在社会上为人处世的规则。比较正式的概念是:道德是由一定的社会经济关系决定的特殊的社会意识形态,它是以善恶为基本范畴,依靠正在被人们奉行的社会舆论、传统习惯和内心信念来维系和调整人们行为规范的总和。首先,道德是由一定的社会经济关系决定的。在不同的社会经济条件下有不同的道德准则。例如,原始社会所推崇的道德准则是团结、勇敢、热爱劳动等,因为没有这样的道德规范,在非常严酷的环境中是无法生存的。封建社会则是推崇三纲五常、三从四德,为的是维护社会的基本秩序。因此，道德是在社会物质生活中产生的，并且随着社会物质生活的变化而变化的意识形态；其次，道德是由社会舆论、传统习惯和内心信念来维系和调整的，不是依靠外力而是依靠人们的自觉力和自愿力来实现人们的行为从"现有"到"应有"的转化，这跟其他社会意识形态不一样，例如，法律是以强制手段来维系的。

伦理与道德在内涵上大致相通，但二者也有一定的区别。亚里士多德认为，道德主要是指个人修行和人生幸福，而伦理主要是一定的社会关系，主要是政治关系。黑格尔认为，道德更多地涉及个人，具有主观的特征，而伦理则更多地涉及国家及社会，具有客观的特征。

简单概括一下，"伦理"更具客观、外在、社会性、他律性的意味，它侧重于反映人伦关系以及维持人伦关系所必须遵循的规则；"道德"更多地或更有可能用于个人，更含主观、内在、个体性、自律的意味，侧重于反映道德活动或活动主体自身行为的应然性。道德是伦理的载体和形式，伦理则构成了道德的基础和前提。

伦理与道德虽然有一定的区别，但都是指人们必须遵守的行为准则，都在一定程度上起到了调节社会成员之间相互关系的规则的作用。

二、什么是自媒体伦理

所谓自媒体伦理，是指在自媒体平台上处理人与人、人与社会、人与自然之间相互关系时应当遵循的道理和规范。所以，简单地讲，自媒体伦理就是指在自媒体领域必须遵循的规范和准则。在自媒体平台上有很多不同的环节，包括信息的生产、信息的传播、信息的共享、信息的利用等等，在这些过程中产生的善与恶、义与利、荣与辱等关系问题统称为自媒体伦理。自媒体伦理主要研究自媒体活动中的道德观念、道德关系、道德规范等问题。

在这里应该注意的是，自媒体伦理并非是自媒体和伦理的简单相加，而是一种相互制约、相互促进的关系。首先，自媒体决定着伦理关系，自媒体自身的特点对自媒体伦理起着决定性影响。其次，伦理关系也制约着自媒体的发展，如果没有完善的自媒体伦理，自媒体的健康发展就很难得到保证。正是由于"决定"与"制约"的互联互动，形成了自媒体与伦理共存共生。

三、自媒体伦理产生的社会历史背景

自媒体伦理的产生，是对现实挑战的应答。随着移动通信网络环境的不断完善以及智能手机的进一步普及，移动互联网应用向用户各类生活需求深入渗透，促进手机上网使用率增长。

手机和平板电脑等移动终端的快速发展，引发了自媒体的井喷式爆发。自媒体的出现是人类信息传播史上的一次革命。它缩短了人与人之间的距离，使得社会交往变得丰富多彩；它拓展了人们获取信息的渠道，使得信息的来源更加多样化；它打破了传统媒体对信息的垄断，使得"人人皆编辑、人人皆记者"变为可能。自媒体正深刻改变着我国经济、社会和文化生活的方方面面，成为信息分享、思想交流和文化传播的重要平台。

但自媒体的快速发展在带给人类新的机遇的同时，也带来了前所未有的挑战。例如，信息泛滥、信息污染、信息欺诈、暴露个人隐私、侵犯知识产权……这些都是自媒体世界面临的伦理难题。

相信大家都会有这样的体验：当你每天打开邮箱，会发现几十甚至上百封垃圾邮件；你随便打开一个网站，会有无数的信息跳到你的屏幕上；你试图浏览一则新闻，马上会出来一系列的链接，让你眼花缭乱；某一天，你发现自己的、年龄、地址、学历、电话号码、Email等资料在网上公开叫卖……

近年来，网络用户账号如雨后春笋，然而各种乱象也层出不穷。有的账号是在冒用、关联机构或社会名人的头像、名称和介绍，如假冒的"中纪委巡视组""人民日报"等。这些违法运行的账号，大多是在传播虚假消息，分明是在故意误导公众，导致混淆、扰乱网络传播秩序。还有的账号在大肆发布色情、暴力信息，用低俗恶劣的炒作方式赚取点击量、关注度。这同样是在污染网络环境，破坏网络秩序。这些严重威胁国家安全和社会公共利益的乱象，如果不能得到及时的遏制，可能会对国家、社会和个人造成不可换回的损失。

面对这些情况，如何加以解决？在自媒体活动中，如何界定个人隐私的范畴？对著作权的保护当然是必要的，但如何判断自媒体平台上的信息是否存在侵权问题？对于侵权的情形如何进行处理？如何界定网络服务商和个人网络所有者的责任？如何规范自媒体交往行为？如何防止和杜绝信息泛滥和信息欺诈？

自媒体的世界是一个虚拟的世界。人们在这个虚拟的世界中自由冲浪、发布信息、社会交往，表面上好像是一些数字化的游戏，但其实这是现实社会中的人将其在现实社会中的活动在虚拟世界的一种投射。现实世界中的伦理关系、伦理问题必然反映在虚拟世界中。

因此，与在现实世界中一样，在自媒体的世界里也需要有完善的伦理规范。人们的自媒体行为可以通过法律手段进行调节，例如制定政策和法令，鼓励或者禁止进行某种活动，但法律对于人们的自媒体活动的调节是有限的。人们为什么要使用自媒体以及怎样使用自媒体都贯穿着使用者的价值理念，即在很大程度上取决于人们的性格、爱好、人生观和价值观，这就意味着道德手段比法律手段有着更为广阔的调节空间。在这一背景下，自媒体伦理　　和实践的兴起就成为必然。

第二节 自媒体伦理的特征

自媒体伦理作为一种新的特殊的伦理规范，除了具备一般伦理的特点以外，自然也有着其他伦理形式所不具备的特征。

一、伦理主体的草根性和自由性

"草根"这个词这几年用得特别广泛。草本身就非常普通了，而草根则是草的最下端、最不起眼的部分。所以，"草根"近几年主要用来指社会人群中最底层的人群或个体。"草根性"是指平民化、底层化的特点。

虽然传统媒体也在参与自媒体平台的信息传播，并且正在发挥着越来越大的作用，但自媒体平台的根本主体是网络平民。草根性是自媒体伦理主体最为主要的特点。

一般而言，自媒体伦理的主体不具有职业属性，也就是说，参与者大多不以此为业。自媒体对其主体在身份、地位、性别、国籍、职业、学历等上没有任何要求。相对于传统媒体从业人员来说，它的覆盖面更广，更具个性化，更无功利性。另外，自媒体参与主体一般缺乏较高的专业素养。他们参与事件的原因往往是因为能够接触到第一手资料或者就在新闻事件的现场或者只是为了"自我表达"，因此，对新闻事件的判断往往更直接，带有更少的预设立场和偏见，也更客观、更具体、更清楚，更加能够体现个性化特点。

但自媒体平台草根性的特征也带来了很多负面问题。一些自媒体参与者的文化素质与道德水平不高，自律性较差，对很多信息不经选择随意制作或者散发，这一特征也使得有害信息的传播更加普遍和肆无忌惮。

自媒体伦理主体另外一个重要的特征是自由性。自媒体平台自由、随意、数字化的特点使人际关系摆脱了面对面直接交流的模式，简化为人与自媒体终端（手机或电脑等手持工具）的交流。这自然就在很大程度上脱离了地理环境的束缚，增加了交往活动的自由度和隐蔽性。在现实世界中那些形形色色的、倍受人们重视的因素，诸如地位、性别、权力、年龄、相貌、财富、衣着等都变得无关紧要。参与者们摘去物理世界里的"面具"，从最原始的本真出发，自由地表达自己的情感和立场。这种交往方式使人们暂时忘掉自己的社会性角色而还原为一个个平等、独立的个体。随着这种交流方式的持久进行，伦理主体的自由性与自主性意识必然会得到强化，人们会习惯于或更倾向于采用网络交流方式进行思维与行为，更倾向于较少地考虑传统现实的约束与桎梏。所以自媒体伦理主体更多地表现出自由性特征。

二、伦理观念的多元性

随着人类社会的发展，伦理规范也不断成熟。虽然世界范围内的道德形式因生产关系的差异而呈现出不同的特征，但每一个特定地区、特定国家，或者特定民族都有一种相对占主导地位的道德体制。随着世界性交往的不断密切，不同的道德形式也具有一些普世化的特点，但总体而言，特定区域内的道德都相对比较单一，但自媒体伦理却具有多元化的特点。所谓自媒体伦理的多元性，是指与传统道德相比，自媒体伦理呈现出一种多样化、多层次的特点与趋势。自媒体伦理的多元性可以从以下几个方面来理解：

首先，由于自媒体平台的国际化与开放性，不同的道德意识与价值观念都在这一平台上共生、共存、交流、融合，不同国家、民族和地区的宗教信仰、风俗习惯和生活方式引发了社会价值观念和人的道德互动方式的更新，使参与者们能够认识并接受这些思想观念的不同，这些最终导致了自媒体伦理的多元性。

其次，自媒体平台的开放性和包容性是自媒体赖以生存与发展的重要基础。这种开放性与包容性也就决定了不同的道德观念与伦理认知都可以在这一平台上交融与碰撞，要想消除掉所有的伦理差异是非常困难的。同时，由于道德关系主要是由物质利益所决定的，而在自媒体平台上利益之争相对较少，建立统一的自媒体伦理规范的压力较小，所以也没有必要消除伦理差异，这就使得自媒体伦理呈现多元性的特征。

三、伦理规范的普世性

如前所述，自媒体平台具有世界性的特征，任何人通过一根网线和一台能够上网的电脑或手机终端就能自由出入全球的自媒体平台。但是各国间文化、道德、法律观念存在的巨大差异导致对信息内容的不同认定标准。例如，在一些文化中认为是色情的东西到了另一种文化体系中可能认为是非常正常的；在中国认为是违法的行为，但是在一些国家可能司空见惯。所以正如我们所说，自媒体伦理规 具有多元化的特征。但全球自媒体领域也是一个公共领域，本质上说仍然是人与人的现实交往，也是人的真实生活，也必然需要遵循一定的道德规范。自媒体伦理必然带有全球化的色彩，因此普世性是自媒体伦理的一个非常重要的特征。

在现实世界里，每个人都有其既定的地位和角色。在家庭中你可能是父母或儿女，在学校里你可能是老师或学生，在单位中你可能是领导或下属。每一个角色都需要遵循不同的道德规范，如果角色失范，则会给你带来极大的困扰。而自媒体平台是一个虚拟空间，在这个空间里，所有人原有的身份被剥离，都只是庞大网络的一个终端。所以网络打破了地域和民族界限构成了另一个独立的世界。在这一世界里进行交流所遵循的伦理关系和规范原则，自然适用于所有网民。

四、伦理机制的自律性

在现实社会中，人们的交往是一种面对面的形式，他们的身份是明确而稳定的。在交往中人们都遵循约定俗成的道德规范，有明晰的善恶观念，行为较为严谨。其主要原因在于传统道德具备较强的约束机制，伦理主体承担着直接的道义责任与道德形象，并且要面对社会舆论、传统习俗和法律机制等各方面的制约，所以，现实社会的各种伦理行为都体现出了明显的他律性。

但在自媒体平台上，人际交往呈现出一种交往方式的间接性、交往范围的模糊性、交往时效的不确定性的特点。网络上有一句名言："你不知道网络的那边是一条狗。"所以，人们处于一种"无标识"的状态，其身份是模糊的。人们是以计算机及其网络系统为中介，以文字和符号为特征进行交流的。自媒体交流主体的虚拟性、隐蔽性、开放性等特征导致了传统伦理道德的他律手段与机制的约束力在网络伦理中遭到极大的削弱。在这种情况下，各伦理主体要保持有序的交流状态，必须有高度的自律性。正如我们前面提到的那样，自媒体平台是一柄"双刃剑"。它在为人们高速准确地进行信息传输与信息交流的同时，在极大地丰富人类信息资源的同时，在推动文化价值与伦理道德进步的同时，也对传统的现实伦理体系造成了一系列的冲击与颠覆，其影响大大超过了历次技术革命的影响。因此，在深入探讨与掌握自媒体伦理基本特征的基础上，确立正确的自媒体伦理观应当是一个社会性的伦理责任与义务。

第十章 自媒体伦理的建构策略

任何社会问题的产生，都与周遭环境有不可割裂的联系。自媒体伦理问题也是如此。随着科技的发展和生活节奏的加快，人类社会进入"读图时代"。现代人更倾向于通过图像或者视频这种直观的方式接受信息。受众对信息的依赖促使传播者更倾向于使用自媒体进行信息传播活动。使用自媒体的越多，自然产生的问题就越多。而与传统媒体不同，经营自媒体的多是一些商业机构。盲目追逐经济利益让不少自媒体商业平台忽视了社会责任和道德，利用自媒体传播色情、暴力、血腥等不良信息。当前，我国正处在社会转型期，各种矛盾较为突出，导致一些人尤其是年轻人在社会化过程中感到苦闷、困惑、无所适从。自媒体由于其开放性、隐匿性和虚拟性等特点，自然成为人们进行情绪宣泄的场所。不少地方政府在自媒体管理中的越位或缺位，也是造成自媒体伦理问题的重要因素。

综上，构建自媒体传播伦理，应着重从政府、自媒体、用户三个层面入手。如果三者关系处理得当，将会极大地促进自媒体伦理的健康发展和自媒体秩序的有序推进。

第一节 政府、自媒体、用户三者之间的关系

一、政府与自媒体的关系

在大众传播体系中，政府与自媒体各自扮演不同的角色。自媒体一方面接受政府指导与约束，另一方面又对政府工作进行监督。而政府一方面需要通过自媒体获取和发布信息，另一方面又需要对自媒体信息的发布加以制约。如果自媒体信息发布的自由与政府对信息监督的要求达到一种平衡，那么二者的互动就会产生积极的影响。反之，则会形成社会的不稳定因素。

（一）政府的角色

1. 舆论导向的指导者

在任何国家，政府都是舆论的指导者。政府在宏观上掌控和把握着舆论的方向，引导公众价值观向符合政府预期和大部分人利益的方向发展。因此，政府必须准确了解民

众思想状况,并及时公布应对措施和施政方针,减少非权威信息的散播,构建稳定的舆论氛围,以形成稳定的舆论导向。

2. 规章制度的建设者

政府作为国家管理的执法机关,依法享有对国家政治、经济和社会公共事务进行管理的职能。政府这一职能的根本目的是为所有社会群体和阶层提供普遍的、公平的、高质量的公共服务。政府对公共事务进行管理时,必须要在宪法和法律的范围内活动。同时,政府进行社会管理的目的是促进社会化服务体系的建立,促进社会自我管理能力的不断提高。而这种能力的提高是政府通过制定法律法规、政策扶持等措施来实现的。

3. 公共关系的协调者

在重要事件和热点问题中,政府还扮演着协调各方面关系的重要角色。作为公共事务的管理者,政府需要协调政府内部的关系、政府与自媒体的关系、政府与自媒体用户的关系以及自媒体与用户的关系等。

(二)自媒体的角色

1. 信息的传递者

对于重要事件和热点问题,民众都渴望在第一时间就知道真相,现场的经历者也都渴望第一时间把信息发布出去,这就需要借助媒体的力量。自媒体方便、快捷的特点,使其成为传递信息的首选。自媒体能够利用多种手段,图文并茂地即时性传递信息。

2. 舆论引导者

媒体具有反映舆论和引导舆论的功能。清华大学新媒体研究中心主任熊澄宇认为,"媒体正在全面深入到社会生活的角角落落,并成为社会舆论最重要的传播载体"。特别是自媒体,因为其具备强大的技术支撑,在即时反映舆论热点和舆情动态上具有较大优势。近年来,自媒体在一系列重大事件、社会热点等领域都有不同程度的介入和推动。自媒体以其强大的传播功能和影响力,对舆论引导带来了很大的影响。媒体的态度和观点会在很大程度上左右社会舆论导向,影响民众情绪。总之,自媒体会更为迅速地占领舆论阵地,其作用的有效发挥能够在时间和空间上更有力地引导舆论走向。

3. 信息的反馈者

民众了解重大事件和热点问题以后,可能需要了解后续的报道,同时针对事件的处理情况做出评论与反馈,这就需要媒体及时发布和获取事件发展的详细情况。所以,自媒体不仅要有效传递信息,还要及时反馈和有效沟通信息,在第一时间搭建政府和公众之间的高效信息交换通道。

4. 政府的监督者

舆论监督一直都是媒体的重要使命和价值所在。除了针对社会不良现象进行监督外,对政府的工作进行监督也是自媒体的重要职责。传统媒体大多是在政府的扶持下产生的,与政府有着千丝万缕的联系,因此在监督政府工作方面存在着缺陷。而自媒体的独立性相对较强，地位更加超然，监督渠道多种多样，是更有实效的政府工作监督者。自媒体的监督能够及时指出政府工作中的缺点与不足，敦促政府及时纠正和改进，以便将不利最小化，推动下一步工作的有效开展。

对于自媒体和政府的关系，一般可以归纳为三种：主从关系——自媒体是政府的喉舌；对立关系——自媒体属于"第四种权力"，与政府互相监督，互相制约；协调关系——自媒体既是政党与政府的喉舌，又包含自己的独立性。在这三种关系中，第一种体现的自媒体与政府的关系是部分与整体的关系。自媒体是政府的宣传工具，具有很强的依附性和从属性。这种关系是大部分传统媒体与政府关系的真实写照。这些媒体是在政府支持下成立起来的，接受政府领导，受政府监督。第二种关系类似于西方媒体倡导的独立于行政、立法、司法之外的"第四种权力"。自媒体具有监督政府权力的职能，甚至能够左右舆论，影响政府决策。当然这种权力也是相对而言，不是绝对的自由。第三种指出了政府与自媒体之间复杂的协调与互补关系，既相互制约，又相互促进。自媒体既是政府的喉舌和获取信息的重要渠道，同时自媒体又保留着自己的独立性。自媒体在政府的支持下获得快速发展，同时又不会因其过度自由而损及自身和社会的稳定性。这是当今政府与自媒体关系的真实写照。

政府是公权力的代表，维护公共利益是政府一切工作的根本出发点。自媒体作为社会公共生活的重要平台，伦理特征具有明显的公共性。因此，政府理应发挥重要作用。特别是近年来，随着自媒体平台的不断扩展，破坏社会秩序并影响国家安全与稳定的动荡因素也随之增多，更需要政府加强对自媒体的监管。

随着与自媒体有关的事件越来越多，需要加强政府的监管已经成为世界各国的共识。但政府在加强监管的同时，必须保护自媒体平台的自由性和独立性。自由是自媒体的生命。缺乏自由的土壤，自媒体将很快失去其生命力。在现实生活中，自媒体平台的很多伦理失范问题的产生都与政府的监管错位有很大关系。所谓监管错位，即该政府介入的时候政府却出现缺位，该政府让位的时候政府却管得太多。通过信息自由流通建立舆论公共领域，落实知情权，推动公民参与公共生活，是自媒体建立社会信任并在社会事务中产生影响的重要原因。越来越多的事实不容置疑地证实了自媒体的传播优势和互动 能。在社交媒体走向公共领域的时代，无论是官方、组织机构还是个人，对媒体的体验和参与，不仅意味着政治权利的共享、舆论影响平台的拓展、社会民主的落实，也意味着体现独特传输框架和全新传播理念的社会价值的构建，以及未可预期的传播效果的实现。

在自媒体环境下，如何看待媒介自由、如何处理自由与监管的平衡、如何实现有效的社会管控，已成为各国面临的共同难题。如学者W.兰斯·班尼特所言，现时代，媒体已成为"理解政治和国家治理的关键"。

我国不少地方政府在自媒体监管实践中，经常采取一些运动化的治理模式，看似能够很快见到成效,但效果往往难以持久,并且负面影响很大。因此,应该逐渐建立制度化的治理模式。

二、自媒体与用户的关系

这里所讲的用户既包括自媒体平台上的集团用户,例如政府部门、企事业单位,也包括广大的个人用户。自媒体与用户之间的关系是相辅相成的。自媒体为个人用户人际交往、获取信息和自我表达提供重要平台。同时,个人用户也是自媒体赖以存在与发展的重要基础。没有个人用户,自媒体也就失去了存在的土壤和发展的价值。

首先,自媒体是用户人际交往、获取信息和自我表达的重要平台。

1. 自媒体为用户提供了人际交往的重要平台

自媒体已经成为人们人际交往的重要媒介和工具。以往传统的社会交往方式如书信来往、聊天、购物等完全可以在自媒体平台上更为方便快捷地进行。

2. 自媒体也是用户获取信息的重要通道

以往获取信息的方式基本上来源于传统媒体。这种渠道获取的信息往往比较权威,也相对真实,但缺点是时效性差,且成本较高、方式单一。而通过自媒体平台获取的信息速度快、容量大、覆盖面广且实现了多媒体全方位信息传播。

3. 自媒体是个人表达自我的重要窗口

在现实生活中,每个个体都有表达自己的愿望。但在传统语境中,个人几乎是没有自我表达的机会的,因为媒介几乎都处于被垄断的状态。自媒体则不一样,它为人人提供了自我表达的重要平台。在自媒体平台上,不管个人的社会地位如何,都可以获得平等表达自己思想的机会。

其次,用户也是自媒体赖以生存与发展的重要基础。

第一,用户是自媒体存在的出发点。自媒体成立的初衷当然是为用户提供更加准确便捷的服务。如果没有用户社会交往和收发信息的需要,自媒体也就没有了存在的必要。

第二,用户在使用自媒体的过程中,其切身体验对于促进自媒体的完善与发展起到了重要的推动作用。如果没有用户的意见和建议,自媒体也就失去了发展的动力与方向。

三、政府与用户的关系

政府与用户的关系也是如此。一方面,政府的职能就是为人民服务。正如李克强总理所说:"政府一切工作的目的是让人民群众过上好日子。"而保证群众信息畅通,保证人人都有自我表达的机会是"过上好日子"题中应有之义,因此政府应该采取各种方式保证人民群众的话语权。政府需要转变政府工作思路,改革传统守旧观念与做法,努力架设政府机关与社会大众沟通交流的桥梁，满足大众对高效、快捷、秩序井然的自媒体平台的需求，努力为群众打造畅通无阻的表达渠道。

另一方面，用户充分而自由的表达，也有助于政府改进工作方式，不断地由管理型政府向服务型政府转变。自媒体已经成为社会各阶层表达利益诉求、发泄不满情绪的重要窗口，大量最真实的社情民意都在这一平台上有所呈现。政府工作人员要高度了解自媒体，认真学习相关理论和技术知识，切实掌握好自媒体发展的方向，掌握使用的基本技巧和与网民沟通的基本方法，充分利用好自媒体这个最快、最广、最强的交流平台，了解民意、汇集民智，推动工作决策的科学化和民主化，强化工作监督，提高工作效率，实现办公现代化、民主化。以微博为例，截止到今天，几乎所有地方政府部门都开设了微博账号。政府微博拉近了政府与民众的距离，而且让群众了解并理解了政府的工作，推进了政府透明度，提高了政府公信力，为政府和民众搭建了一个平等而迅捷的沟通平台。政府微博的开通，实现了更多、更快的政情发布，特别是在突发事件时的作用更为突出。政府微博为社情民意提供了一个通畅而方便的反映渠道。对政府来说，它能更好地了解社情民意，也是政治民主一个方面的体现。

第二节 行业的作用

在政府、自媒体和用户三者的关系中，自媒体是一个承上启下的角色。因此，它的作用非常关键。构建自媒体伦理，离不开自媒体行业自身的努力。那么，如何充分发挥行业的作用呢？

一、借鉴传统媒体在构建和维护伦理道德方面的成功经验

自媒体虽然与传统媒体有所不同，但毕竟也是一种重要的媒体形式，具有与其他媒体相类似的特征。传统媒体在长期发展过程中，形成了一套比较完整成熟的伦理体系，对于新生的自媒体伦理来说，是一个很好的借鉴。

（一）建立自媒体自律组织

媒体自律组织主要指媒体行业协会或自媒体评议组织。行业组织的建立是媒体道德自律行为的发端。伴随着传媒队伍的扩大和职业化水平的提高，在目前媒体自律组织的基础上还会不断衍生出其他新的自律组织形式。

建立媒体的自律组织，对媒体行业的传播行为进行有效的监督和规范，是传媒界公认的行之有效的贯彻执行自媒体自律的基本方式。对于自媒体来说也是如此，尝试建立自媒体的媒介人社会组织，并通过这些社会组织提高自媒体参与者的媒介素养，从而达到自觉净化自媒体相关内容的目标，这是构建自媒体伦理的重要举措。

第十章 自媒体伦理的建构策略

传统主流媒体的媒介人，无论是新闻记者，还是编辑等，都有自己相应的社会组织——记者协会、编辑协会等。正是这些社会组织规定了记者、编辑等媒介人的职业操守和行为规范，并通过这些社会组织的相关活动提高媒介人的媒介素养。但自媒体的媒介人缺乏相应的社会组织，从而使得数以亿计的博客、微博、微信用户游离于社会组织之外。缺乏社会组织的有效整合，就难以有效规范自媒体媒介人的媒介行为，也难以提高其媒介素养。因此，以自媒体提供商为平台，建立博客、微信、微博用户的社会组织，发布社会组织公约，通过各种方式逐步提高这些用户的媒介素养就显得尤为必要。

西方发达国家的经验表明，通过记者协会、编辑协会、微博用户协会等发达的社会组织提供的媒介素养教育能使大众充分利用媒介资源完善自我，参与社会发展，同时监察和改善传媒。媒介素养教育的开展有利于用户在掌握话语权的同时增强自身对媒介信息的辨别能力，加强公众的媒介意识和对自身信念和行为的控制能力，使公众成为积极的媒介信息的使用者和媒介话语权的表达者。

在我国，腾讯、新浪、网易等自媒体提供服务商，应该承担一定的社会责任，即净化自媒体的信息内容，消除对社会、国家有害和虚假的信息。与自媒体用户相比，自媒体服务提供商拥有更优秀的媒介素养人才，可以有效规避有害或不良信息，从而达到实现净化自媒体平台的目的。在这方面，英国已走在了世界前列。对于互联网信息的净化，除了成文立法之外，在英国，自律协议发挥着至关重要的作用。1996年9月23日，第一个自律性的网络内容规范《Safety Net Agreement regarding Rating, Reporting and Responsibility》由互联网服务提供商协会（ISPA）、伦敦互联网交流平台（LINX）和安全网络基金（the Safety Net Foundation）联合颁布，并由此建立了网络观察基金组织（IWF）。IWF作为英国最大的自律机构，其主要工作内容之一是管控儿童色情信息，并建立了分类明确的儿童色情信息等级划分标准。另一类被严格管制的内容是关涉非法的恐怖活动和极端暴力活动，仇恨的信息、图片、视频的管控。此外，其他主要的互联网信息内容行业自律组织有互联网服务提供商协会（ISPA）、独立移动设备分类机构（IMCB）、点播电视联盟（ATVOD）等。由于英国政府并不直接从事网络内容的日常监管，因此，行业自律协议在净化网络信息方面就发挥着中流砥柱的关键作用。英国的上述成功做法，对于我国的网络媒体服务提供商建立相应的行业自律公约，具有重要的借鉴意义。

我国在自媒体的自律机制发展上要相对落后于发达国家，但一些进步的举措还是值得肯定的。中国互联网协会互联网新闻信息服务工作委员会成立了违法和不良信息举报中心，并设立了举报网站。

我国首个"自媒体公约组织"在北京宣布成立，成员包括60余家自媒体，会上发布了《自媒体公约》宣言。《自媒体公约》对自媒体的诸多行为做出了规范，例如，自媒体发布内容应遵守国家相关法律法规；自媒体应尊重版权，转载、摘抄他人文档应获

-165-

明确许可，未经许可转载的，应视情节删除文稿、公开道歉直至承担法律责任。《自媒体公约》还规定，自媒体应以尊重市场规律、尊重其他用户的方式进行运营推广，不得采用诱骗、误导、利用程序 BUG 等方式吸引用户关注、影响他人使用体验。这一组织成立的目的是保障用户可以在正当、合理的条件下安全地使用自媒体。同时，该组织的成立也有助于自媒体群体的健康发展。各参与者可以在共同的内容价值观之下，相互交流与学习，共同提升。应该说，这个自媒体组织的成立，是自媒体发展史上的一件里程式的事件。虽然成立初期规模较小，影响力还很弱，但它有利于自媒体的自我协调、自我监督、自我保护、自我服务，对于自媒体伦理的规范化发展意义重大。

(二) 制定媒体自律规则

加强媒体从业者的自律，首先要设立明确的自律规约和信条，保证这些规约得到有效的贯彻执行，并落实到奖惩上。传媒自律信条和规约最早出现于美国。美国密苏里大学沃尔特·威廉博士主持制订了《记者守则》，首次系统地提出了新闻职业道德规范，该守则也被认为是世界上最早的有关伦理的自律信条。美国记者公会通过了《记者道德律》，强调记者的第一责任是向公众报道正确的、无偏见的事实，要求记者遵守正确和公正两个原则。近几年，自媒体道德失范的情况愈发频繁，加强自媒体空间的社会公共道德教育已得到社会各界的共识。整治自媒体道德失范问题，通过技术、立法等强制性手段进行他律固然重要，但通过加强对自媒体用户的社会公德教育更重要。在自媒体时代，每一个人手里都掌握着信息传播终端，每个人都是信息传播者。加强对全体公民进行自媒体社会公德教育是时代的必然要求。当务之急应当是向在这方面做得较好的国家学习，尽快制定符合我国国情的网络公共道德行为规范。

自媒体自律机制的建设可以借鉴传统新闻媒体的自律机制。虽然传统媒体的自律机制也不完善，但总比瞎子摸象有优势，至少可以得到一些启示。瑞典成立了世界上最早的新闻自律组织——舆论俱乐部，制定了职业守则。又成立了瑞典新闻委员会，制定了全面的新闻道德规范体系。后几经完善，形成了公众原则、新闻职业原则、编辑广告原则等几大原则。所制定的这些原则，在通常情况下都被大多数媒介所遵行，起到了一定的作用。

我国的全国新闻工作者协会出台了《中国新闻工作者职业道德准则》。该准则内容包括六个方面：全心全意为人民服务；坚持正确的舆论导向；遵守宪法、法律和纪律；维护新闻的真实性；保持清正廉洁的作风；发扬团结协作的精神。通过这六方面的内容，能够看出该准则总体来说是宏观的，没有细化到具体层面。在实际运用中，可能操作起来会比较困难。

(三) 加强有媒体行业内部监督

除了建立行业协会和颁行自媒体公约，媒体行业内部监督也很重要。具体做法是：①自媒体可以借鉴传统媒体的内部监督方法，展开媒介批评，通过在各类自媒体平台上开设专栏、专刊、专题节目等形式，对自媒体产品进行及时的评价和监督。②在教育监督方面要做到措施得当。自媒体行业协会要注重培养专业的网络道德教育和咨询人员，其主要职责是教育和引导用户的道德自律意识，坚持遵守自媒体伦理的基本原则。行业协会应当引导用户对各种信息采取辩证的扬弃态度，强化用户的网络整体观念和群体意识。同时促使用户加强现实中人与人之间的交流与沟通，打破相互之间的冷漠和孤立，为其提供一个可以宣泄和疏导压力的渠道。

二、从技术手段和制度规范入手，构建行之有效的自媒体伦理体系

自媒体与传统媒体最主要的不同，就是"把关人"的缺失。由于"把关人"的缺失，草根民众有了自由传播信息的可能，同时谣言、不良信息的传播以及网络非理性行为的产生也有了广阔的空间。如何在保证民众信息传播权利的基础上，对不良信息进行约束，是自媒体伦理建构的一个关键环节。基于这一目的，我们可从技术手段和制度规范两个方面入手对这一问题进行剖析。技术手段具体是指通过防火墙对不良信息进行过滤，而制度规范的构建则可从网络实名认证制度和建立行业规范这两方面着手。

（一）防火墙技术的应用

自媒体的发展如此迅猛，自媒体的技术安全却是滞后的。自媒体系统中既包含着技术的因素，也包含着人为的因素，整个系统庞大且复杂。正因为自媒体更新换代快，所以构建一个多层次的自媒体安全技术网络十分困难。对此，应该针对自媒体的不同环节和问题分布情况，有针对性地设立安全系统，根据数据传输方面的问题、网络层面的安全问题、数据链路层的安全问题、信息传播方面的安全问题的不同特点，进行网络安全系统的全面布控。同时，用户也可以根据自身的实际情况，选择合适的安全技术系统，这样不仅可以有效满足用户的安全需求，还能潜在地维护自媒体的正常运行，为自媒体道德缺失、违法犯罪等活动提供技术层面的有效约束。

自媒体的安全性主要包括用户资料的保密性、信息传播的完整性、自媒体服务商提供服务的全面性以及对不良信息的传播等违规犯罪活动能够及时进行技术上的处理，并为法律提供有效证据。如何在技术方面保证自媒体的安全性呢？可以通过加强自媒体技术监控来改善，尽快研制出低成本、易普及的网络技术监控系统。通过这种系统及时发现、制止和清除不规范、不道德的自媒体行为。措施如下：第一，提高软件自身的安全。对于进行网络安全监控的软件，其自身的安全也是很重要的方面。提高网络监控软件的安全性能是网络安全的基础，可以更加有效地发挥监控职能。第二，编制破解恶意程序的软件。对于已经造成破坏和损失的网络不道德行为，通过编制的破解软件对不道德行为进行终止，避免造成更大的损失，对已造成的损失进行最大程度的恢复。第三，设置专门的网络督察员。对网络犯罪行为进行及时的监控和跟踪，尽可能对正在实施的犯罪行为进行制止，将破坏和损失降至最低，而对已成事实的网络犯罪行为主体进行追

-167-

捕并追究其应负的法律责任。

防火墙技术就是保护网络安全的一个重要措施。防火墙，来源于英文"Firewall"，是一种网络安全系统。它可以是一台专业硬件设备，也可以是一套软件。防火墙的工作原理是通过在互联网用户的内部网和公共网（Internet）之间建立一道安全网关，通过这个网关，用户可以将所不希望看到的信息拒之门外，也可以防止你的网络被黑客侵入，造成个人信息外泄。简单而言，防火墙就是一种过滤技术。这种技术对防止网民接触色情、暴力等不良信息具有很大的作用。时至今日，防火墙已经发展成为一项成熟的技术，不仅可以屏蔽不良文字信息，也可以对影像信息进行过滤。通过防火墙，我们的电脑可以有效过滤垃圾信息，保护个人信息空间免受污染，同时也截断了不良垃圾信息的传播渠道，防止二次传播。对于SNS、微博等自媒体平台而言，通过防火墙或者专业监控软件可以大大提高网站工作人员的效率，及时发现色情、暴力或者侵犯他人合法权益的文字、图片、视频等信息，并及时进行屏蔽或删除处理，避免这些不良信息在网络中大范围传播，造成伦理冲突。

防火墙技术管制手段主要有三种：阻止进入技术、过滤技术和分级技术。目前，我国普遍采用的是阻止进入技术和过滤技术。阻止进入技术是通过在互联网的国际主出口上设定对访问某些地址的限制，使得国内网民无法直接登录这些国外网站获取信息、发表言论。过滤技术分为基于词的过滤技术和基于站点的过滤技术。基于词的过滤技术即通过关键词和主题词阻挡有关信息。例如，如果对"性"这个词进行过滤，所有含有"性"这个字眼的词都会无法进入用户的视野。基于站点的过滤技术即对含有不良信息的网址实行控制。过滤技术主要用于各种论坛、网络社区以及博客、微博的管理，其工作原理是先设定若干限制性关键词，网民在发帖过程中一旦使用这些限制性关键词，帖子便不能直接发出，而是被转往相关负责管理员处进行审查。尽管限制性关键词库越来越大，但总有一些不良内容通过变化形式躲过过滤。过滤技术发展的极端便是全审，即每帖都要先审后发。这种过度的管制方式不但效率低下，更会挫伤网民发言的积极性，甚至可能引发侵犯人权、言论自由等伦理道德问题。分级技术有两种不同的级别划分方法，一种是以内容为基础的分级技术，另一种是以年龄为基础的分级技术。以内容为基础的分级技术通常按暴力、性、裸露、语言、潜在有害内容等几个方面进行分级，防止用户接近有害信息。以年龄为基础的分级技术通常分为适合成人的内容、儿童必须在父母指导下观看的内容、适合儿童观看的内容、所有观众观看的内容等若干级。目前，国外网络分级都建立在自愿的基础上，避免涉及网民的言论自由。

除了技术的防范与监管，我国政府还建立了网络警察部队。网络警察均具有高超的计算机能力和较高的专业素质。他们的主要任务是进行网上搜　，检索出淫秽、反动等不良信息，利用高科技手段对网络犯罪协查破案。

防火墙在对互联网内容监控方面具有很高的效率，但是应注意把握监控的尺度，对不同的群体应区别对待。譬如对面向青少年的自媒体平台应予以严格监控，面向成年人的平台则可适度放松，避免自媒体监控"一刀切"的现象发生。最终既要保证自媒体在一个安全、稳定的环境中发展，也要满足社会对信息多元化的需求。

(二) 网络实名认证制度

美国《纽约客》杂志刊登了一则由彼得·施泰纳创作的一幅漫画。漫画的内容是一只狗正在操作计算机，漫画的题目是："在互联网上，没有人知道你是一条狗"（On the internet, nobody knows you're a dog）。之后这句话就风靡全球。这句话非常巧妙地说明了互联网匿名性这一特点。所谓网络匿名性，即用户可以通过互联网发送或接受信息而不必透露自己的身份信息。网络交往匿名使得社会规范的约束力降低、冒险行为增加。网络攻击、网络色情、网络欺诈、网络犯罪等现象都与匿名性有关。

那么如何避免上述负面问题的存在呢？网络实名制应该是一个很好的举措。申请人的个人资料须经网站审核并最终确认后才能正式开设个人媒体。一旦个人媒体内容出现问题，可以及时找到作者进行修改或撤稿，或者视情况追究作者的责任。

韩国是最早将网络实名制付诸实践的国家。韩国信息通信部提出在大型门户网站实行有限实名制。网民在这些网站发表评论或回复时必须使用实名。当时，韩国官员对此解释称是为了"减少以匿名进行诽谤等副作用"，并向社会承诺"为了不损害网络匿名性的积极作用，相关机构在制定实名制细则时会把握平衡"。

我国学者也在十多年前就提出实行网络实名制。清华大学新闻与传播学院李希光教授在广州电视台《都市在线》栏目做访谈节目时，提出"人大应该立法禁止任何人匿名在网上发表东西"。李希光教授的此番言论随后引起社会各界的激烈争论，由于当时实行网络实名制并不具备法律和技术上的支持，最终不了了之。2腾讯公司发布公告称，根据深圳市公安局《关于开展网络公共信息服务场所清理整治工作的通知》，配合相关部门对腾讯开展的网络公共信息服务进行整理，对QQ群创建者和管理员进行实名登记工作，此举被看作是我国全面推行网络实名制的序幕。北京市推出《北京市微博客发展管理若干规定》，文件要求微博用户在注册时必须填写真实身份信息，但用户昵称可自愿选择。新浪、搜狐、网易等各大网站微博都全部实行实名制，采取的都是前台自愿、后台实名的方式。至此，中国网络实名制取得重大进展。

自网络实名制被首次提出开始，社会对这一举措的争论就从没间断过。韩国的网络实名制也在2012年破产，原因是导致了个人信息的泄露。我国的反对者认为网络实名制违背言论自由的精神，不利于开展舆论监督，而支持者则认为网络实名可促进网民自律，有利于营造和谐、健康的网络环境，防止网络道德失范行为发生。

对于这一情况，我们认为，对待"网络实名制"既不能任意否定，也不能全盘放开。从当前我国的情况来看，推行网络实名制有利有弊，但利大于弊。自媒体是一个公共空间，在社会任何一个公共空间里都不可能存在绝对的自由，只有相对的自由。自由的前提是不能侵犯他人的合法权益以及社会公共利益。网络实名制就提供了一种平衡，既可提供自由，又能进行一定的约束。但前提是要做好个人信息保护工作，并且保证实名认证后用户的言论空间不会受到太大的挤压。从长远来看，网络实名制对网络信息传播而言是具有正面积极意义的。

随着社会的发展，实名制已经成为一种趋势，不仅是在现实生活中，而且在网络中实行实名制的呼声也越来越高。但是完全实名制势必影响自媒体这一新生事物的发展，因为自媒体最初就是以张扬个性、展现自己形象出现的。它是为了弥补现实中个体由于生存的压力对内心的掩饰，让个性得以完全展现的一种方式。如果完全实名制的话，势必将自媒体的这一重要价值大打折扣，甚至会扭曲自媒体的发展道路。如何解决保护网络自由与进行舆论监督的关系呢？有限实名制应该是一个比较好的举措。有限实名制是相对于实名制而言，对用户的个人信息，实行前台匿名登记、后台实名登记的策略，个人在注册博客时需要提交自己的真实姓名和身份证号等资料，但是在网络中与他人交流的过程中，可以使用网名而不是自己的真实姓名。个人信息只需要在后台进行管理，在前台用户可以用自己喜欢的名字与他人进行交流。如果用户没有危害国家和公众利益，没有违反国家法律，真实姓名及相关信息属于隐私受到保护，但一旦触犯法律，个体就会受到相应的监管。这种方式已经逐步成熟，并且有条件应用到其他自媒体媒介当中。

国家互联网信息办公室于发布了《互联网用户账号名称管理规定》，对网络用户账号进行规范管理，力图构建良好秩序，保护公民、法人和其他组织的合法权益。网民将《互联网用户账号名称管理规定》称为"账号十条"。

"账号十条"指出，网络用户账号必须遵循"后台实名、前台自愿"原则，恪守"七条底线"。把"七条底线"当作不可触碰的"高压线"，是确保互联网成为一个充满真实、互信、包容、健康的平台的有效保证。

然而，实行有限实名制依然有一些隐患：用户信息安全问题、虚假注册信息问题、网络监管问题等。对此，自媒体服务提供商责无旁贷。服务提供商应当落实管理主体责任，对用户提交的账号名称、头像和简介等注册信息进行审核，对含有违法和不良信息的，不予注册。对存在违法和不良信息的账号，应当采取通知限期改正、暂停使用、注销登记等措施。同时，还应保护用户信息及公民个人隐私，建立健全举报受理处置机制，自觉接受社会监督。

（三）建立行业规范提高自净能力

自媒体行业除了可借助技术手段实现对不良信息的过滤，还可通过建立相关的行业规范，提高自媒体自净能力，进行自我管理。自净能力，是源于环境学的一个　词，是指自然环境通过复杂的物理过程、化学过程以及生物化学过程，将污染物的浓度降低、毒性减轻或者消失的能力。引申到自媒体，是指自媒体对在其平台上传播的不良信息进行自我甄别、自我过滤并清除的能力，目的就是纯粹为了维护自媒体空间的纯净，而不

第十章 自媒体伦理的建构策略

是出于商业利益或是迫于管理部门的压力。

这种能力的执行者包括自媒体用户和不是自媒体平台的工作人员，比如BBS上的"版主"、QQ群的"群主"、博客的"博主委员会"以及微博的"社区委员会"。这些执行者一般都是出于兴趣，没有酬劳，带有一定的志愿性质。比如BBS的版主，他们的工作主要是管理BBS上的某一板块，主要职能是行使删除帖子、置顶帖子、加精华帖、奖励分数、修改帖子、封存帖子、批量管理的权利，以达到管理网友的言论尺度、促进论坛健康发展的目的。

版主制是早期BBS网站探索网站自净功能的成果，虽效果有限，但已是一大进步。与传统BBS的版主制相比，新浪微博社区公约更为先进，更具有现代气息，有许多创新之处。比如，结合微博的新特点，在《新浪微博社区公约（试行）》第十八条提出："用户应尊重他人安宁权，不得利用微博骚扰他人。不应以评论、@他人、私信、求关注等方式对他人反复发送重复、近似、诉求相同的信息。""安宁权"在我国现有的法律法规中并未提及，这是新浪微博根据实际情况提出来的，得到了许多用户的肯定。此外，该公约明确了微博的表达自由界限，新浪微博社区委员会的成立也体现了民主管理的特点。有媒体将《新浪微博社区公约（试行）》的实施看作是互联网自律的具有里程碑意义的事件。诚然，《新浪微博社区公约（试行）》的诞生为互联网自律尤其是自媒体自净提供了很大的促进作用，但必须认识到，在这个日新月异的网络世界中，各种问题层出不穷，提高自媒体自净能力应该持之以恒，不断创新。

三、采取有效手段保护个人隐私

从表面上看来，任何商业机构都提供了相应的隐私政策，用以说明公司是如何处理从用户处获得的信息，但隐私政策事实上也可以看成是一种加剧企业获取用户信息可能性的渠道。隐私政策的一个很大的好处，是建立一种公众对企业的信任。只是这种信任的建立是为了吸取更多的用户，最终实现商业目的。Google+放松了隐私政策，允许用户使用昵称，用来吸引希望使用假名进行注册的用户。谷歌模仿Facebook的战略政策，调整服务条款政策却出卖了用户，允许第三方在未经用户同意的情况下就可以根据成年用户使用Google+和其他谷歌产品（如YouTube）留下的评论，将其姓名、照片和评论内容纳入网络广告中进行全网投放。因而，每次隐私政策的调整都会引来一些关于用户个人信息保护的争议。

例如，Facebook在修改服务条款时，增加了一条：在用户销毁账户后，Facebook依然会留存相关内容，这就意味着Facebook可以拥有并留存用户的所有信息。而很多用户一开始并没有关注到这条服务条款的改变。当然这一改变最终还是收到了超过30000个用户的反对评论。对此Facebook用"我们不是恶魔，请相信我们"希望说服公众。但作为一个商业网站，Facebook也可能遭遇金融危机。一旦遭遇金融危机，在数据库中

-171-

留存的信息便成了其他公司的商业财产。另外，国家权力机构可以更为容易地获取存储在 Facebook 上的信息。Facebook 再次修改服务条款时，为了抗衡新软件，开放了用户的数据。当时，为了吸引青少年用户，"让他们的声音为更多人听到"，而完全开放了 13-17 岁用户照片和状态评论权限，取消个人信息保护的重要设置，允许所有（非好友）用户进行评论，从而引发了严厉批评隐私政策问题。事实上，隐私政策也是体现了一种公司的权力。在隐私政策中，公司会用语言文字保证个人信息被处理的方式，但是并不会提及信息是如何被存储的。除了缺乏透明性之外，时间和经济成本成为消费者阅读隐私政策潜在阻碍。隐私政策语言晦涩难懂，不需要经常阅读。即便阅读了，也并不能帮助用户做出理智判断。这些都妨碍了用户积极干预对个人信息的控制。FTC 的隐私报告也无奈地承认基于注意/选择模式的政策在实际中本身就会带来一个问题——消费者根本不会阅读隐私政策，更不会理解，甚至对一部分用户来说，即便认真阅读了隐私政策，也并不能回答他们对商业公司如何处理与使用个人数据的疑问，更不能保证用户准确选择，因为已有的商业机构所提供的政策更加倾向于保护商业机构而非消费者。

第三节 自媒体用户的作用

政府与行业组织在构建自媒体伦理过程中起着举足轻重的作用，但要消除自媒体不文明现象，净化自媒体环境，归根结底需要自媒体用户的不懈努力。自媒体用户作为自媒体的传播主体，与自媒体的伦理失范有着不可割裂的联系。无论作为自媒体信息的受众还是作为传播者，自媒体用户都有可能是自媒体伦理失范的制造者、参与者或是受害者。构建和谐的自媒体传播伦理，离不开用户的积极参与。

一、加强自媒体使用者的媒介素养

关于自媒体信息传播中"把关人"的角色应该怎么界定，我们认为可以从以下几个方面进行分析：①信息发布者属于第一层把关。这样的过程撇开了传统媒体中的编辑、总编。每一个用户都能成为信息的发布者，信息发布的门槛变低。正因如此，信息的多样化、真实性和可靠性程度就是由每一个信息发布者来把握，不像传统媒体那样存在统一的价值标准。②第二层把关是自媒体网站后台技术因素或者网站工作者。他们扮演了传统媒体的"编辑或者总编"的角色，可以通过网络技术进行信息发布设置，比如对低俗内容和反动内容或者国家机密相关信息等进行屏蔽。③普通用户属于第三层把关。自媒体用户在上网浏览信息的过程中，存在着有意筛选的行为。对于有价值的信息他们进行跟帖、评论，而对于那些垃圾信息则是不闻不问，这样就出现了有些信息火爆，而有些信息则被淹没在信息海洋中。普通网民对信 的关注度高低实现了对信息的"把关"。

第十章　自媒体伦理的建构策略

在这三层把关中，自媒体信息发布者起着特别重要的作用。自媒体用户的媒介素养水平，有助于他们对信息进行分析、判断，充当好第一层"把关人"的角色。

在自媒体用户中，除极少部分是职业新闻工作者外，绝大部分都未接受过新闻传播理论及业务的专业训练，因此他们制作或者发布的信息质量较差，具有很大的随意性。当然，对于业余传播者而言，我们并不要求信息的质量，但对于每一个公民而言，在自媒体时代中，都应具备一定的媒介素养。自媒体传播是公开的，很容易在传播中形成公共舆论。所以，自媒体传播也应当遵守公共舆论场的秩序和规则。权利与义务相伴相生。自媒体在享有通信权、信息传播自由权、信息选择权的同时，也理应承担道德上的责任和义务。从这个角度来讲，作为自媒体用户，加强自身的媒介素养，提升信息传播的自律能力，是题中应有之义。通过各种学习，自媒体用户能对信息进行分析，清楚地判断什么样的信息是符合社会规范的，什么样的信息可能会侵害他人的合法权益或社会公共利益，做到在制作或传播信息时心中有一杆秤，避免不良信息的产生和传播。那么，什么是媒介素养呢？根据美国媒体素养研究中心对媒介素养下的定义，媒介素养是指在人们面对不同媒体中各种信息时所表现出的信息的选择能力、质疑能力、理解能力、评估能力、创造和生产能力以及思辨的反应能力。媒介素养的宗旨在于促使社会公众积极使用媒介、制作媒介产品，培养对媒介产品具有主体意识和独立思考能力的公民，以提高社会文化品质。提高社会公众的媒介素养，不仅可以提高社会公众作为信息接受者的甄别、理解能力，也可以提高社会公众在作为传播者时的信息选择和判断能力。

提高自媒体用户的媒介素养对解决自媒体伦理问题的帮助主要体现在两个方面：一方面，只有在获取信息阶段将虚假信息或不良信息识别出来，才能避免自媒体用户将这些信息进行二次传播，避免以讹传讹的现象发生；另一方面，自媒体用户具备了一定的媒介素养，可以清楚地判断什么样的信息是符合社会规范的，什么样的信息可能会侵害他人的合法权益或社会公共利益，他们在制作或传播信息时心中便有一杆秤，避免不良信息的产生和传播。

"他山之石，可以攻玉。"西方发达国家对网络道德伦理问题十分重视，相继成立了相关协会，定期开展学术研讨会，研讨和制定网络道德标准和伦理规范。其中较有代表性的是美国的计算机伦理协会与其制定的

"计算机伦理十诫"，具体内容为：

第一，你不应该用计算机去伤害他人；

第二，你不应该去影响他人的计算机工作；

第三，你不应该到他人的计算机文件里去窥探；

第四，你不应该到他人的计算机去偷盗；

第五，你不应该用计算机去做假证；

-173-

第六，你不应该拷贝或使用你没有购买的软件；

第七，你不应该使用他人的计算机资源，除非你得到了准许或给予了补偿；

第八，你不应该剽窃他人的精神产品；

第九，你应该注意你正在写入的程序和你正在设计的系统的社会效应；

第十，你应该始终注意，你使用计算机时是在进一步加强你对你的人类同胞的理解和尊敬。

自媒体信息传播者如何正确地使用媒介资源，如何对媒介信息进行正确的判别、选择和解读，这对自媒体有效发挥舆论监督能力、减少虚假信息、提高信息质量有很重要的影响，特别对于青少年来说更是如此。目前，青少年自媒体伦理失范事件和犯罪案件越来越突出。青年人能更快地掌握网络技术，但道德修养尚未成熟，是非识别能力较弱，容易受到他人的蛊惑和影响，往往成为自媒体信息传播环境的破坏者，甚至走向犯罪的深渊。所以，加强自媒体道德教育，提高媒介素养应该特别注重从青少年入手。在对青少年的教学过程中，首先让他们认识到目前自媒体遇到的道德伦理困境，产生这些困境的社会根源，以及这些困境带给社会的危害性；其次，将提高社会责任感、规范自媒体行为的意识贯彻到每个青少年的思想当中，既要他们明确社会责任，也要让他们懂得行为失范将会受到法律的惩罚。同时还要注意的是，一些名人和主流媒体的言论在自媒体中的影响效应也很大，例如李开复、谢娜、姚晨等知名企业家和艺人的微博粉丝过亿，传播影响力甚至超过大型报社，所以名人更应该以身垂范，在自媒体中明确自己的社会责任，提高自己的言行修养，用实际行动来引导受众合理地参与自媒体的使用。

二、积极参与自媒体伦理建设

社会公共道德，简称"社会公德"，是指由全体社会成员普遍承认并遵循的、为维护社会秩序而形成的基本道德规范和行为准则。社会公德所要处理的是人与人、人与社会、人与自然之间的关系，协调人们在社会生活中的矛盾冲突，以实现社会、集体、个人利益的有机统一。在自媒体平台上，人们不需要像在现实世界中遵循交通规则，更没有不许随地吐痰、乱扔垃圾的要求，但这并不意味人们在这个虚拟世界里可以为所欲为，不受道德约束。凡是有人类聚集活动的地方，都需要社会公德的约束，自媒体平台也不例外。

在自媒体伦理建设方面，用户的参与主要涉及以下三个层面：

（一）技术层面

很多自媒体用户所发布的信息可能造成了比较大的影响，但对于用户自身来说，他在做什么其实连他自己可能都不知道。我们很多用户都处于这样一种状态，往往在无意中给自媒体秩序带来了不小的危害。事情的关键在于对于自媒体技术的运用是否得当。要防止出现类似事件，首先应该自觉进行自媒体技术的学习。

（二）法制层面

自媒体用户必须明确，在自媒体上发布言论和其他信息与在现实生活中一样是要承担法律责任的。因此，每一个在自媒体上活动的个体，都应该自觉学习有关的法律法规，积极维护自媒体平台的秩序。

（三）道德层面

事实上大部分用户在自媒体平台上发表的东西，一般不会构成违法，也不会造成较大的社会恐慌。好多人编造各种谎言，炮制虚假信息或者进行"人肉搜索"，只是为了好玩，把它当作恶作剧，作弄一下别人。

任何自媒体用户在贪图好玩、逗乐、恶作剧的时候，应当考虑到你的信息给他人、给社会、给自媒体伦理带来了什么影响，这就是自媒体用户应该承担的社会责任。

公民的社会责任是公民社会中一种基本的人文关怀，是对社会和他人所必须担当的一种使命，是不可忘却、不可推卸的。德国著名神学家马丁·路德说："一个国家的繁荣，不取决于它的国库之殷实，不取决于它的城堡之坚固，也不取决于它的公共设施之华丽，而在于它的公民的文明素养，即在于人们所受的教育、人们的远见卓识和品格的高下，这才是真正的利害所在、真正的力量所在。"多少个世纪过去了，这样的话语，依然激动人心。

三、加强他律和自律的统一

构建自媒体伦理需要他律和自律两方面的统一。他律方面包括规章制度监督和舆论监督等。关于规章制度的监督，我国目前在《宪法》《刑法》《民法》中均有对新闻传播的规定。《宪法》第三十五条有对公民言论、出版自由的规定；在现行《刑法》中有20多种罪名与新闻传播活动相关，如第二百四十六条关于侮辱罪和诽谤罪、第三百六十四条关于传播淫秽物品罪；《民法》第一百０一条和第一百二十条都有关于公民的名誉权和人格尊严受法律保护的规定。其他法律诸如《治安管理处罚条例》《报纸管理暂行规定》《关于维护互联网安全的决定》《互联网站从事登载新闻业务管理暂行办法》《关于严禁淫秽物品的规定》等，对新闻传播也有相关规定。另外，历年来关于互联网管理、网络安全保护、互联网信息服务、互联网电子公告服务、互联网出版管理、信息网络传播权保护等方面的行政法规和部门规章也做了相应规定。任何人违反上述法律与规定，都将受到法律的制裁。舆论监督是道德评价中最强有力的方法和手段。道德舆论的评价可以调整社会意识导向，规范人们的社会行为，推动人类社会关系的和谐。所以，可以根据一定的道德标准，对自媒体参与者的行为进行善恶判断。对某些失当行为进行纠正和引导，遏制偏差行为的扩大化；对好的道德事件，应该及时做出褒奖，弘扬善行的崇高价值。这样将会帮助自媒体生成道德良知，形成正确的行为价值观，加强自媒体遵守道德规范的主动性和自觉性。在这一方面，传统主流媒体也应该做好有效舆论引导。面对自媒体对传播生态的诸多改变，传统媒体应积极发挥引导作用，促进自媒体传播伦理规范的建立。首先，要严守媒体及民众所公认的传播底线，不渲染类似血腥、灾难、痛苦的画面，避免二次伤害的发生。其次，在对暴力突发事件进行报道时，不断创新报道方式和手段，不仅回答"是什么"的问题，还回答"应该如何"的问题，使受众从悲剧中获得理性的思考。第三，借助自身传播资源和优势，加大网络道德宣传教育，提高网民的认知能力和对网络中各种事物的思辨区分能力。

但自媒体伦理是一种非常复杂的社会现象，单靠他律的力量是不够的，还必须依靠自媒体用户的自律。自媒体使得新闻生产方式产生了革命性变化。原先垂直的信息管理机制被日益平面化的自我约束机制所代替，信息搜罗和发布的规模呈爆炸式增长和扩张。每一个自媒体的拥有者和参与者，都需要谨慎对待手中的"权利"。现代法治观念的一个常识性的逻辑，就是必须从某项权利前提推导出相应的义务，因为从根本上讲，没有义务的履行者，权利的获得就失去基本的保障。自媒体参与者在拥有发布和接收信息权利的同时，必须履行维护自媒体伦理的义务。也就是说，自媒体用户必须做好道德自律。

所谓道德自律，是针对道德他律而言的，是道德主体的一种自主、自愿的活动。自媒体的信息传播不可避免地要涉及他人的隐私权、知识产权等问题。虽然自媒体的精神在于自由和共享，自媒体用户可以自由发布任何内容，但是自媒体平台上的内容总是要被人阅读的。对自己和他人负责是自媒体信息发布者最起码的底线。苏格拉底说，自由不是为所欲为，自由必然来自于理性，理性思考以后再做出自己的选择，这才是自由。自媒体用户除了要遵守现行法律法规以外，还需要遵循相应的自律伦理。自媒体用户在向社会公众发布信息的同时，必须　读者和社会承担相应的责任和义务，遵循应有的伦理准则。这种公德规范和自律自爱，是自媒体健康发展的原动力，也是在广泛的阅读者面前塑造自媒体公信力的根本保障。

自媒体用户如何做好自律呢？

著名新闻人郭超人曾这样形容记者：笔下有财产万千，笔下有毁誉忠奸，笔下有是非曲直，笔下有人命关天。自媒体信息的发布者，可以说在不同程度上履行着记者的职能，有着与记者相似的影响。开放的论坛、博客、微博，跟锁在抽屉里的日记本、摘抄本不同，已经属于公共空间的组成部分。王贵平认为，要做好自律：每个人应该多一些独立思考、多一些理性判断，少一点冲动偏激、少一点轻信盲从，谨守法律的边界，谨守道德的底线。

自律的最高境界是慎独。慎独是我国古代儒家创造出来的具有特色的自我修身方法。所谓慎独，是指人们在独自活动、无人监督的情况下，也能自觉地严于律己，凭着高度自觉，按照一定的道德规范行动，而不做任何有违道德信念、做人原则之事。这是进行个人道德修养的重要方法，也是评定一个人道德水准的关键性环节。《后汉书·杨震传》记载了一个《杨震暮夜却金》的小故事:"(杨震)四迁荆州刺史、东莱太守。当之郡,道经昌邑,故所举荆州茂才王密为昌邑令,谒见,至夜怀金十斤以遗震。震曰:'故人知君,君不知故人,何也?'密曰:'暮夜无知者。'震曰:'天知,神知,我知,子知。何谓无知!'密愧而出。"在这个故事中,杨震在没有第三者知道的情况下,坚决拒收重金,其慎独的精神可嘉,堪称历代师表。

参考文献

[1] 唐宁著. 颠覆与重构城市电视台媒体融合之策略与路径[M]. 中国广播影视出版社. 2017.

[2] 熊猫鲸著. 疯转新媒体软文营销72法则[M]. 北京：中国铁道出版社. 2017.

[3] 孙忠良著. 微博问政与执政党的民主建设研究[M]. 北京：中央编译出版社. 2017.

[4] 王仕民主编. 德育研究第4辑[M]. 广州：中山大学出版社. 2017.

[5] 敬枫蓉；饶华. 网络文化研究论丛第2辑[M]. 成都：四川大学出版社. 2017.

[6] 闫方洁著. 自媒体时代意识形态工作研究[M]. 北京：人民出版社. 2018.

[7]（英）克里斯蒂安·福克斯著；赵文丹译；李珮主编. 社交媒体批判导言[M]. 北京：中国传媒大学出版社. 2018.

[8] 许建萍. 小葵模式用新媒体激活思想政治教育工作的探索[M]. 北京：光明日报出版社. 2018.

[9] 钱梅. 互联网背景及融媒体时代的影视创作与探索[M]. 成都：四川大学出版社. 2018.

[10] 殷双喜. 中国当代艺术批评文库殷双喜自选集[M]. 太原：北岳文艺出版社. 2018.

[11] 李俊晔著. 暴风眼中的法庭司法公共关系之媒体素养与舆论引导[M]. 北京：人民法院出版社. 2018.

[12] 彭少健主编. 中国媒介素养研究年度报告2016[M]. 中国广播影视出版社. 2018.

[13] 蔡立媛著. 大数据时代广告的解构与重构[M]. 合肥：合肥工业大学出版社. 2018.

[14] 薛家平著. 守望乡村教育的麦田连云港市乡村思品骨干教师培育站的行与思[M]. 徐州：中国矿业大学出版社. 2018.

[15] 刘绍怀，李建宁，王建华主编. 大学生思想政治教育工作的宏观视野与微观建构云南省高等学校思想政治教育研究会2017年成果选编[M]. 昆明：云南大学出版社. 2018.